Ein Krieger des Lichts ist vertrauens-
würdig.
Er begeht Fehler, manchmal hält
er sich für wichtiger, als er in Wirklichkeit ist.
Aber er lügt nicht.
Wenn er sich mit seinen Gefährten und
Gefährtinnen ums Feuer versammelt, redet er
mit ihnen. Er weiß, dass das Universum seine
Worte nicht vergisst und sie als Zeugnis seines
Denkens bewahrt.
Und der Krieger überlegt: «Warum rede ich
so viel, wenn ich doch so häufig das Gesagte
nicht in die Tat umzusetzen vermag?»
Sein Herz antwortet ihm: «Wenn du öffentlich
deine Ideen vertrittst, musst du dich bemühen,
ihnen entsprechend zu leben.»
Und da er denkt, was er sagt, wird der Krieger
am Ende zu dem, was er sagt.

geist bewegt – alles

sebastian gronbach

# Missionen

verlag freies geistesleben

Für Jelle geschrieben.

Dank Jens erlebt.

Durch Hans-Jürgen ermöglicht.

Fedelma zugeeignet.

1. Auflage 2008

**Verlag Freies Geistesleben**
Landhausstraße 82, 70190 Stuttgart
Internet: www.geistesleben.com

ISBN 978-3-7725-2077-8

© 2008 Verlag Freies Geistesleben
& Urachhaus GmbH, Stuttgart
Umschlag & Layout: Maria A. Kafitz
Satz: Bianca Bonfert
Druck: Freiburger Graphische Betriebe

# Inhalt

# Sie lesen gerade ein Buch.

# I.

Sie lesen gerade ein Buch.

Ihre Hände berühren dieses Buch. Sie können den Druck Ihrer Finger erhöhen und das Buch ein wenig fester drücken, die Muskeln Ihrer Finger ganz leicht anspannen und wieder lockern. Tun Sie das jetzt? (Würde ich als Leser diese Zeilen lesen, ich würd's tun. Sanft mit den Fingern wackeln. Dem leichten Kribbeln in den Muskeln kurz nachgehen und einfach die Finger ein klein wenig bewegen. Also, ich würd's tun.)

Ihre linke Hand umfasst weniger Papier als Ihre rechte. Insgesamt hat dieses Buch ein Gewicht, es hatte einen Preis und es ist jetzt bei Ihnen.

Es ist eine Tatsache, dass Sie gerade dieses Buch lesen.

Ist das eine Tatsache?

Ja! Und gleichzeitig ist es eine Lüge. Denn in Wirklichkeit gibt es dieses Buch noch gar nicht. Ich sitze auf meinem blauen IKEA-Sofa, auf meinem Schoß ein IBM-Laptop, in dem Laptop das Programm von Microsoft und auf dem Bildschirm blinkt der Curser. Immer wenn dieser blinkende Strich nach vorne hüpft, dann fällt hinten ein Buchstabe heraus.

Dieses Buch gibt es in Wirklichkeit noch gar nicht, weil ich es erst schreiben muss. Es ist eine unbestreitbare Tatsache, dass dieses Buch in diesem, in *meinem* Moment *nicht* existiert.

Ich sitze jetzt auf meinem blauen Sofa. Neben mir zwei Fernbedienungen, zwei Telefone, die *Bild am Sonntag* von gestern

(«Wer liebt mich ohne Busen?») und ein Buch von Georg Kühlewind (*Vom Umgang mit der Anthroposophie*).

Ich schaue auf meinen Bildschirm und frage mich: Wo ist das Buch jetzt?

Gibt es dieses Buch, bevor es dieses Buch gibt? Gibt es eine unsichtbare Bibliothek der ungeschriebenen Bücher? Gibt es dort ein Regal von Millionen Regalen, wo unter Millionen ungeschriebener Bücher dieses Buch steht? Muss ich dort mein Buch nur *finden*? Michelangelo hat gesagt, sein *David* war im Stein, er musste nur das wegschlagen, was nicht dazugehörte. Ist Schreiben das Weglassen der Wörter, die *nicht* dazugehören?

Oder ist es ganz anders?

Ist nichts da?

Erschaffe ich ein Buch? Oder schreibe ich es ab? Und wenn ich abschreibe: von wem?

Und: Hatten Sie schon immer vor, dieses Buch zu lesen?

Sie sehen, es gibt eine Menge Fragen zu diesem Buch.

Neben diesen Fragen habe ich auch ein paar Antworten. Antworten über etwas, was in dieses Buch schlüpft, kriecht und schleicht.

Etwas, worüber Autoren nicht gerne schreiben. Diese unsichtbare Welt halten Sie ebenso in der Hand. Sie ist so real wie Druckerschwärze.

Dieses Buch besteht aus Unsicherheit.

Ich bin unsicher, ob ich dieses Buch schreiben kann.

Es ist eine existenzielle Unsicherheit, die damit zu tun hat, dass ich mich nicht sehen kann, wenn andere mich nicht spiegeln. Ich brauche in meiner Gegenwart Ihre Aufmerksamkeit. Ohne Ihre Aufmerksamkeit kann ich mich nicht sehen. Meine Existenz, so fürchte ich, ist von Ihrer Aufmerksamkeit abhängig – aber werde ich Ihre Aufmerksamkeit erringen? Habe ich sie jetzt?

8    Dieses Buch besteht aus Unsicherheit.

Dieses Buch besteht aus Hoffnung.

Einige dieser Hoffnungen kommen aus einer Schublade, auf die manche Menschen schreiben: «Ist nicht gut.» Ich schreibe darauf: «Ist Teil des Lebens.»

Ich habe die sehnsuchtsvolle Hoffnung auf Ruhm und Geld. Ich will wegen dieses Buches anerkannt, gelobt und geliebt werden. Mein Kopf sagt mir, dass diese Hoffnung bescheuert ist. Erstens, weil ich nicht weiß, ob diese Buch ein Hit wird. Zweitens, weil ein «Buch-Hit» im *Verlag Freies Geistesleben* alles andere als ein Garant für Ruhm und Geld ist. Drittens, weil ich viel zu viele Dinge schreiben werde, die viel zu vielen Menschen mächtig auf die Nerven gehen werden. Ich habe keine Gründe für Hoffnung. Ich habe nur Hoffnung.

Und ich habe noch andere Hoffnungen. Ich habe die Hoffnung, andere Menschen so zu berühren, dass sich ihr Leben zum Besseren wendet. Ich habe die Hoffnung, der Welt etwas geben zu können. Ich habe die Hoffnung, Ihnen etwas geben zu können, was Sie nur von mir bekommen können. Ja, verdammt, ich will der Welt ein Geschenk machen, ich will sie besser verlassen, als ich sie vorgefunden habe. Ich habe die Hoffnung, meiner Mission gerecht zu werden und dass sich mit diesem Buch Sinn erfüllt.

Und dann ist da noch etwas. Etwas, was alles überlagert. Etwas, was stärker als alle Unsicherheit, stärker als alle Hoffnungen ist: Das ist die Freude.

Ich lebe in einem permanenten Wechsel von Vorfreude, Freude und Nachfreude. Freude ist mein vorherrschendes Lebensgefühl und Schreiben ist Ausdruck meiner Lebensfreude.

Dieses Buch besteht aus Freude.

Sie haben bis hier 878 Wörter gelesen. Diese Zeichen sind aus Farbe, stehen auf Papier, haben einen Preis, eine Bedeutung und bestehen aus meinen Gefühlen.

Wenn Sie glauben, Sie lesen gerade ein Buch, in dem etwas von *mir* drin ist, dann ist das nur die halbe Wahrheit. *Sie* sind ebenfalls in diesem Buch vor Ihrer Nase.

Kein Mensch auf der Welt schlägt ein Buch «einfach so» auf und liest mal eben über siebenhundert Wörter. Sie lesen jetzt dieses Buch, weil sie etwas erwarten. Vielleicht ist es die Erwartung der Bestätigung, dass der Gronbach wirklich so flach, frisch, eingebildet oder unterhaltsam ist. Vielleicht haben Sie eine Sorge, eine Frage oder sonst einen Grund. Vielleicht wollen Sie sich einfach amüsieren und flüchten gerade vor dem Abwasch, dem Cello-Üben oder der Fertigstellung der Diplomarbeit. Vielleicht sind Sie krank und erwarten Ablenkung oder eine Antwort. Ich weiß nicht was, aber Sie erwarten *etwas* von diesem Buch. Etwas, was mit Ihnen zu tun hat.

Dieses Buch besteht aus *Ihren* Erwartungen.

Noch eine letzte Sache ist in diesem Buch. Mit dieser «Sache» kann man Menschen anziehen und abstoßen. Manche lachen darüber, andere beten es an, und einige fürchten sich davor. Lässig und cool bleibt niemand dabei. Meine Erfahrung ist, dass, wenn ich von «Gott» spreche, niemand unberührt bleibt. Für die einen ist es Spinnerei, Selbsttäuschung oder gefährliches Geschwafel. Für die anderen ist es des Pudels Kern, die eigentliche Realität oder eine Gefühl, auf dem sie alles aufbauen.

Wohin gehört Gott?

Gott gehört zum offiziellen Zuständigkeitsbereich der Kirche. Kirche und Wissenschaft haben aufgehört, sich zu streiten, wer von beiden Recht hat. Stattdessen haben sie die Welt aufgeteilt. Die Wissenschaft bekam die Erde, die Kirche den Himmel. Während der Woche sollen wir an die Theorie glauben, der Mensch stamme vom Affen ab, und am Sonntag an die Schöpfungsgeschichte. Es herrscht gespannte Waffenruhe, aber kein Friede.

Die materialistische Wissenschaft reduziert die Welt auf dasjenige, was sie versteht. Aber, und hier kommt der erste Satz eines Menschen, ohne den es dieses Buch so nicht gäbe: «Es ist absurd, die Wirklichkeit auf das zu reduzieren, was ich von ihr verstehe.»[1] Jelle van der Meulen kann, so wie ich, Dogmen dieser Wissenschaft denken. Wir können denken (was daran liegt, dass wir nicht doof sind), dass es keinen Gott gibt, aber wir können es nicht fühlen (woran das liegt, werden wir noch sehen) und demnach auch nicht leben.

Die Antwort der Wissenschaft auf die Frage nach der Existenz Gottes lautet: «Das kann man nicht wissen.» Oder wie Wissenschaftler es ausdrücken: «Die Behauptung, es gäbe Gott, ist weder verifizierbar noch falsifizierbar, also kein Thema der Wissenschaft.» Diese positivistische, materialistische Wissenschaften gibt sich durchdacht und erwachsen, aber wenn man sie nach dem letzten Grund für alles Sein und Werden befragt, läuft ihre Antwort im Grunde immer auf dasselbe hinaus: «Frag nicht.»[2]

Da stehen wir nun als aufgeklärte Menschenkinder, und alles, was uns bleibt, ist, eine Meinung über etwas zu haben, von dem man nichts wissen kann.

Wenn ich die Kirche frage, woher sie wisse, dass es einen Gott gäbe, dann lautet die Antwort: «Wissen tun wir das nicht, das ist eine Glaubensfrage – du kannst nicht wissen, was Gottes Plan ist, kannst nicht wissen, ob es Gott gibt und was ‹sein Ding ist›. Du kannst nur glauben und auf Gnade hoffen.»

Wissenschaft und Kirche wollen uns in eine passive Rolle zwängen, in die Rolle desjenigen, der nichts über Gott, Sein und Werden wissen kann.

Im gleichen Maße, in dem man uns sagt, dass wir nichts über Gott wissen können, fragt man uns trotzdem nach unserer Meinung. Und das Ergebnis wird dann so verkündet: «Eine aktuelle Umfrage hat ergeben, dass soundso viele Deutsche der Meinung sind, Gott sei schuld am Krieg.»

Unsere Meinung ist zu allem gefragt. Ohne Rücksicht auf unsere Kenntnis. Wie nennt man eine Meinung über Dinge, von denen man nichts weiß? Harry G. Frankfurt, ein amerikanischer Professor für Philosophie, nennt solche Meinungen «Bullshit»[3] und erklärt im gleichnamigen Buch, was er damit meint: «In unserer Demokratie herrscht die weitverbreitete Überzeugung, der Bürger sei verpflichtet, Meinungen zu allen erdenklichen Themen zu entwickeln ... Das Fehlen jedes signifikanten Zusammenhangs zwischen den Meinungen eines Menschen und seiner Kenntnis der Realität wird noch gravierender bei einem Menschen, der es für seine Pflicht als moralisch denkendes Wesen hält, Ereignisse und Zustände in allen Teilen der Erde zu beurteilen.»

Immer wenn ein Mensch also genötigt wird, eine Meinung zu etwas zu haben, von dem er keine Kenntnisse hat, dann mutiert diese Meinung zu Bullshit.

Warum aber haben wir keine oder nur wenige Kenntnisse oder gar Erkenntnisse, Professor Frankfurt?

«Die gegenwärtige Verbreitung von Bullshit hat ihre tiefen Ursachen auch in diversen Formen eines Skeptizismus, der uns die Möglichkeit eines zuverlässigen Zugangs zur objektiven Realität abspricht und behauptet, wir könnten letztlich gar nicht erkennen, wie die Dinge wirklich sind. Diese ‹antirealistischen› Doktrinen untergraben unser Vertrauen in die unvoreingenommenen Bemühungen um die Klärung der Frage, was wahr und was falsch ist, und sogar unser Vertrauen in das Konzept einer objektiven Forschung.»

Als Ausgleich zu der verordneten Ahnungslosigkeit sollen wir also wenigstens eine Meinung haben dürfen.

Und was machen wir? Wir *haben* dann tatsächlich zu allem eine Meinung, und weil wir ja in einer Demokratie leben, sagen wir auch unsere Meinung, egal auf welchem Wege diese Meinung zustande gekommen ist.

Auch ehemalige Waldorfschüler tappen in diese Meinungsfalle, wenn sie von Meinungsforschern gefragt werden, was sie von Anthroposophie halten. Dann finden diese Meinungsforscher nach der aktuellsten Studie heraus, dass die Mehrheit der Befragten dieser Anthroposophie gegenüber «indifferent, skeptisch bis negativ» eingestellt ist.[4]

Was bitte soll das denn? «Indifferent» lass ich mir ja noch gefallen, weil es nichts anderes heißt als «keine Ahnung», aber wie kommen ehemalige Waldorfschüler denn zum Urteil «skeptisch bis negativ»? Weil sie Waldorfschüler waren?

Ich war auch schon oft bei IKEA und besitze viele IKEA-Kataloge, und das blaue Sofa ist auch von diesem schwedischen Möbelhändler, aber diese Tatsache macht mich doch noch nicht zu einem Skandinavistikexperten! Ich stehe Schweden und der schwedischen Kultur nicht «skeptisch bis negativ» gegenüber, nur weil bei meinem Billyregal immer die Lackleiste von der Spanplatte abplatzt. Waldorfschüler wissen über Anthroposophie so viel wie IKEA-Kunden über Schweden, und beide sollten sich bei entsprechenden Meinungsumfragen an den wunderbare Dieter Nuhr halten, den ich einmal sagen hörte: «Wenn man keine Ahnung hat: einfach mal die Fresse halten.»

Was aber, wenn ich eine Ahnung habe, aber eben nicht mehr als das?

Kein Wissen, schon gar keine Meinung, nur eine schlummernde Ahnung – was dann? Die Fresse halten?

Ich hatte das Glück, in einer Welt aufzuwachsen, in der man schlummernde Ahnungen als eine Potenz respektierte.

Einmal kam einer auf mich zu und sagte: «Es schlummern in *jedem* Menschen Fähigkeiten, durch die er sich Erkenntnisse über höhere Welten erwerben kann.»[5]

Dieser Satz war für mich ein Schlüsselsatz. Er öffnete mir Türen zu einer Dimension des Lebens, in der Fragen nach der Existenz Gottes keine Meinungsfragen mehr sind.

Mein erster Schlüsselmeister hieß Rudolf Steiner und meine Tür heißt Anthroposophie. Andere haben andere Schlüsselmeister und andere Türen, aber alle, die zu dieser Dimension Zutritt haben, werden sich durch eine bestimmte Fähigkeit auszeichnen: Sie sprechen aus Erfahrung, und sie nehmen diese Erfahrung endlich ernst. Sie finden unterschiedliche Worte, können sich gut oder weniger gut ausdrücken, aber sie lassen es nicht zu, dass ihre Beziehung, ihr Verhältnis zu dieser spirituellen Dimension zu einer «Meinung» degradiert wird. Es geht ihnen darum, und neben diese Menschen stelle ich mich, Worte für Dinge zu finden, die sie als lebendig erleben, als unfassbar groß, als heilig und rätselhaft, als bewegend und tiefgründig. Auch ich will beschreiben, was meine Wahrnehmung ist, und ich will von meinen Expeditionen in das Land hinter den Dingen berichten. In diesem Land ist mir etwas begegnet, was man als «Gott» bezeichnen kann.

Dieses Buch besteht aus Gott. Aus was immer Gott auch bestehen mag.

Dieses Buch besteht also aus folgenden Dingen:
Materie: wie Papier, Farbe, Klebstoff;
meinen Gefühlen: wie Unsicherheit, Hoffnung, Freude;
Ihren Erwartungen: flach, frisch, Antwort;
der spirituellen Dimension: Gott.

Wir müssen an dieser Stelle einmal anhalten. Ich finde, das ist schon ziemlich viel für ein so kleines Buch, das es noch gar nicht gibt und welches Sie dennoch in den Händen halten.

Dieses Buch hat jetzt schon Ihr Leben verändert. Dieser Satz ist tatsächlich so wahr, wie Wahrheit nur sein kann.

Erstens haben Sie nun eine Zeit mit dem Lesen dieses Buches verbracht, die Sie weder dafür nutzen konnten, Cello zu üben noch mit Ihrem Kind zu spielen, mit Ihrer Partnerin oder Ihrem Partner zu streiten oder schwimmen zu gehen. Was auch immer Sie sonst noch hätten tun können, Sie haben es eben *nicht* getan und stattdessen dieses Buch gelesen. Ihr Leben ist also anders verlaufen, als es ohne dieses Buch verlaufen wäre. Was hätten Sie in dieser Zeit sonst getan? Haben Sie gerade die Liebe Ihres Lebens verpasst oder sind Sie nicht auf der Treppe ausgerutscht?

Zweitens ist aber noch etwas passiert. Sie wissen jetzt etwas über mich. Was auch immer Sie tun, Sie werden nicht leugnen können, dass Sie jetzt wissen, dass Sebastian Gronbach eine riesen Unsicherheit beim Schreiben dieses Buches hatte. Sie werden nicht sagen können, dass Sie nichts von seiner Hoffnung auf Geld gewusst hätten, und es ist nun einmal so, dass Sie nun gelesen haben, dass er die große Hoffnung hat, eine Mission zu erfüllen, von deren Inhalt Sie noch gar nichts wissen (und er auch nicht so richtig).

Es führt nun kein Weg mehr daran vorbei, dass wir etwas miteinander zu tun haben. Sie mit mir, weil Sie mich jetzt lesen, und ich mit Ihnen, weil ich von Ihnen gelesen werde. Ohne mich wäre Ihr Leben jetzt anders – ohne Sie wäre ich nicht da, wo ich jetzt bin.

In Ihnen.

Sogar bis ins Äußerste geht diese Verbindung. Wenn ich demnächst am Geldautomaten den Knopf «Kontostand» drücke, dann sehe ich dort einen Betrag stehen, der etwas mit Ihnen zu tun hat.

Ab sofort gibt es einen unauslöschlichen Link, eine feinstoffliche und sehr konkrete Verbindung zwischen Sebastian Gronbach und ...

Wir können diese Verbindung ignorieren, vergessen oder ungenutzt lassen, aber ihre Realität lässt sich nicht mehr leugnen. Unser Schicksal ist nun miteinander verbunden. Es mag ein seidener Faden sein, aber ein Faden ist ein Faden. Fragen Sie mal Spiderman.

Es liegt an uns, es zu vergessen, es dabei zu belassen oder es zu stärken und etwas daraus zu machen, aber was wir auch damit tun, hinter der Tür mit der Aufschrift «Jenseitige Wirklichkeit» kann jeder diesen leuchtenden Faden zwischen Ihnen und mir sehen und spüren. Dorthin will ich mit Ihnen gehen.

Ihre Mission und meine Mission haben sich berührt.

Unser Buch ist der Beweis.

# Unser Buch ist der Beweis

Mein Sohn ist im Moment dieses Schreibens sieben Jahre alt. Das erste Kapitel dieses Buches wurde durch Fieber unterbrochen. Ich wollte meinen Sohn am Morgen in die Schule bringen – er lebt einen Teil der Woche bei mir und den anderen Teil der Woche bei seiner Mutter – und bemerkte seine Hitze. Er ging nicht in die Schule – und ich schrieb kein Buch. Stattdessen lagen wir einen ganzen Tag zusammen im Bett oder kuschelten auf dem Sofa. Wir sprachen darüber, wie radikal sich das Leben durch ein paar Grad Temperaturunterschied ändert. Wir überlegten, wie ich wohl reagiert hätte, wenn er am Morgen – ohne Fieber – gesagt hätte: «Papa, ich will heute einen Tag mit dir im Bett schmusen.» Ich hätte natürlich gesagt, dass dies nicht gehe, er in jedem Fall in die Schule müsse und ich furchtbar viel an meinem Buch zu arbeiten hätte.

Nur weil die Körpertemperatur meines Sohnes von 36,9 auf 38,9 Grad gestiegen war, hatte sich der ganze Tag geändert. Zwei Grad – und alles war anders. Wir wunderten uns darüber und waren stolz aufeinander, dass wir nicht ewig über die zwei Grad geweint und gemeckert hatten, sondern die Viren als Geschenk für einen wunderschönen Tag nehmen konnten.

Mein Sohn und ich reden viel miteinander. Ich liebe es, mit meinem Sohn, aber auch mit anderen Kindern, über das Leben zu sprechen.

Ich habe es dabei noch nie erlebt, dass Kinder einfach nur

eine Meinung haben oder etwas glauben, ohne detaillierte Argumente für dasjenige zu haben, von dem sie sprechen. Die Kinder, mit denen ich mich unterhalten habe, verfügen alle über eine manchmal verwirrend präzise Beweisführung, warum sie dieses oder jenes für wahr oder falsch, für gut oder schlecht halten.

Als mein Sohn mich an diesem seltsamen Tag fragte, von was denn mein Buch handele, sagte ich ihm, dass es etwas mit «Anthroposophie» zu tun habe. Er kannte das Wort aus Gesprächen, die er mitgehört hatte, aus Büchern, die in meiner Wohnung herumflogen, und von der Titelseite der Zeitschrift *info3 – Anthroposophie im Dialog,* für die ich seit einigen Jahren als Redakteur arbeite.

«Was ist das eigentliche, Anthroposophie?», fragte er mich jetzt.

Er hatte mir kurz vorher erzählt, dass er immer ein bestimmtes Brot gerne mag, egal von welchem Geschäft, das würde ihm immer am besten schmecken. Es stellte sich heraus, dass er auf *Demeter* steht.

Ich antwortete ihm: «Anthroposophen, das sind Menschen, die dieses Brot so backen wollen, dass es dir schmeckt, dich stark macht und dass die Erde und die Menschen, die es herstellen, dabei glücklich sind. Der Mann, der die Technik erfunden hat, wie so etwas geht, war Rudolf Steiner.»

«Ach so», antwortete mein Sohn, «der auch meinen Kindergarten erfunden hat?»

«Ja. Deinen Kindergarten, Schulen und lauter Dinge, die dazu da sind, damit die Menschen, die Erde und der Himmel gut miteinander leben können – solche Sachen machen Anthroposophen.»

«Ah, das is ja gut.»

«Ja, find ich auch. Aber außerdem denken Anthroposophen über viele andere Sachen nach. Zum Beispiel das mit dem Sterben und dass man dann nach einer Zeit als Engel im Himmel wieder als Menschen auf die Erde geboren wird. Über solche Geschichten machen sie sich auch Gedanken.»

Vor einiger Zeit war mein Opa verstorben, und mein Sohn war bei der Aussegnung dabei und hatte den Leichnam streichelnd berührt. Im Anschluss sprachen wir darüber, wo der Opa jetzt sei, denn es war eindeutig, dass er nicht mehr da war, wo jetzt der Körper war.

Es kam zur Sprache, dass es darüber verschiedene Auffassungen gebe. Ich sprach über meine Auffassung und seine Mutter, eine evangelische Pfarrerin, über ihre.

Jetzt erinnerte er sich an dieses Gespräch.

«Das ist komisch Papa, immer wenn ich solche Sachen denken will, so Sachen mit Sterben und Wiedergeborenwerden, dann komme ich an eine Mauer, wo ich das nicht weiterdenken kann. Das ist so, wie wenn der Computer ein Programm hochfährt und immer wieder an derselben Stelle abstürzt, so ist das.»

«Mmmh, schön, wie du das sagst, und weißt du was? Anthroposophie ist wie ein Computerprogramm, was über diese Stelle, an der viele andere Programme abstürzen, drüber kommt. Mithilfe von diesem Programm kann man bestimmte Dinge, so was wie Sterben und Geborenwerden, einmal bis ganz zum Ende durchrechnen. Und dann kann man gucken, ob man damit was anfangen kann oder ob man lieber ein anderes System benutzen möchte.»

«Das ist ja cool, Papa!»

Ist Anthroposophie ein cooles Programm? Ja. In diesem Moment war das die richtige Antwort, es war *meine* Antwort auf die Frage meines *Sohnes,* der zum Zeitpunkt der Frage sieben Jahre alt war und neben mir auf dem Sofa saß. Einen Tag früher oder acht Jahre später wäre eine andere Antwort die richtige gewesen.

Viele Anthroposophen sagen mir, man könne die Frage, was Anthroposophie sei, nicht mal eben so schnell beantworten. Ich sehe das ganz anders. Ein Anthroposoph zeichnet sich gerade dadurch aus, dass er jedem Menschen zu jedem Zeitpunkt exakt die in diesem Moment einzig mögliche Antwort geben kann, was Anthroposophie sei. Egal ob ihm die Frage bei Kerzenlicht und Tee oder bei Schwarzlicht und Wodka oder per SMS gestellt wird. Jeder dieser Menschen will *seine* Antwort, und in allen möglichen Gesprächen, die ich als «Berufsanthroposoph» und als «Funktionär der Anthroposophischen Gesellschaft» führe, kommt mir immer wieder die Erwartung entgegen, dass ich etwas zum Schicksal meines Gesprächspartners sagen könnte. Gespräche über Anthroposophie sind niemals nur Gespräche über etwas, was in Büchern steht und vorbei ist. Es sind immer Gespräche, die den Kern eines konkreten Menschen berühren. Seine Ängste, seine Hoffnungen, seine Freuden und – seine Mission. Viele Menschen haben nur deshalb ein Problem mit dem Wort «Mission», weil sie spüren, dass sie eine Mission haben, aber entweder nicht wissen, welche, oder Angst davor haben, dass ihr Leben einen missionarischen Charakter hat. Dennoch haben sie die unausgesprochene Erwartung, dass ein Anthroposoph ihnen etwas über ihre Mission erzählen könnte.

Ich kann diese Erwartung als unzeitgemäß oder unangemessen abtun, ich kann etwas zum Guru-Problem erzählen, kann sagen, dass jeder seine Antwort selbst finden müsse oder über das Problem der «Antwort-Kultur» philosophieren. Das alles ist dann sehr aufgeklärt und problembewusst, man zeigt, dass man sich auskennt mit all den Bedenken rund um all diese Weltanschauungsfragen, aber eines ist diese Antwort nicht: Es ist nicht die Antwort auf die Frage, und eine Frage hat das natürliche Recht auf eine Antwort – zu jeder Zeit, an jedem Ort, für jeden Menschen.

Wenn also jemand von mir erwartet, dass ich etwas zu seinem Schicksal zu sagen hätte, wenn er seine intime Frage in eine allgemeine Frage kleidet, dann kann ich ausweichen oder darauf zugehen. Ich bevorzuge es, darauf zuzugehen.

Meine Antwort, was denn Anthroposophie sei, ist dann zwar nur ein winziger Stein aus dem gesamten Mosaik, aber es ist der Stein, der genau ins Herz meines Gegenübers passt, und er ist wahrer und gewichtiger als alle auswendig gelernten 08/15-Einleitungen oder das schlüpfrige Ausweichen in seriöse Floskeln.

So ist das jedenfalls, wenn sich zwei Menschen begegnen. Etwas komplizierter wird es, wenn man ein Buch schreibt. Ich bin heilfroh, dass es so viele Einleitungsbücher über Anthroposophie gibt, sodass ich nicht auch noch eines schreiben muss. Ich glaube, ich würde es nicht bringen.

Ich weiß nicht, wie viele Bücher ich über Anthroposophie gelesen habe. Immer wenn ich umziehe, bin ich der Meinung, dass es ein paar Kartons zu viel sind. Ich habe auch keine Ahnung, wie viele Bücher oder Vorträge ich von Rudolf Steiner gelesen habe. Es müssen einige Tage, Wochen oder Monate Lebenszeit gewesen sein, die ich mit diesem Mann verbracht habe.

Ich habe gelesen, was er gesagt und geschrieben hat, habe gelesen, was andere über ihn, sein Gesagtes und Geschriebenes sagen und was wieder andere über das sagen, was die, die über sich sagen, sie hätten über ihn was zu sagen, gesagt haben. Und jetzt fang ich auch noch damit an?

Nein! ... Also gut ... Doch ... Ein wenig jedenfalls ...

Aber ich bin kein Chronist. Ich will kein Chronistenbuch über Rudolf Steiner und die Anthroposophie schreiben.

Nun ist es aber so, dass mein Leben ohne Steiners Leben schlichtweg nicht denkbar ist. Würde man in die Vergangenheit reisen und mit einem großen historischen Radiergummi diesen

Rudolf Steiner und alle seine Spuren wegradieren, dann, ja dann gäbe es mich nicht.

Vermutlich nicht einmal als genetisches Konstrukt. Meine Familiengeschichte ist untrennbar mit Rudolf Steiner verbunden. Seit vier Generationen geht das jetzt so. Ob ich's mag oder nicht, so ist es doch eine biografische Tatsache, die ich nicht überhöhen, vor der ich aber auch nicht wegrennen kann.

Selbst wenn ich als biologisches Wesen in derselben Form existieren würde – das, was mich ausmacht, das, was mein seelisch-geistiges Fundament ist, mein Beruf, meine Schule, meine Kindheit, das wäre nicht da. Somit bleibt: Dieser Sebastian wäre nicht da.

Ich komme nicht umhin, auch etwas «Historisches» über diesen Steiner zu sagen, weil seine Historie meine erst ermöglicht hat. Weil sein Erbe mein Startkapital ist.

Ich bin von Natur aus zwar nicht faul, aber auch nicht fleißig. Chronisten sind fleißig.

Der Kaiser unter den anthroposophischen Chronisten ist Dr. Walter Kugler, der Chefarchivar und langjährige Mitherausgeber der Steiner-Gesamtausgabe. Wenn er Besucher durch die Nachlassverwaltung führt, dann merkt man, dass er (wie er von sich selbst sagt) «seine Lektion gelernt hat».

Walter Kugler weiß was. Ich mag Menschen, die was wissen. Sachkompetenz erlebe ich bis in meinen Körper hinein als wohltuend. Ich bin da entschieden anders als Andreas Laudert. Andreas Laudert ist Priester, schreibt auch Bücher,[6] ist wie ich Jahrgang 1969 und sagte neulich auf einer Podiumsdiskussion, die er mit mir führte, dass er «niemals kompetent sein möchte» und dass er überhaupt was gegen Kompetenz habe.

Ich denke, er grenzt sich damit gegen ein Expertentum ab, welches uns ungefragt permanent mit Pseudowissen vollstopft.

Er stellt sich gegen die Allmachtsfantasie der Wissenschaftlichkeit, die uns heute erzählen will, warum Cholesterin ungesund, der Computer im Kindergarten dagegen sehr gesund ist und dass die SPD bei der nächsten Wahl 32,7 Prozent bekommt. Wenn es dann morgen doch nur 23,7 Prozent sind, wissen diese Leute ebenfalls genau warum und können uns auch gleich nebenbei erklären, warum Computer nun doch ziemlich viel Schaden bei kleinen Kindern anrichten und das Frühstücksei ganz besonders gesundheitsanregend ist.

Ich verstehe auch seine Abneigung gegen spirituell kompetente Leute. Ihm wird wohl zu Recht übel, wenn sie wie aus der Pistole geschossen wissen, wieso, weshalb und warum es karmisch genau richtig ist, dass ein Kind behindert auf die Welt kommen musste, Leute die mit Jahrsiebten, Mondknoten und Temperamenten jeden Schmerz, jede Trennung und jede Hochzeit wegerklären – in aller Regel noch mit einem unterkühlten Mitgefühl, welches einem seelischen Schüttelfrost verursacht.

Diese Art von Kompetenz ist, wie ein Klassenkamerad meines Sohnes zu sagen pflegt, «geistiger Fußpilz».

Aber es gibt eine andere Art von Kompetenz, ein nahezu göttlich-magisches Wissen, welches mich immer wieder von neuem fasziniert. Bei der Bundeswehr hatte ich einen Kameraden, der von Beruf Stahlbetonbauer war. Als Stahlbetonbauer baute er große Brücken. Brücken, über die Millionen von tonnenschweren Lastern und Autos fahren können, die sich weit über Täler spannen und die für Generationen das Landschaftsbild prägen.

Wenn Sie einmal die Gelegenheit haben, sich unter eine Brücke zu stellen, wenn Sie den Kopf in den Nacken legen, mit einer Hand den rauen Beton berühren und nach oben blicken, dann wissen Sie, was ich meine, wenn ich sage: Der Mann war ein Gott. Sie verstehen dann, dass ich das nicht nur poetisch meine. Solche Bauwerke machen für mich erlebbar, dass der Abgrund zwischen irdisch-menschlicher Technik und himmlisch-göttlicher Weisheit überbrückt und verbunden werden kann. In solchen Brücken vereinen sich menschliche Kompetenz und kosmische Intelligenz.

Die Architekten, Statiker und «mein» Stahlbetonbauer arbeiten dann Hand in Hand mit den Göttern.

Ich sehe sie an der Autobahn stehen und eine Welt erschaffen, über die der alte Germanengott Thor segnend seinen Hammer hält.

Thor hält segnend seinen Hammer über die Autobahn? Aber sonst geht's gut, Herr Gronbach?

Sie werden jetzt etwas erleben, was ich während dieses Buches noch ein paar Mal machen werde: Ich werde Sie auf mein blaues Sofa bitten. Mein blaues Sofa ist der Ort, an dem ich dieses Buch schreibe, und es ist der Ort, an dem Sie und ich uns zwischendurch dringend treffen müssen, weil dieses Buch sonst in die Hose geht. Das blaue Sofa ist die Metaebene dieses Buches. Das blaue Sofa ist die Postmoderne. Das blaue Sofa repräsentiert die Bewusstseinsseele, also den Ort in unserer Seele, in dem nichts mehr selbstverständlich ist, sondern in dem alles aus uns heraus gebildet und mit Bewusstheit gefüllt werden muss.

Das blaue Sofa ist ein Ort, an dem wir beide, Sie und ich, nicht mehr Leser und Autor, sondern Zeitgenossen sind, die sich über Sprache, Spielregeln von textualen Zusammenhängen und einer Sicht auf die Welt unterhalten, die nicht mehr per se existiert, sondern erst definiert werden muss.

Also, ich darf Sie aufs blaue Sofa bitten.

Es gab Zeiten, da konnte man solche Sätze wie: «Thor hält segnend seinen Hammer über die Autobahn», einfach so schreiben.

Noch vor einigen Jahrzehnten gab es in fast allen Menschen eine Ebene, auf der solche Sätze funktionierten. Irgendwie verstand man, dass hier ein Bild gemalt wurde, welches auf dieser spezifischen Ebene als «wahr» gelten konnte. Man hatte unmittelbaren Zugang zu einer Ebene, auf der ein Bild ein Bild und *gleichzeitig* eine lebendige Tatsache war. Es war eine archetypische, eine mythische und magische Ebene, auf der das Wort zum Wesen wurde. Steiner sprach viel auf dieser Ebene.

Heute erreicht Sprache auf dieser Ebene nur selten das, was sie früher erreichen konnte.

Verliebte zum Beispiel haben noch Zugang zu dieser Ebene und wissen, dass Worte in Liebesbriefen, Schwüren und Seufzern nicht ohne Weiteres die Ebenen wechseln können.

Wir wissen, dass man nur in einem bestimmten Rahmen ein «süßer Hase», ein «starker Hengst», ein «Engel der Versuchung», eine «blonde Göttin» oder ein «Ein und Alles» ist. Niemand käme auf die Idee, mit einem Gentest beweisen zu wollen, dass man wirklich ein Hase oder Hengst ist, niemand würde anhand von Fangfragen die Echtheit des Engels testen wollen. Aber es käme auch niemand auf die Idee, an der Unendlichkeit der Liebe zu zweifeln, denn nichts ist in diesem Raum der Verliebten wahrer als der Schwur, dass man keine Minute ohne den anderen leben könne.

Eine Etage tiefer, im Labor des postmodernen Lebens, herrscht ein anderes Klima. Ein Klima, in dem solch ein Satz zu Staub zerfällt oder bestenfalls als poetische Schwärmerei überlebt – obwohl er wenige Meter weiter so viel mehr ist.

Noch bis vor kurzer Zeit hatten die Menschen einen unmittelbaren Zugang zu diesem Raum.

Steiners Vorträge fanden in diesem Raum statt, und obwohl er immer davon sprach, dass dieser Raum, menschheitlich gesprochen, der Vergangenheit angehört, nutzte er ihn doch, um einen unmittelbaren Zugang zu seinen Zuhörern zu bekommen. Auch wenn er über das Denken und über die Wissenschaftlichkeit seiner Anthroposophie redete, so sprach er doch im Herzraum darüber – nicht im Labor. In diesem Herzraum konnte Steiner noch fragen: «Was tut der Engel in unserem Astralleib?», ohne dass jemand darüber lächelte. Heute bleibt das Lächeln nur bei Anhängern aus. Anhänger sind Menschen, die sich im Herzraum, in der Unschuld der Verliebten, befinden.

Alle anderen Menschen haben bei solchen Sätzen ein komisches Gefühl, sie sehen das Bild, aber es passt nicht in ihren Raum. Wenn sie heute die Bilder von «Engeln, die im Astralleib etwas tun», vom «Phantomleib des Christus, der über dem Grab schwebt» oder von «Thor an der Autobahn» aufhängen wollen, dann hängen diese Bilder schief.

Wenn sie schief hängen, wird ihr Inhalt falsch und alles gerät durcheinander. Egal ob das Bild links oder rechts tiefer hängt, es sagt nicht mehr das, was es einmal sagen wollte.

Ein Beispiel. Wenn ich in einem Vortrag sage: «Thor hält segnend seinen Hammer über die Autobahn», dann werde ich erfahrungsgemäß mit zwei verschiedenen Reaktionen aus zwei verschiedenen Ebenen konfrontiert.

Die erste, die aufgeklärte Kopfebene, ist diese: Man nimmt dieses Bild als reines Symbol. Man nimmt es so, wie die evangelische Kirche die Bibel liest. Man sagt dann: «Jesus ist natürlich nicht wirklich übers Wasser gelaufen, aber es ist ein nettes Bild dafür, dass ...», und dann folgt die Interpretation dieses Symbols, welches *für* etwas steht, aber keine eigene Kraft hat und keine Beziehung zu dem, für was es steht. Es ist ausgedacht und erreicht nicht unser Gefühl, es hat keine eigene transformatorische Energie, ist blass, kühl und inspiriert uns nicht. Es lässt unser Herz nicht höher schlagen.

Die zweite Reaktion geht in die andere Richtung und kommt

aus der unaufgeklärten Unschuld. Wenn ich einen Vortrag vor «traditionellen Anhängern» der Anthroposophie halte (dabei ist das Alter nicht entscheidend) und sage: «Thor hält segnend seinen Hammer über die Autobahn», dann bekomme ich folgende Fragen zu hören: «Thor ist ja eher im nordischen Götterhimmel zu Hause, kann er denn auch in Südamerika seinen Hammer halten?» Oder: «Ist eine Autobahn, welche eine Uresche zerstört, nicht etwas, was Thor zu verhindern versucht?» Oder: «Steiner hat doch gesagt, dass diese alten Götter durch den Christus abgelöst wurden, wie kann er denn noch an die Autobahn kommen?»

Aussagen über geistige Wesen oder seelische Vorgänge rutschen hier auf eine naive, super-realistische Ebene. Worte manifestieren sich, kaum sind sie ausgesprochen, zu konkreten und etablierten, karikaturhaften Formen, die nicht mehr hinterfragt und angezweifelt werden dürfen. Dann hat «Steiner gesagt», dass etwas so oder so ist, und hinter dem Zitat ertönt ein deutliches «Ende der Durchsage». Es fällt schwer, hier nicht das Wort der «versteinerten» Anthroposophie auszusprechen.

Ist Steiner zu zitieren also ein schlechtes Zeichen?

Stark zusammengefasst lässt sich die anthroposophische Zitatgeschichte in vier Kapitelchen einteilen:

Im ersten Kapitel finden sich diejenigen, die Steiner noch live erlebt haben. Seine Mission ging als Transmission auf seine Anhänger über, ihr Herz war erfüllt, und wem das Herz voll ist, dem geht der Mund über. In diesem Fall kamen Zitate heraus.

Im zweiten Kapitel wird aus Unsicherheit zitiert. Man kennt Steiner nur noch aus seinem Werk, versteht manches, aber nicht alles, fühlt umso mehr und bleibt doch jenseits von authentischen, spirituellen Erfahrungen. Zitate sind hier Krückstöcke, weil man – mangels eigener Erfahrung – keine eigenen Worte findet.

Im dritten Kapitel ist man genervt von diesen Krücken. Jedes Zitat gilt als Beweis für Dogmatik und wird verlacht – man traut nur noch dem eigenen Gefühl, der subjektiven Empfinden. Ist es wahr? Hat Steiner es so gemeint? Egal! Man hat ein Gefühl, das reicht.

Das vierte Kapitel schreiben wir heute. Zitate sind ein Ausdruck einer herrlichen Freude. Man entdeckt die tief gehenden, eigenen transzendenten Erfahrungen auch bei anderen. Man ist nicht allein mit den umwerfenden Erfahrungen und Erkenntnissen, sondern findet verstorbene und lebende Verbündete. Das Zitat wird zum geistigen Schulterschluss.

Jeder Geistforscher, der nicht nur Bücher über die Welt hinter den Dingen liest, sondern selbst den Vorhang der Materie zurückschlägt, wer selbst die Matrix zu lesen versteht, der wird neben dem unermesslichen Glück dieser Erfahrung auch etwas von der Herausforderung kennenlernen, über das Erlebte sachgemäß zu berichten.

Reisen ist die eine Sache. Reiseerzählungen sind die andere. Nur wer in beidem kompetent und zeitgemäß ist, der wird das Ohr der Menschheit erreichen.

Je tiefer ich mich in das Gebiet hineinbegebe, das man als geistige Welt oder spirituelle Dimension bezeichnen kann, desto schwieriger fällt es mir, Begriffe, Namen und Bilder zu finden, die den komplexen Dingen entsprechen, die dort vor mir in Erscheinung treten.

Im Laufe dieses Buches wird das so vorkommen, und alles postmoderne Reden wird nicht ganz verhindern können, dass meine Worte nicht ausdrücken können, was sie ausdrücken sollen. Das ist ein Problem – und es existiert, egal was ich tue, und es wird garantiert zu Missverständnissen führen. Ich habe da meine Erfahrungen.

Rudolf Steiner begegnete diesem Problem unter anderem dadurch, dass er zum Beispiel «Wesenheiten» beschrieb oder traditionell religiöse oder theosophische Namen, Begriffe oder Bilder als eine Art Transporter für das benutzte, was er «rüberbringen» wollte. Er beschrieb immer wieder die nicht aufzulösende Diskrepanz zwischen dem, was man als Geistesforscher als innere Erkenntnis und Erfahrung wahrnimmt, und dem vorhandenen Wortschatz, mit dem man versucht, das Wahrgenommene für Außenstehende begreifbar zu machen. Sein Versuch, sich tradierter Bilder und Beschreibungen zu bedienen und diese dann mit neuem Leben zu erfüllen, ist immer dann eine Hilfe, wenn diese in suchenden Menschen als Anreiz funktionieren, eigene Erfahrungen und Erkenntnisse zu machen. Sobald diese lebendigen und vorläufigen Imaginationen zu fixierten und endgültigen Kopien werden, verhindern sie nicht nur selbstständige Erfahrungen und Erkenntnisse, sondern wirken auch zerstörend auf alle Versuche, sich in einen Dialog mit Geistesforschern aus anderen spirituellen Strömungen zu begeben. So wird Geisteswissenschaft nicht mitfühlend und authentisch, sondern asozial und autistisch.

Ich habe den aufgeklärten Kopf und den unaufgeklärten Bauch als Raum, in dem Bilder auf so verschiedene Weise auf die Zuhörer treffen, beschrieben. Beide Räume stehen heute ohne Türen und ohne Fenster als Kulissen aus einer vergangenen Zeit in der Gegend herum. Zwischen ihnen, zwischen dem Kopf, der nur in plattem Symbolismus denkt, und einem glucksenden Bauch, der dem Wissen des Meisters glaubt und das Glucksen des Unverdauten für den Herzschlag hält, klafft ein Abgrund.

Wer sich heute ernsthaft über die Dinge hinter den Dingen unterhalten will, der muss den Schritt in den Abgrund wagen. Hier kann er erleben, wie «die Herzen beginnen, Gedanken zu haben», wie es Steiner so wunderschön in seinen *Leitsätzen* formuliert. Er kann erleben, dass die «Begeisterung nicht mehr bloß dem mystischen Dunkel entströmt, sondern gedankengetragener Seelenklarheit».

Im Herzen geht das Licht an und im Kopf wird das Denken erwärmt. Wer ein Anthroposoph sein will, der sollte das irgendwann können, dieses klare Fühlen und warme Denken.

Sie müssen das jetzt nicht lernen, Sie brauchen einfach nur weiterzulesen, und ich werde versuchen, Sie in dieser Art zu erreichen. Ich wünsche mir, mit meinen Worten in Ihrem Herzen eine Bewegung zu erzeugen, die hilft, die vielen Gefühlsklänge ein wenig zu ordnen, und ich will meine Gedanken mit Ihren Gedanken so verschmelzen, dass wir uns begegnen. Vielleicht wissen wir am Ende nicht, was uns dort im Kopf verbindet, aber wir spüren doch die kleinen, narbigen Lötstellen.

Und dann hoffe ich, an einem Raum mitzubauen, der längst im Entstehen ist. Einem Raum, in dem es eine Landschaft gibt, durch die eine Autobahn führt, über die Thor tatsächlich und voller Freude seinen Hammer hält ... Und wenn Sie mich, nach dem Besuch auf meinem blauen Sofa, in irgendeiner Weise ein ganz klein wenig lieb gewonnen haben und dazu noch verstehen, dann wissen Sie, wie ich das meine. Wenn meine vielen Worte etwas erreicht haben, dann können wir uns gemeinsam in diese Landschaft stellen, uns anschauen und sagen: «Schau mal, der alte Thor und der Stahlbetonbauer, wie sie sich aneinander freuen.» Wir würden lächeln und wissen, wie wahr und wie schön es ist – obwohl es nicht so ist, wie wir sagen.

3.

Das war's zunächst auf dem blauen Sofa. Jetzt können Sie es sich wieder an Ihrem Leseplatz bequem machen, damit ich das Buch weiterschreiben kann … Nun kann ich anders schreiben, weil wir gemeinsam auf dem blauen Sofa saßen. Verflixt komplizierte Postmoderne.

Bevor wir auf dem Sofa geplaudert haben, sprach ich über Kompetenz und darüber, dass ich bei vielen Menschen erlebe, wie sie in ihrer Arbeit über den physischen Bereich hinausgehen. In ihre Arbeit fließt so etwas wie ein energetischer Segen von kosmischen Kräften ein, der dann aus einer Brücke ein Wunderwerk macht.

Ich erlebe diese Paarung von «Allintelligenz» und «Erdkompetenz» nicht nur beim Stahlbetonbauer, sondern auch beim Bäcker, der Wasser, Mehl und Feuer so vereint, dass dabei ein Brot herauskommt, bei dem man ein Stück vom Himmel abbeißt. (Zum Glück wissen Sie jetzt, wie ich das meine.) Ich erlebe diese Paarung auch bei Chirurgen, Kfz-Mechanikern, Top-Managern und Trompetern (ich meine, wir können uns doch wirklich darauf einigen, dass Chet Baker ein kompetenter Trompeter war, oder? Er machte mit seiner Trompete Dinge, die weit darüber hinausgingen, was man mit einer Trompete *eigentlich* machen kann). Und zu meinem Kompetenzteam gehören auch solche Typen wie der bereits erwähnte Chronist Dr. Walter Kugler. Wenn er eine Frage zum historischen Werk und zur Biografie Rudolf Steiners beantwortet, dann ist die Antwort richtig. Wer darüber streitet, der ist eben inkompetent.

Walter Kugler ist ein feiner, witziger, neugieriger, diskreter und scharfsinniger Mann mit einem lexikalischen Wissen rund um Rudolf Steiner.

(Wenn Sie Dr. Kugler einmal treffen, dann sollten Sie ihn mal fragen, wie er nach Dornach zur Nachlassverwaltung gekommen ist. Vielleicht erzählt er Ihnen die Geschichte, wie ihn mein Vater unter Missachtung aller Geschwindigkeitsbeschränkungen zu seinem zukünftigen Arbeitsplatz katapultiert hat. Ich mag diese Geschichte, auch wenn sie mir noch immer einen kleinen Stich ins Herz versetzt, wenn ich daran denke, wie ein Schlaganfall aus meinem Vater, dem rasenden Weltmann, einen schwankenden Einsiedler machen konnte.)

Irgendwann wird es im Haus der Rudolf-Steiner-Nachlassverwaltung ein kleines, aber sehr ästhetisches Denkmal für Herrn Dr. Kugler geben. Es könnte so gestaltet sein, dass zwei gleichaltrige Herren, die sich auf seltsame Weise sehr ähnlich sehen, sich die Hand reichen und gegenseitig voreinander verneigen, wobei sich ihre Köpfe fast berühren. Man würde erst beim genauen Hinsehen wissen, welcher der beiden Doktoren der Rudolf und welcher der Walter ist, und jeder, der die Skulptur anschaut, würde irgendwie schmunzeln müssen.

Bis es soweit ist, schreibt er hoffentlich noch weiter viele Bücher, wie das mit dem Titel *Feindbild Steiner*.[7] Das Buch, heute trägt es den Titel *Rudolf Steiner – wie manche ihn sehen und andere wahrnehmen*, es ist vom Umfang eher ein Büchlein, handelt davon, wie Rudolf Steiner zu Lebzeiten und bis heute als Projektionsfläche für die jeweiligen Schreckgespenster ihrer Zeit herhalten musste.

Kugler schreibt in dem erwähnten Buch: «Mal Kommunist, mal Freimaurer, mal Guru, mal Antichrist.» Seine Anthroposophie galt wahlweise als «verjudet», als «pazifistisch», dann war er wieder «Antisemit und Rassist».

Ähnlich erlebte ich mein Dasein als Waldorfschüler, und ich weiß, dass Waldorfschüler bis heute dieselben Geschichten erleben, Geschichten, die echt langweilen. Montags hält man Waldorfschulen für Behindertenschulen, mittwochs gelten sie als Eliteschulen für besserverdienende FDP-Wähler und freitags als Ökoschule für selbstgestrickte Linke. Dazwischen sieht man in ihnen die Lösung für alle PISA-Sorgen, um dann am Wochenende zu fragen, ob man diese ideologische Sektenschule nicht besser ganz schließen sollte.

Dann ist wieder Montag. Jeder Waldorfschüler erlebt in diesem Stimmungsquark etwas von dem, was Kugler über «Steiners als Projektionsfläche» beschreibt.

Hätten diese Kritiker nur Nuhr gehört.


In dem zitierten Büchlein gibt Walter Kugler einen kurzen Abriss über das Wirken Steiners. Ich stelle mir vor, dass er für diesen Abschnitt kaum mehr als sechs Minuten gebraucht hat. Ich bin mir sicher, diesen Abschnitt hat er geschrieben, ohne einmal Luft zu holen, quasi in einem Rutsch.

All denjenigen, die zum ersten Mal etwas über Steiner und die Anthroposophie lesen, lege ich den folgenden Abschnitt ans Herz. Danach wissen sie zwar keine tiefgründigen, esoterischen Details über Leben und Werk Steiners, aber sie haben eine Ahnung davon, wie groß das Bild ist, vor dem man steht, wenn man sagt: «Rudolf Steiner und die Anthroposophie».

Wer das alles schon kennt, kann den lässigen Schwung Kuglers genießen oder einfach weiterblättern, bis die Schrift nicht mehr grau gedruckt ist. (Um den folgenden Abschnitt in meinen Laptop zu tippen, werde ich vermutlich länger brauchen als Kugler damals beim Verfassen.) Los geht's:

33

«Steiner war Goetheforscher und einer der besten Nietzschekenner seiner Zeit. Im Anschluss an sein Studium der Naturwissenschaften an der Wiener Technischen Hochschule bearbeitete er Goethes naturwissenschaftliche Schriften für die Kürschner- und später für die große Weimarer Sophien-Ausgabe. Er war Herausgeber einer Schopenhauer-, Wieland-, Uhland- und Jean-Paul-Ausgabe und Autor mehrerer philosophischer Werke. Er war Redakteur einer Literaturzeitschrift in Berlin, unterrichtete sechs Jahre an der von Wilhelm Liebknecht begründeten Arbeiterbildungsschule und war eine Zeit lang Generalsekretär der Theosophischen Gesellschaft, gründete 1912 die Anthroposophische Gesellschaft und titelte seine geisteswissenschaftlichen Forschungen mit dem schon von Fichte und Schelling verschiedentlich umkreisten Begriff ‹Anthroposophie›. In Dornach bei Basel entstand nach seinen Entwürfen und unter seiner Leitung ein Ensemble von mehr als zehn Wohn- und Zweckbauten, worunter das Goetheanum zu den bedeutendsten Bauwerken des zwanzigsten Jahrhunderts zählt.

Nach dem Ersten Weltkrieg unterstützte er die Betriebsrätebewegung, begründete die Waldorfschule und setzte seine Vortragstätigkeit fort: über Kosmologie, Philosophie, Tod und Geburt, aber auch Landwirtschaft, Nationalökonomie, Pädagogik und Medizin. Und er skizzierte damit Wegbeschreibungen, deren Gestus sich weder einem sich allem und jedem anpassenden Hinunter beugte und auch kein verklärendes Hinauf behauptete, sondern ein ständiges Dazwischen-Sein, zwischen Geist und Materie, Idee und Erfahrung, Egoismus und Altruismus provozierte. Seine stets frei gehaltenen Vorträge – insgesamt mehr als 5000 – waren ein Kulturereignis: in Berlin, München, Helsinki, Paris und Prag. Kafka und Max Brod haben ihn gehört, Kandinsky, Morgenstern, Tucholsky, Rosa Luxemburg und dann noch die vielen von den Chronisten unerwähnt Gebliebenen, aber nichtsdestominder den Zeitverlauf Prägenden: Ärzte und Pfarrer, Arbeiter und Studenten, Lehrer und Landwirte. –»

Das war Walter Kugler in einem Atemzug. Wenn er dann wieder Luft geholt hat, dann kann er noch viel mehr erzählen. Davon, dass Steiner in vollen Hallen «spielte», von der größten Konzertagentur Deutschlands promotet wurde, Bodyguards hatte, die ihm gegen die ersten Nazis den Weg frei prügelten, und davon, dass er sich im nobelsten Auto aller Zeiten durch die Gegend kutschieren ließ. Ein Maybach musste es damals schon sein, sagt der Mann aus der Nachlassverwaltung.

Niemand ist in den vergangenen zwanzig Jahren dem historischen Steiner näher gekommen als dieser Mann. Es gab Zeiten, da kroch er seinem Forschungsobjekt so unter die Haut, dass er etwas von dessen Aussehen annahm, etwas von Steiner blieb an Kugler hängen – ein Stück jugendlicher Bart, etwas von der Frisur, die eine oder andere Haltung. Dr. Kugler machte Dr. Steiner nicht nach, aber wie ein guter Method Acting-Schauspieler suchte er die Begegnung mit dem Original und gab dafür für eine Zeit etwas von seiner Originalität ab – nicht wie eine Anmaßung, sondern eher wie ein Opfer oder ein Zugeständnis an die Profession des verantwortlichen Erbverwalters.

Er kennt von Steiner, was sonst noch keiner kennt: Liebesbriefe, Notizbücher, Manuskripte, Fanpost und Drohbriefe. An ihm muss man vorbei, wenn man Steiner besuchen will. Kuglers Mission hat sich über das Leben Steiners geschoben. Wenn ich auf diese Mission schaue, dann sehe ich jemanden, der einen warmen, weichen Mantel um jemanden hält, der trotz aller Bedeutung und Macht dünn und ängstlich ist. Unter diesem Mantel gelingt es ihm, dass sein Schützling ein Geheimnis nach dem anderen in seine Hände gibt. Ich sehe, wie Steiner sich befreit von seinen Schriften, seinen Notizen und seinen Manuskripten und sie letztlich vertrauensvoll weiterreicht. Verstorbene Helden brauchen jemanden, der einen warmen, verständnisvollen Mantel bereit hält und trotzdem jeden Tag unnachgiebige, kompetente Fragen stellt. Die Antworten erleichtern die Toten und bereichern die Lebenden.

Steiner-Menschen brauchen Kugler-Menschen.

Wenn sich ihre Missionen verbinden, geht ein Stern auf, und etwas, was größer ist als diese beiden, holt tief Luft.

Wann beginnt die Mission eines Menschen? Ich denke, es hat mit dem *Erwachen* zu tun.

Meine Mission jedenfalls begann mit einem Erwachen, und wer meint, Erwachen ist immer schön und hell, der schläft noch tief und fest. Es gibt Stufen des Wachwerdens. Ich werde Ihnen im Laufe dieses Buches noch einiges darüber zu berichten haben. (Diesen letzten Satz, das sage ich jetzt vom postmodernen Sofa aus, habe ich erst geschrieben, als ich komplett mit dem Buch fertig war und mich daran machte, alles noch einmal durchzulesen. Denn als ich damals diesen Satz schrieb, ahnte ich noch nicht, welche Bedeutung das Thema «Erwachen» tatsächlich für mich haben würde!)

Ich war drei Jahre alt und mit meiner einjährigen Schwester im Kinderzimmer. Aus irgendeinem Grund warf ich einen viereckigen Holzbauklotz durchs Zimmer. Der Holzklotz landete im Garten. Wäre die große Glastür, die zum Garten führte, geöffnet gewesen, wäre ich nicht erwacht. Die Tür war aber zu. Der Klotz flog durch die Scheibe. Ich rannte zu meiner Mutter, die gerade telefonierte – damals telefonierte man immer an derselben Stelle, weil einen das schwarz-gedrehte Gummikabel dazu zwang –, und sprach meine Erwachworte: «Mami, die Eva hat die Scheibe kaputt gemacht.»

Ich log – und die Lüge machte mich wach.

Ich schaute zum ersten Mal in meinem Leben voller Erstaunen auf mich und log weiter. Ich beschrieb detailliert, aber nicht zu detailliert, erschrocken, aber nicht zu sehr erschrocken, und anklagend, aber auch ein wenig mitleidig, was meine kleine einjährige Schwester gerade verbrochen haben sollte. Ein langjähriger Schüler Machiavellis hätte die Situation nicht besser meistern können.

In diesem Moment wusste ich, obwohl (oder weil) mich niemand verdächtigte, obwohl (oder weil) niemand mir Vorwürfe machte, was eine Lüge ist. Und ich wusste, dass eine Lüge etwas ist, was sich anders anfühlt als alles andere zuvor. Ich kam mir schlecht und gleichzeitig mächtig vor. Natürlich könnte man sagen, dass ich ja noch ein kleines Kind war. Na klar, das war ich auch. Aber gleichzeitig wusste ich hundertprozentig genau, was ich tat – nämlich etwas Böses. Ich beschuldigte jemand Unschuldigen einer Tat, die *ich* begangen hatte. «Ich», das war nicht «der kleine Sebastian», sondern eine bewusste, ja erwachsene Person, die berechnend wusste, was sie tat.

Ich war *ich*, und zum ersten Mal wusste ich, dass ich ein Ich bin und dass dieses Ich böse sein konnte und dass es ganz einfach war, böse zu sein.

Ich hatte zum ersten Mal ein schrecklich schlechtes Gewissen. Einerseits. Andererseits hatte ich auch das Gefühl von Macht. Das Gefühl, mit Worten Menschen steuern und beeinflussen zu können. Lügen war böse und machte ein schlechtes Gewissen, aber es nützte auch, es schützte vor Sanktionen und man kam tatsächlich damit durch.

Ich hatte meine Unschuld verloren. Eine «böse Tat» hatte mich wach gemacht. Mein persönlicher Sündenfall hatte mich aus dem Paradies der schlafenden Unbewusstheit vertrieben (oder befreit), und ich war mir nun meiner selbst bewusst –

etwas, was ich als *Persönlichkeit,* als *Ego* bezeichnen möchte, war geboren, etwas, was nicht ganz sauber, aber sehr reizvoll war.

Der Blick in den Abgrund hatte mir die Augen geöffnet. Übrigens: Soweit ich mich erinnere, wurde meine Schwester nicht ausgeschimpft. Entweder weil sie noch so klein war oder ... Sollte meine Mutter meine Lüge doch augenzwinkernd bemerkt haben? Ich werde sie bei nächster Gelegenheit einmal fragen.

Beim zweiten Erwachen war ich neun Jahre alt. Bis zu diesem Tag gab es in meinem Leben einen Gott: Dieser Gott war mein Vater. Ein Gott zeichnet sich dadurch aus, dass er alles, alles weiß und im Prinzip auch alles kann. Bis zu meinem neunten Lebensjahr war ich fest davon überzeugt, dass mein Vater alles, alles wusste und im Prinzip auch alles konnte. Ich war mir sicher, wirklich sicher, dass er auf jede Frage die richtige Antwort hatte. Mein Vater war für mich der klügste Mann der Welt.

Wie gesagt: Er war Gott.

Es war außerhalb meiner Vorstellung, dass mein Vater irgendetwas nicht wissen könnte, und es war außerhalb einer Vorstellung von der Vorstellung, dass er unabsichtlich etwas *Falsches* sagen könnte. Ich traute ihm eine Lüge zu, aber keine Unwissenheit.

Dann: Wir saßen gerade zum Essen um unseren großen, schweren Küchentisch und sprachen über irgendetwas, an das ich mich nicht mehr erinnere. Aber ich erinnere mich daran, dass mein Vater, eher beiläufig, etwas erzählte, von dem ich wusste, dass es so nicht stimmte.

Ich starrte ihn an. Er plauderte weiter Dinge vor sich hin und schien dabei ganz eindeutig nicht zu wissen, was er da erzählte. Er wusste etwas nicht und sagte völlig ahnungslos etwas Verkehrtes.

Ich wusste es etwas besser als mein Vater, und das stürzte

meinen Vater-Gott von seinem Thron. Mein Vater-Gott starb, und ich, sein Sohn, wurde aus ihm herausgerissen. Mit Schmerzen und Bestürzung fiel ich von ihm ab und erwachte auf der nächsten Ebene. Ich war jetzt eine Persönlichkeit mit einer Wunde.

Einerseits war dieses Ereignis ein individuelles Drama, andererseits ereignete es sich, wie ich erst später lernte, zu einem biografischen Zeitpunkt, der für solche Tode und Auferstehungen bekannt ist. Was ich als etwas Urpersönliches erlebte, lernte ich später als ein allgemein menschlich-biografisches Phänomen von Neunjährigen kennen (und noch später als mythisches Urbild in der Menschheitsgeschichte). Es gibt ein schönes Wort für diese Zeit, und einmal mehr erweist sich Steiner als großer Poet, wenn er diese Zeit die Krise des «Rubikon» nennt[8] und sie damit nach dem Flüsschen benennt, welches Cäsar in Norditalien überschritt, um dann nach Rom zu marschieren und dort seine glanzvolle Herrschaft zu begründen.

Als Cäsar den Fluss Rubikon überschritten hatte, hinterließ er Uderzo, Goscinny und uns zur Freude den Satz: «Alea jacta est.»

Mein Vater bekam von diesem *Stirb-und-Werde* am Küchentisch nichts mit, aber in meiner Seele waren jene cäsarischen Würfel gefallen; es gab keinen Schritt mehr zurück in *sein* Reich, und so musste ich über den Fluss steigen und in meinem eigenen Reich die Herrschaft antreten.

Aber wie wird man ein Herrscher in seinem Reich? Als Erstes muss man sein Reich kennenlernen. Ich machte mich in den folgenden Jahren auf die Suche nach den Bewohnern, den Sitten und Gebräuchen und den verborgenen Orten meiner Innenwelt.

Eines Tages kam ich morgens in meine siebte Klasse.

Da stand er.

Ein neuer Schüler und dazu ein echtes Arschloch. Er trug ein Muskelshirt und er ließ sie spielen, seine dreizehnjährigen Muskeln. Machte witzige Bemerkungen, war charmant und schlagfertig. Und vor allem: Er wickelte die Mädchen um den Finger. Alle fanden ihn toll, super interessant und attraktiv.

Ich konnte es nicht fassen. Hallo! Er eroberte mit den billigsten Taschenspielertricks, den einfachsten Gags und den dämlichsten Sprüchen die Herzen der ganzen Klasse. Seine Methode war plump und seine Spielchen durchschaubar: Er war ein Blender, ein schlechter Schauspieler, ein Aufschneider, einer, der sich gut verkauft, aber eigentlich nichts zu verkaufen hat. Aber ganz offensichtlich war ich der Einzige in der ganzen Klasse, der seine Täuschungen, Tricks und Manöver durchschaute. Ich war tatsächlich der Einzige, der ihm in die Seele schauen konnte, der Einzige, der sein Lächeln decodieren, das Motiv seines triumphalen Auftritts lesen konnte: GELTUNGSSUCHT.

Ich hasste dieses Arschloch eine ganze Woche lang. Dann las ich irgendein Buch, in dem folgender Satz stand: «Man hasst nur, was man selber ist.»

Wäre ich Kapitän Haddock, dann hätte ich «Hagel und Granaten und alle heulenden und jaulenden Höllenhunde» gebrüllt! Aber ich brüllte nichts, war sprachlos, aber wieder mal hellwach, und ich sah, was Sache war: Dieses Arschloch war ich!

Nicht nur, dass er mir alle Mädchen ausspannte und mir den Status als Klassenstar streitig machte, nein, er benutzte *meine* Tricks.

Er täuschte mit *meinen* Täuschungen, er blendete mit *meinem* Blendwerkzeug und er fuhr *meine* Manöver. Er erreichte alle *meine* Ziele mit *meinen* Mitteln. Ich war der Einzige, der ihn durchschaute, weil nur ich wie er war, ich war der Einzige, der seine Geltungssucht erkannte, weil es *meine* Geltungssucht war, die sich dort spiegelte. Er stahl *meine* Show mit *meinen* Mitteln, die mir bis dahin gar nicht bewusst gewesen waren.

Wir spielten damals beide Cello, was die Sache nicht leichter machte. Er spielt – im Gegensatz zu mir – noch heute Cello, recht erfolgreich, wie er mir vor einiger Zeit erzählte. Der Groll gegen ihn begann sich bereits damals, an jenem Satz-Erkenntnis-Tag, aufzulösen, und dieser Typ hatte sich unauslöschlich in mein Leben gestellt. Seine Biografie hat sich mit meiner verschränkt, ich bin ihm dankbar für diese Selbsterkenntnis, und ich lernte meine Lektion wieder über den dunklen Weg von Hass, Ärger und Enttäuschungen.

Jetzt ist mein ehemaliger Klassenkamerad sogar in mein Buch geschlüpft und in Sie, die Leserinnen und Leser dieses Buches. Wieder gibt es jemanden in unserem gemeinsamen Schicksalskreis.

Stellen Sie sich für einen Moment vor, wir alle aus diesem Buch wären tot. Sebastian & der andere, meine Schwester, die unschuldig war, meine Mutter am Telefon, mein gestürzter Vater am Küchentisch, Walter von der Nachlassverwaltung, Andreas, der Priester, Jelle, Harry G. Frankfurt, mein Sohn, all die anderen und natürlich Rudolf, der eh schon tot ist, ja, und Sie mit diesem Buch in der Hand. Wir alle wären tot. Was wäre dann? Hätte es dann für uns alle eine Bedeutung, dass wir alle mit diesem Buch zu tun gehabt haben? Hätte es eine Bedeutung für diese Toten (wie immer auch Sie sich jetzt diese Toten vorstellen), dass sie genau in diesem Augenblick und auf dieser Seite Papier zusammenstehen und von Ihnen gehalten und gelesen werden? Hätte es eine Bedeutung, dass es hier und in Ihrem Bewusstsein einen Raum gab, in dem sie einmal gemeinsamen sein durften?

Tatsache ist: Sie halten in diesem Moment all diese Namen von Menschen in der Hand, in Ihrem Bewusstsein erscheinen wir jetzt nacheinander und zusammen: Sebastian & der andere,

Eva, meine Mutter, mein Vater, Walter, Andreas, Jelle, Harry, mein Sohn und Rudolf.

Welche Bedeutung hat dieser Moment für uns alle, wenn wir tot sind?

Gibt es eine Dimension, einen Raum, in dem diese Tatsache eine Bedeutung hat, gibt es einen virtuellen Raum, wo wir uns alle ansehen und an jetzt erinnern werden? Sind in diesem Raum nicht nur alle aus diesem Buch und Sie, sondern auch alle zukünftigen Leserinnen und Leser dieses Buches? Erscheinen wir irgendwann alle in diesem Raum? Werden wir uns erkennen?

Gibt es diesen Raum vielleicht bereits jetzt und nicht erst, wenn wir Tote sind? Gibt es vielleicht bereits *jetzt* ein einziges Maximal-Bewusstsein, in dem all diese Personen und Ereignisse erscheinen? Gibt es ein Maximal-Bewusstsein, das uns alle, Sie mit Ihrem Buch und uns allen darinnen, genau *jetzt* umarmt und hält?

Wer oder was hat so ein Maximal-Bewusstsein? Und: Kann es überhaupt jemanden oder etwas geben, der oder das solch ein Maximal-Bewusstsein hat, wenn ich dieses Buch nicht schreibe und Sie es nicht lesen? Wären wir dann also an diesem Maximal-Bewusstsein beteiligt oder gar Schöpfer dieses Maximal-Bewusstseins, in dem wir alle *jetzt* erscheinen? Wenn wir zusammen Maximal-Bewustsein erschaffen könnten, wären wir dann vielleicht sogar ein gemeinsames Super-Maximal-Bewusstsein? Und: Kann man Maximal-Bewusstsein kreieren, ohne sich dessen bewusst zu sein?

Das sind Fragen, die in mir – und nun in Ihnen – existieren. Das sind die Fragen, die in Menschen leben, die auf der Suche sind. Spirituelle Sinnsucher nenne ich solche Menschen, und Anthroposophen gehören unter anderem auch dazu. Und Sie – daran kann es jetzt keinen Zweifel mehr geben – ebenfalls. Willkommen im Club.

Als Clubmitglied will ich Ihnen noch kurz den vorläufigen Schluss der Geschichte von Sebastian & dem anderen erzählen:

Heute empfinde ich gegenüber meinem Klassenkameraden von damals eine warme und innige Zuneigung (wovon er nichts weiß. Wovon er nichts weiß?) und muss lächeln, wenn ich daran denke, dass wir uns beide intensiv mit spirituellen Themen und Techniken auseinandersetzen (bei ihm ist es Zen) und beide eine frühe Glatze haben. Insofern hat sich nicht viel geändert. Auch nicht unsere Namen. Wir heißen immer noch beide Sebastian.

Das Leben ist bisweilen ein Witz.


Was ich damals mit Sebastian erlebt habe, nennt man ein Doppelgänger-Erlebnis. Doppelgänger, Schatten, verdrängtes Selbst, das sind alles Namen für ein und dieselbe Sache: Alles, was wir nicht sein wollen, alles, was nicht in unser positives Selbstbild passt, und alles, was wir verdrängen, nicht wahrhaben wollen und leugnen, alle Eigenschaften, die wir sind, aber an uns ablehnen und ausgrenzen, all das ist unser Schatten. Jeder abgelehnte Wirklichkeitsbereich, den wir bei uns selbst nicht sehen oder nicht sehen wollen, baut sich zu einer abgespaltenen Doppel-Person zusammen. Unser Schatten ist die Summe aller abgelehnten Eigenschaften, die wir sind, aber auf die wir nicht schauen wollen oder können. Jeder Mensch hat seinen Schatten. Jeder spielt ein kräfteraubendes Versteckspiel mit sich selbst, jeder ist Dr. Jekyll und Mr. Hyde.

In dem Moment, in dem wir anfangen, eine Nuance unserer Persönlichkeit abzulehnen, vielleicht weil sie von unseren Eltern, der Kirche oder unserem Partner abgelehnt wird, in dem Augenblick, in dem wir diesen Teil in eine unbewusste Ecke abdrängen, exakt in dieser Sekunde nimmt ein Doppelgänger seinen ersten, tiefen Atemzug und beginnt sein dunkles Leben im Schatten unseres Bewusstseins. Immer wenn wir seinen Atem im Nacken spüren, immer wenn wir ahnen, dass wir nicht das sind, was wir vorgeben zu sein, immer wenn wir uns vor dieser Seite fürchten und immer wenn wir dann wieder und wieder und wieder wegschauen, leugnen, verdrängen und überblenden, immer dann wächst dieser Doppelgänger.

Je mächtiger er wird, desto mehr Energie verwenden wir darauf, ihn zu leugnen, ihn nicht wahrhaben zu wollen. Damit aber wächst er weiter und noch weiter und wir müssen uns noch mehr anstrengen, aller Welt und uns selbst zu beweisen, dass wir hell, sauber, edel, hilfreich und gut und ein prima Typ sind.

Die Ablehnung irgendeines Prinzips in uns wird so zum Kampf *gegen* etwas, was wir in uns haben. Es ist ein Kampf gegen uns. Das Monster-Problem dabei: Der Kampf geschieht unbewusst. Die Folge: Krankheit in jeder physischen oder psychischen Ausprägung. Warum macht uns das krank?

Stellen Sie sich vor, Sie würden am Morgen, wenn Sie aus dem Haus gehen, ein Weinglas randvoll mit rotem Saft mitnehmen und nun müssten Sie darauf aufpassen, dass kein Mensch dieses Glas bemerkt. Sie müssten dieses Glas in jedem Moment, in jedem Gespräch, beim Bäcker, in der U-Bahn, beim Autofahren und in der Arbeit verbergen und dabei so tun, als hätten Sie nichts zu verbergen. Ja, Sie müssten sogar sich selbst vorspielen, dass Sie weder ein Glas dabei haben noch dass Sie es verbergen. Sie dürften sich immer nur so bewegen und verhalten, dass nichts aus diesem Glas herausschwappt und auffällige, hässliche, rote Flecken hinterlässt – das müssten Sie natürlich total unauffällig tun.

Es wäre ein schrecklich anstrengendes, kräftezehrendes und nervenaufreibendes Leben, das einen total fix und fertig und krank macht und das man niemandem wünschen würde.

Genau solch ein Leben führen wir alle. Solch ein Leben muten wir unserer Seele und unserem Körper zu. Jeden Tag.

Jeder balanciert mit leuchtend rotem Saft gefüllte Gläser mit sich herum und macht der Welt und sich vor, das dies nicht der Fall sein würde. In jedem von uns gibt es eine Riesenangst, dass man etwas sehen könnte, von dem man selbst meint, dass man es nicht zeigen dürfe.

Der eine verbirgt seinen Zorn hinter Idealen, der andere seinen Hochmut hinter Liebenswürdigkeit (das ist mein Problem), der Nächste seine Lügenhaftigkeiten hinter Erfolgen und der Vierte seinen Neid hinter seiner Kreativität. Habsucht, Angst, Unmäßigkeit, Schamlosigkeit und Faulheit sind weitere «Wurzelsünden», die wir durch allerlei Inszenierungen zu verbergen suchen.

«Wurzelsünde» ist ein Begriff aus der *Enneagrammforschung*,[9] die ich selbst als Meilenstein meiner Selbsterkenntnis erlebt habe. Sie können sich vielleicht vorstellen, wie entsetzlich schmerzhaft und gleichzeitig unendlich erleichternd es war, als ich dank dieser Methode bemerkte, dass meine riesige Liebesfähigkeit und meine Hilfsbereitschaft sowie mein Gefühl, alle Welt müsse mir, allein für meine unendliche Liebe, ewig dankbar sein, sich als typologisches Merkmal des Enneagrammtyps «zwei» herausstellte. Meine Liebeskräfte waren nichts Einzigartiges, nichts Karmisches, nichts, was ausschließlich mit mir zu tun hatte, sondern Bestandteil eines spezifischen Persönlichkeitsprofils, welches Millionen andere Menschen so oder sehr ähnlich mit mir teilten. Auf einem völlig anderen Blatt steht, dass ich *tatsächlich* diese enormen Liebesfähigkeiten habe – sie sind aber Bestandteil eines allgemeinen Persönlichkeitstyps, nicht Alleinstellungsmerkmal von Sebastian Gronbach.

Immerzu haben wir Angst davor, dass etwas ans Licht kommen könnte, was wir nicht im Licht sehen wollen – etwas, für das wir uns schämen und vor dem wir Angst haben. In der Scham werden wir rot, unser Blut geht massiv in die Peripherie, in der Angst verschwindet das Blut aus der Peripherie und wir werden blass. Beides Hinweise darauf, wie sehr unsere Seele innerhalb von Sekundenbruchteilen auf unseren Körper wirkt.

Thorwald Dethlefsen und Ruediger Dahlke haben in den Sechzigerjahren mit ihrem Buch *Krankheit als Weg*[10] und Dahlkes *Krankheit als Symbol*[11] die revolutionären Erkenntnisse der Schattenforscher in Meilensteine der Selbsterkenntnis verwandelt. Ihr einfaches und klares Leitwort, welches jeder meiner Erfahrungen entspricht, lautet: «Der Schatten macht krank – die Begegnung mit dem Schatten heilt.»

Vor ein paar Jahren habe ich beschlossen, dass ich mein Schattendasein beenden will. Um es gleich zu sagen: Es ist mir nicht gelungen. Aber seit dieser Zeit habe ich mich auf die Suche nach den Gläsern mit dem roten Saft gemacht, bin ein Schattenjäger geworden und versuche Licht in mein Inneres zu bringen. Dabei habe ich bereits einige dunkle Ecken entdeckt, aber noch immer sitzen in mir unbeleuchtete Teile, viele fiese, dunkle Winkel. Manche ahne ich und finde sie nicht, manche kenne ich und trau mich nicht hinein, wieder andere habe ich noch nicht einmal geortet. Meine innere Landkarte hält noch einige dunkle, unerforschte Flecken bereit, und ich mache mich jeden Tag neu auf die Reise in das Dunkle, in die Niederungen meines Selbst. Ich versuche seit diesem Entschluss etwas auszudrücken, anstatt es wegzudrücken.

Warum schreibe ich zum Beispiel dieses Buch?

Am Anfang habe ich Ihnen einiges dazu gesagt. Zur Erinnerung hier nochmals ein paar Motive: Ich habe das Bedürfnis nach Anerkennung und Geld, ich schreibe gegen die Unsicherheit an, ich will etwas bewegen.

Nur zur Klarheit: Anerkennung ist ja nicht nur etwas Metaphysisches. Es sind Schulterklopfer, es sind Einladungen zu bedeutenden Events, Bekanntschaften mit angesehenen Menschen, und es sind Frauen, die einen anlächeln. Und auch die Unsicherheit ist konkret, wenn sie nachts unter die Decke kriecht und macht, dass ich mit den Zähnen knirschte.

Wie viele anthroposophische Bücher haben Sie gelesen, in denen Ihnen die Autoren konkret (nicht in Floskeln à la «suchen wir nicht alle Anerkennung?») sagen, dass sie das auch deshalb geschrieben haben, um Anerkennung, das Lächeln einer Frau oder Geld zu bekommen und Unsicherheit zu verbergen? Wie viele Autoren, die Ihnen erzählen, dass sich hinter ihrer Liebenswürdigkeit eine fette Portion von Hochmut versteckt? Bin ich der einzige fiese und kleingeistige Kerl, der sich als solcher bezeichnet?

Ich kenne ein paar wenige – allerdings keinen Anthroposophen.

Steve Biddulph schreibt Bücher mit Titeln wie *Das Geheimnis glücklicher Kinder*[12] und erklärt darin auf einfache und anschauliche Weise, wie man die Grundlage dafür schaffen kann, dass Eltern und Kinder weniger Stress und mehr Freude miteinander haben. Biddulph zählt nicht nur die bekannten Dinge auf, die *Kinder* brauchen, nämlich jede erdenkliche Form von Zärtlichkeit und Zuneigung, sondern er sagt auch, was *Erwachsene* brauchen: nämlich jede erdenkliche Form von Zärtlichkeit und Zuneigung. Auch das ist keine wirklich neue Erkenntnis und wurde von vielen Psychologen beschrieben; aber dann bietet der Australier seinen Leserinnen und Lesern etwas an, was außergewöhnlich ist. Ich will Ihnen kurz die Stelle aus dem erwähnten Buch zitieren:

«Jeder braucht Anerkennung, Beachtung und – am besten echt gemeintes Lob. Jeder möchte in Gespräche mit einbezogen werden, möchte, dass man seinen Ideen lauscht, am liebsten sogar die Bewunderung der anderen erregen. Dreijährige sagen es geradeaus: ‹Schau her zu mir!› Das gefüllte Bankkonto alleine bereitet nur wenigen reichen Leuten Vergnügen, erst das Herzeigen und die Wahrnehmung der anderen macht ihnen Spaß. Die Vorstellung, dass die Erwachsenenwelt sich zum Großteil wie ein Dreijähriger verhält und immerzu ruft: ‹Schau her Papi!› ist zu komisch.»

Und jetzt kommt der entscheidende Satz des Psychologen und Verhaltenstherapeuten: «Ich bin natürlich eine Ausnahme – ich halte Vorträge und schreibe Bücher alleine wegen meiner reifen und erwachsenen Berufung.»

Die selbstentwaffnende Ironie dieses Satzes hat mich mit meinem «inneren Kind» versöhnt.

Wo immer ich jetzt öffentlich auftrete, bei jedem Artikel und in diesem Buch, nehme ich dieses Kind mit. Ich muss es weder verleugnen noch mir von Kritikern vorhalten lassen, dass alles, was ich tue, nur aus einem Geltungsbedürfnis heraus geschehe. Ja sicher, auch dieses Motiv gibt es. Ich bin ein erwachsener Mann mit dem Geltungsbedürfnis eines kleinen Jungen. Oder noch deutlicher: Ich bin ein Mann, und Geltungsbedürfnis ist ein Teil meiner männlich, erwachsenen Identität.

Weil ich auf dem Gebiet der Spiritualität und Lebensberatung öffentlich arbeite, muss ich mich öffnen. Wer Zugang zu den Herzen haben will, muss sein Herz zugänglich machen, und wer die Schmerzen und Wunden der anderen Menschen sehen und zu deren Heilung etwas beitragen will, darf seine Schmerzen, Wunden und Sehnsüchte nicht verbergen.

Wenn ich über die innere Not ein Buch schreibe und so tue, als hätte ich selbst keine Not, dann hört mir keiner zu. Zu Recht. Ich selbst will auch keine Vorträge über den Sinn und das Glück des Lebens hören, wenn die Vortragenden nicht vor Sinnhaftigkeit und Glück zu platzen drohen.

Man nennt diese Übereinstimmung von *Reden* und *Sein* Authentizität. Wer den Schritt in die Öffentlichkeit machen will, der muss heute glaubwürdig sein, er muss mit sich, dem Gesagten und dem Handeln übereinstimmen.

Ich bin der Überzeugung, dass es für Sie nur ein Motiv gibt, dieses Buch weiterzulesen oder nicht, dass nur eine einzige Frage darüber entscheidet, ob Sie am Ende «Ja» oder «Nein» zu diesem Buch sagen werden – trotz aller «Aber».

Ich denke, die Frage, der ich mich stellen muss und die zu Ihrem Motiv für das Weiterlesen und Bewerten dieses Buches wird, lautet: «Bist du glaubwürdig – oder ist das hier eine Show?» Vielleicht sind Sie in vielen Fragen total anderer Ansicht als ich, vielleicht entdecken Sie gravierende inhaltliche Fehler in meinem Buch, vielleicht geht es Ihnen alles total gegen den Strich. Entscheidender als alles andere wird aber in Ihnen ein Gefühl sein, das Ihnen sagt, ob das, was ich schreibe, in Deckung mit dem ist, was ich bin.

In diesem Buch – und in dem, was mich ausmacht – ist nicht die objektive Richtigkeit meiner Aussagen das alles Entscheidende, sondern darüber hinaus die Frage, ob eine Aussage wahrhaftig ist, also der Wirklichkeit meines inneren Raumes entspricht oder nicht.

Michael Habecker[13] ordnet diese Art zu denken und zu sprechen, die «Untersuchungsmethode», einem bestimmten Raum zu, in dem es nicht um «objektives Zählen und Wiegen, sondern z.B. Innenschau, Introspektion, und – in Bezug auf einen anderen Menschen (also Sie) – Dialog und Austausch» geht. Es geht um Ehrlichkeit und Vertrauenswürdigkeit, auch gegenüber sich selbst ... In dem Augenblick, in dem man ein Inneres anerkennt, muss man sich mit dem Haupthindernis des Zugangs zu diesem Inneren auseinandersetzen, mit Täuschung und Betrug. Und eben deshalb bewegt man sich in diesem Bereich, so Habecker, mit dem «Kompass der Wahrhaftigkeit».

«Ich-Sprache» und wahrhaftiges Bewusstsein sind die Welt, in der ich mich am besten auskenne, und ich weiß, dass es nur ein Teil der Welt ist. Es fehlt darin die objektive «Es-Sprache» aus den Laboren der Naturwissenschaft und auch die systematische Erfassung und Interpretation der verschiedenen gesellschaftlichen Zusammenhänge finden Sie ebenso wenig bei mir. Auch die ökumenische «Wir-Sprache» der kollektiven Moral und Ethik sprechen andere Autoren präziser aus.

Die Basis für unsere Beziehung, für weitere Dialoge ist die Wahrhaftigkeit – Wahrhaftigkeit zum eigenen Innenraum. Sie erinnern sich an die *Bewusstseinsseele* als Ort der Postmoderne? Der *Kompass der Wahrhaftigkeit* zeigt immer in das Zentrum der Bewusstseinsseele.

Das ist der Deal zwischen Leserschaft und Autor im 21. Jahrhundert, und das ist das einzige Versprechen, das ich Ihnen geben will: «Ich will echt sein!» Ich kenne mich zu gut, um zu wissen, dass mir das nicht immer gelingt, aber ich *will*, dass es mir gelingt. Ich will wirklich zur Wahrheit vorstoßen. Ich will dabei wachsen. Ich will gemeinsam mit der Wahrheit wachsen. Ich will die objektive Wahrheit und meine subjektive Integrität zusammenführen.

Nicht weil ich ein so guter Mensch bin, sondern weil ich der Ansicht bin, dass man heute nur durch Gedanken überzeugen kann, die etwas mit dem zu tun haben, der sich ausspricht, und weil ich keine Lust mehr auf Versteckspiele habe, weil ich meine Energie für andere Dinge einsetzen will als dafür, so zu tun, als wäre ich jemand, der ich nicht bin. Ich finde, dass Menschen hinter den Masken viel aufregender und großartiger sind als maskierte.

Masken-Menschen langweilen mich immer. Ich würde gern

ein Mensch sein und Menschen begegnen. Gedanken interessieren mich auch, aber mehr noch interessiert mich, ob Menschen wirklich in Beziehung und Deckung mit ihren Gedanken und Gefühlen *leben*. Meine Frage, an der sich vieles, wenn nicht alles, ausrichtet, ist diese: «*Bist* du, was du vorgibst zu sein?»

Mich interessiert, ob jemand, so könnte man auch sagen, aus seinem ganzem «Ich» heraus spricht oder ob er mehr Energie darauf verwenden muss, etwas zu verbergen, vorzuspielen oder vorzugeben, was er nicht ist.

Ich vermute, dass es immer mehr Menschen wie mir geht und dass sich da einiges in den vergangenen Jahrzehnten verändert hat. Vor einiger Zeit interviewte ich den Psychologen Dr. Johannes W. Schneider, der mit mir im Arbeitszentrum der Anthroposophischen Gesellschaft in Nordrhein-Westfalen arbeitet. Er erzählte aus seiner langen Erfahrung als Lehrer und Ausbilder für angehende Lehrer Folgendes:

«Da entwickelt sich bei jungen Menschen ein Sinn für Echtheit, den wir damals als Schulkinder so nicht hatten. Wir haben damals eigentlich nicht wahrgenommen, wer der Lehrer ist. Ob er ein guter oder ein schlechter Lehrer ist, haben wir schnell rausgekriegt, aber das war wenig individuell. Heute können Sie als Lehrer viel mehr pädagogische Schnitzer machen, wenn Sie nur zeigen, wer Sie sind, und wenn Sie das nicht zeigen, dann fangen Schüler an, Sie zu provozieren. Sie wollen, dass mindestens mal die Maske runterfällt.

Wir hatten damals kein Problem mit Masken – wenn's die richtige Maske war, zum Beispiel die des guten Lehrers.

Der Sinn für Echtheit kam aus der Jugend, die Älteren haben daran teilgenommen.»

Ich fragte Dr. Schneider an dieser Stelle, wie er diesen «Sinn für Echtheit» geistig einordnet. Hier seine Antwort:

«Ich sehe das als Anfang eines neuen Hellsehens. Die Menschen können immer klarer sehen, ob das ‹Ich› bei einem anderen Menschen herauskommt oder eben nicht. Spricht ein ‹Ich› oder spricht eine Maske – das ist eine Frage, mit der man heute immer besser umgehen kann.»

C. G. Jung benötigt nur eine einzige Frage, in der alles zum Thema Schatten auf den Punkt gebracht wird:

«Willst du lieber *ganz sein* oder lieber *gut sein*.»

Für Jung, und ich schließe mich dem an, muss man sich an dieser Stelle entscheiden.

Wer sich entscheidet, in diesem Sinne ein «Guter» zu sein, der entscheidet sich dafür, den Normen und Regeln einer bestimmten Zeit, eines bestimmten geografischen Raumes und eines konkreten sozialen Kontextes zu entsprechen. «Gut» ist in diesem Zusammenhang alles, was von den Menschen um einen herum als «gut» interpretiert wird. Außerhalb dieses kontextualen Zusammenhangs mögen andere Dinge «gut» sein, aber hier gilt, was «man» macht und was «man» nicht macht.

Wer zum Beispiel ein guter Anthroposoph in Köln sein will, der geht nicht ins Bordell, nimmt keine Drogen und macht Eurythmie statt Yoga.

Aber was bedeutet das für einen Kölner Anthroposophen, der gerne einen Joint raucht – am liebsten nach dem Gesprächskreis? Welche Wahl hat er, wenn er weiter ein «Guter» sein will, einer, der dazugehört? Keine – außer der Heimlichkeit, der Verdrängung und der Maske.

Wir lassen uns von Kindesbeinen an einreden, was man tun muss, um ein «Guter» zu sein, und wir sind von Menschen umgeben, die uns permanent Eier ins Nest legen, aus denen die dämlichsten und dunkelsten Doppelgänger schlüpfen.

Nahezu jeder Junge – und sicherlich mindestens genauso viele Mädchen – hat zum Beispiel in der Kindheit Erlebnisse mit anderen Kindern, bei denen es irgendwie um Sexualität geht.

Als Junge hatte ich Erlebnisse mit anderen Jungs, die Gefühle geweckt haben, die unheimlich größer und aufregender waren als alles, was ich bisher so kannte. Aber ich kannte auch das Wort dazu und das Wort klang gar nicht nach «guter Junge», und so verkniff ich mir, was ansonsten vielleicht zum normalen Segment meiner sexuellen Orientierung gehören würde.

Wieder entschied sich ein Junge für «gut» statt für «ganz». Aber in manchem von uns Jungs lebt dieses sexuelle Erlebnis kraftvoll weiter. Wenn so ein Junge in Köln wohnt, hat er damit vielleicht nur kleine Probleme – in Texas zum Beispiel ist es ein Grund, ganz schnell eine richtig gute Maske anzulegen.

Aber so eine Maske, selbst wenn Sie fest angewachsen ist, kann heruntergerissen werden. Und der eigene Schatten kann einem ein Bein stellen. Heute Morgen las ich im Internet: *Prediger tritt wegen Sexskandal um Callboy zurück.*

«Einer der führenden US-Prediger, der sich vehement gegen die Rechte von Schwulen starkgemacht hat, hat wegen des Vorwurfs einer homosexuellen Beziehung zu einem Callboy seine Ämter niedergelegt.»

*Spiegel online*[14] berichtet über den Mann, der zum Fall wurde: «Ted Haggard war eine Schaltstelle zwischen dem Weißen Haus und der christlich-konservativen Wählerbasis. Als Präsident der *National Association of Evangelicals* führte er 45.000 Kirchen mit 30 Millionen Mitgliedern. Die *Times* zählte ihn zu den 25 mächtigsten Massenpredigern der USA. Montags nahm er regelmäßig an einer Schaltkonferenz mit Washington teil, in der er sich unter anderem dafür einsetzte, dass die Regierung einen harten Kurs gegen die Schwulenehe und außerehelichen Sex hielt. Doch Haggard – der verheiratet ist und fünf Kinder hat – führte offenbar ein Dr.-Jekyll-Mr.-Hyde-Doppelleben. Jetzt berichtete er also, einen schwulen Callboy getroffen und die Party-Droge *Crystal Meth* gekauft zu haben.»

Es ist eines dieser typischen Fälle, in denen Menschen ihre Existenz dem Versteckspiel widmen, das längst kein Spiel mehr ist. Die Affäre des populären Predigers dauerte mindestens drei Jahre, und vieles spricht dafür, dass sich hier jemand gerade deshalb gegen bestimmte Menschen stellte, damit niemand bemerken konnte, dass er selbst einer von ihnen ist. Oder andersherum: Er wandte sich gegen die Schwulen, weil er den Schwulen in sich hasste, er lebte also gleichzeitig das, was er liebte, und schlug es am nächsten Morgen wieder zusammen. Wie bewusst und berechnend er bereits seine Berufswahl unter diese verborgene Mission gestellt hat, weiß ich nicht, aber die Energie, die er aufwenden musste, um seine Neigung gleichzeitig zu leben und zu verbergen, wird absurd hoch gewesen sein.

Welche Ängste er wohl hatte, wenn er wieder von seinem Callboy kam? Welche irren Albträume musste er haben, nachdem er seiner Frau und den fünf Kindern «Gute Nacht» gesagt und ihnen segnend mit den Händen über die Haare gestrichen hatte, die noch vor zwei Stunden einen anderen Mann lüstern umarmt und gepackt hatten? Er lag neben seiner Frau, sprach mit ihr das Nachtgebet, knipste die Lampe aus und starrte in die Dunkelheit. Was hat er da gedacht, der Ted? Was hat er danach still gebetet? «Erlöse mich von dieser Sünde, Gott.» Hielt er dabei die Hand seiner Frau? Was für Sehnsüchte hatte sie? Dachte er beim Einschlafen an seinen Callboy? An das nächste heimliche Date in einem Hotel, immer begleitet von der Angst, die irgendwie auch zum geilen Spiel gehörte? Schämte er sich? Verfluchte er sich? Oder war er cool und nur an Macht und Geld interessiert und die Rolle des Predigers nichts als ein gut bezahlter Job? Was für eine Mission ist das?

Am nächsten Morgen jedenfalls stand Ted wieder auf der Kanzel und erschien auf den Bildschirmen, und dann verfluchte er wieder sich selbst, indem er die anderen (die er selbst war) verurteilte. Er wünschte die anderen zur Hölle. Nun ist er selbst da gelandet – vor den Augen der Welt steht er nackt da und weiß, was «Fegefeuer» bedeutet. Es bedeutet, dass man mit dem Maßstab gemessen wird, den man an andere anlegt.

Sich über solche Auswüchse von Menschen, die in der Öffentlichkeit stehen, lustig zu machen und diese moralisierend anzuprangern, ist nicht nur billig, sondern wieder nur ein Versuch, von sich und seinem Schatten abzulenken. Trotzdem kann man darüber sprechen.

Dieser verlogene Prediger sind wir alle. Wir sind kleine Teds, wenn wir unsere Kindern vorwurfsvoll fragen: «Kannst du nicht *einmal* zuhören?», und selbst längst nicht mehr hinhören, was unsere Kinder *eigentlich* sagen. Wir sind Teds, wenn wir über die Billigflieger als Klimakiller wettern und unsere Kinder jeden Morgen zwanzig Kilometer in die Privatschule fahren. Wir sind Teds, wenn wir über die Jugend lamentieren, die sich so gehen lässt, und selbst seit Jahren einen veritablen Bauch mit uns herumtragen, der dringend mal wieder zum Joggen raus müsste. Wir sind Teds, wenn wir als Politiker von Hartz-IV-Empfängern mehr Mobilität und Flexibilität fordern und selbst nicht in der Lage sind, über die eigenen Parteigrenzen hinaus zu denken, geschweige denn zu handeln. Wir sind Teds, wenn wir als Hartz-IV-Empfänger Politiker beschuldigen, sie würden wertvolles Geld für unnütze und sogar eigennützige Dinge aus dem Fenster werfen und selbst schmeißen wir wertvollste Zeit aus dem Fenster, weil es bequemer ist, im Sofa zu meckern, als ehrenamtlich die Zivilgesellschaft zu unterstützen. Faule Ausreden haben alle – und die besten Ausreden sind Anschuldigungen.

Wir verbergen unseren Schatten, wenn wir uns abends über amerikanische Kriege echauffieren und am nächsten Morgen als Waldorflehrer begeistert von der Kriegslist der Griechen schwärmen, Ritterkämpfe veranstalten, Alexander den Großen als Helden feiern und Sankt Michael besingen.

Die Doppelmoral, mit der man zuweilen bei Waldorfs zeitgenössische Staatsgewalt verabscheut und gleichzeitig historische und mythologische Gewalt «feiert», ist kaum zu überbieten. Man berauscht sich morgens an der vergangenen Gewalt und dann berauscht man sich an der Friedensdemo gegen aktuelle Gewalt. Auch eine Art, seine Aggressionen und eigene Lust auf Gewalt gleichzeitig auszuleben und zu unterdrücken.

Man schnitzt Holzschwerter und veranstaltet Ritterkämpfe (bei denen immer mal wieder jemand mit einer Gehirnerschütterung im Krankenhaus landet) und fabuliert etwas von «Mann gegen Mann» und «Ehre», um kurz darauf bestürzt Elternabende einzuberufen, wenn ein Kind aus einer Wurzel eine stilechte Maschinenpistole bastelt, weil ja mit so einem Gerät das Töten «anonymisiert» wird. Töten von Angesicht zu Angesicht hat also irgendwie etwas Edles, etwas, was man gerne immer wieder in Geschichten erzählt und in Bildern von Rittern und Gottesstreitern festhält ... Jedoch: Als Egoshooter ist Töten, obwohl ja auch von Angesicht zu Angesicht, wieder ganz böse.

Ach, das Leben ist kompliziert, wenn früher alles besser war als heute. Obwohl, so toll und ehrenvoll war es früher auch nicht, wie man einem Artikel im *Spiegel*[15] entnehmen darf, wo über die alten Römer, als die man sich in Waldorfschulen gerne mal verkleidet, steht:

«In der Antike gehörte Wein zu den simpelsten Waffen der Massenvernichtung – insbesondere im Kampf gegen die Barbaren. Wie der Schriftsteller Polyainos im 2. Jahrhundert n. Chr. vermerkte, nutzten auch die Strategen des Römischen Reichs etwa den ‹von Natur aus maßlosen› Hang der Kelten zum Wein. Sobald sie besoffen am Boden lagen, ‹kamen die Römer und hackten sie in Stücke›.»

Auch der edle Grieche verhielt sich bisweilen eher unedel: «Toxine wurden von Bogenschützen eingesetzt, aber auch – als erstes Massenvernichtungsmittel – von Brunnenvergiftern. So berichtet Pausanias, dass der griechische Stratege Solon im Jahr 600 v. Chr. bei der Belagerung der Festung Kirrha einen Bach mit Nieswurz vergiften ließ, deren Wirkung Plinius der Ältere beschrieb: ‹Die vielen Farben des Erbrochenen sind erschreckend und machen Angst, sich den eigenen Stuhlgang anzuschauen.›»

Ich würde das nicht alles zitieren, wenn ich nicht x-mal erlebt hätte und bis heute erlebe, mit welcher unerbittlichen Härte gegen Familien vorgegangen wird, deren Kinder mit Spielzeugpistolen hantieren. Am gleichen Tag werden jedoch von den gleichen Personen in farbigsten Bildern historische Kriege nachgezeichnet und den Kindern von historischen Ritterschlachten vorgeschwärmt. Würde so ein Kind mit einem silbern angestrichenen Holzschwert in die Schule kommen, das milde Lächeln des Kollegiums wäre ihm gewiss und sicher würde einer etwas von «Ich-Kraft» murmeln; eine grüne Wasserpistole führt dagegen zu größtmöglicher Aufregung und Maßregelungen.

Ich finde, das ist irre.

Es geht mir hierbei gar nicht darum, die alten Kriege als «böse, böse» zu verurteilen, sondern vielmehr darum, sich folgende Frage zu stellen: Gibt es auch heute noch Gründe, kriegerischen Handlungen die gleiche geistige Haltung entgegenzubringen, die man auch solchen längst vergangener Zeiten erweist? Wenn das historische Bewusstsein der Lehrer nicht nur in die Vergangenheit reichen würde, sondern sich von der Gegenwart in die Zukunft ausweiten könnte, sähe die Sache vielleicht ganz anders aus. Man wäre dann in der komfortablen Situation, nicht in vergangene und gegenwärtige Kriege unterscheiden zu müssen, sondern in gerechtfertigte und ungerechtfertigte – für die Vergangenheit klappt das ja schon ganz hervorragend.

Ich bin kein Pazifist. Manchmal muss Krieg sein. Manchmal ist ein Krieg ein guter Krieg. Das ist schrecklich, aber nicht alles, was schrecklich ist, ist auch falsch. Die Amputation eines Beines ist auch schrecklich und blutig – manchmal ist sie aber notwendig.

Deutschland verdankt dem Krieg der Alliierten seine Freiheit. Ohne amerikanische Bomben auf Deutschland gäbe es heute beispielsweise keine Waldorfschulen, sondern Nazischulen – und statt Morgenspruch gäbe es das Horst-Wessel-Lied.

Ich kann nicht verstehen, was man gegen Maschinenpistolen hat, die sich in den Händen der richtigen Leute befinden.

Warum diese Unterscheidung in «böse Pistole» und «heiliges Schwert»?

Vielleicht weil das «heilige Schwert» das dunkle Tier in manchem Pädagogen verbergen soll und der Kampf gegen die Pistole einen plakativen Pazifismus propagiert, hinter dem man seine eigenen Aggressionen geschickt verbergen kann. Die Begeisterung für «frühere Gewalt» soll die völlig normalen, menschlichen und bisweilen auch sehr notwendigen, aggressiven Kräfte im Heute verschleiern.

Man spürt ganz tief in sich, dass Gewalt ein Mittel ist, welches man für eine Option hält, die der gesellschaftliche Kontext jedoch nicht zulässt, also demonstriert man gegen zeitgenössische und feiert die historische Gewalt. Bizarr, aber für Doppelgänger ein normaler Vorgang. An Waldorfschulen versteckt sich nich selten der Gewalt-Doppelgänger in historischen, biblischen und folkloristischen Figuren und Gebärden.

Ich finde das alles albern und völlig unnötig. Waldorfschulen sind tolle Schulen, und wo, wenn nicht hier, lernt man, dass eine Waffe nicht grundsätzlich dumpfe Barbarei bedeuten muss, sondern mit edlen Tugenden im Einklang stehen kann, mit einem «Ja» zur wehrhaften Demokratie, mit einem «Ja» zur Freiheit und zu ethischen Werten, die mit allen Mitteln zu verteidigen sind.

Waldorfpädagogik erzieht Kinder zwischen dem siebten und vierzehnten Lebensjahr nicht durch moralische Phrasen, sondern durch künstlerisch-ästhetisches Wirken. Steiner wusste um die spirituell-seelischen Strukturen des Kindes, die allesamt heute durch die moderne Hirnforschung bestätigt werden und die besagen, dass man Kindern nicht mit theoretischer Morallehre, sondern mit dem Vorbild des Guten, Wahren und Schönen begegnen soll.

Damit legt die Waldorfpädagogik eine Basis, auf der der spätere Mensch ein gesundes moralisches Empfinden entwickeln kann.

Dieses moralische Empfinden, der Sinn für höhere und niedere ethische und moralische Werte, das Verständnis für Wahrheit, das aus einem ästhetischen Empfinden geboren wird, all das hat mir die Waldorfschule als moralisches Rüstzeug gegeben, um zu erkennen, dass es Werte gibt, die es zu verteidigen gilt.

Wer gegen Schatten kämpft, hat weniger Kraft zum Denken und muss seine Energie in Versteckspiele investieren und steht dann beispielsweise an der Spitze eines Demonstrationszuges und bemerkt nicht, dass er in die blanken Krummsäbel derer läuft, die aus unserem freien Land einen faschistischen Gottesstaat machen wollen.

Nur weiter so, dann schaffen islamistische Gotteskrieger, was vorher nur Nazis schafften: das Verbot von freien Waldorfschulen. Oder glaubt einer der Friedensbewegten, dass es in einem Deutschland, in dem des Muezzins Gesang das «Lied der Glocke» übertönt, auch nur eine freie Waldorfschule geben würde?

Dieter Nuhrs Mama hat ihm empfohlen, keine Witze über Moslems zu machen, das sei zu gefährlich. Nuhr lästert trotzdem und resümiert in seinem Abendprogramm richtig: «Zum ersten Mal seit 1933 besteht wieder die reale Gefahr, von der Bühne geschossen zu werden.»

Verschiedene Kulturen sind eine feine Sache, aber ich kenne da eine, deren radikale Vertreter haben nichts anderes im Sinn (bzw. im Wo-auch-Immer), als die unsrige auf schnellstem Wege zu erobern – und dann ist Schluss mit lustig und Toleranz und gleichen Werten.

Es war Steiner, der klargemacht hat, dass der Wert der «Gleichheit» für das Rechtsleben als Richtwert steht, aber nicht für das Geistesleben.

Was im Rechtsleben als gesundende Medizin wirkt, mutiert im Geistesleben zum Virus, der sich mittlerweile zur Seuche entwickelt hat.

Waldorfschulen sind Einrichtungen, die sich entschieden haben, dass eigene Kreativität höher zu bewerten ist als passiver TV-Konsum; es sind Schulen, die sich entschieden haben, Schönheit über die Hässlichkeit zu stellen und Kriterien für die Unterscheidung zu entwickeln; es sind Schulen, die sich entschieden haben, dass alle menschliche Entwicklung darauf abzielt, freier, autonomer und individueller zu werden, und nicht darauf, ein neues System von Unterdrückungen, welcher Art auch immer, zu fördern.

Zusammenfassend kann man feststellen: Waldorfpädagogik hat sich dafür entschieden, bestimmten Werten, Taten und Wirklichkeiten einen höheren Rang zuzuweisen als anderen Werten, Taten und Wirklichkeiten.

Es geht mir nicht um eine Politisierung von Schule, es geht mir darum, dass ich Waldorfschulen so verstehe, dass sie den Sinn für objektive Qualitätsunterschiede schärfen, dass sie sich nicht von einem Mainstream überschwemmen lassen wollen, der uns vortäuschen will, dass alles, was Menschen erschaffen, von gleichem Wert und gleichem Rang sei. Man schreibt doch auch Bücher über «Märchen statt Comics», man schätzt die erzählte Geschichte höher als die CD-Version und niemand würde den Klassenlehrer durch Peter Lustig ersetzen lassen wollen.

Warum sah man bei so viel Unterscheidungsvermögen zum Beispiel nicht, dass im sogenannten «Karikaturenstreit» auf der einen Seite geschrieben und gezeichnet und auf der anderen gebrandschatzt und getötet wurde? Warum sah man nicht, dass es auf der einen Seite um individuelle Freiheit ging und auf der anderen um seelische, geistige und letztlich auch physische Unterordnung und Tyrannei?

Ich messe dem eine Bedeutung bei und ich folge meinem Kollegen Felix Hau, wenn dieser schreibt: «Irgendjemand – es kann nicht der Dümmste gewesen sein – hat die Differenz zwischen ‹Kultur› und ‹Zivilisation› einmal folgendermaßen beschrieben: ‹Kultur ist, wenn man aus dem Schädel seines Feindes eine hübsche Trinkschale anfertigt, Zivilisation, wenn man dafür ins Gefängnis kommt.›»[16]

Eine Zivilisation, die Toleranz gegenüber einer Kultur übt, die auf ihre Fahne geschrieben hat: «Ihr liebt das Leben – aber wir lieben den Tod», eine solche tolerante Zivilisation ist bald eine untergegangene.

Warum machen Waldorfschulen – oder allgemeiner – warum machen Anthroposophen bei allem Qualitätsunterschiede, nur nicht da, wo es ans Eingemachte geht?

Ich denke, die heutigen Anthroposophen sind in der egalitären Toleranzfalle der Post-Achtundsechziger gefangen. Sie haben Angst, dass man ihnen wieder einmal Rassismus unterstellen könnte, wenn sie öffentlich feststellen, dass man den erzwungenen Kult um einen Propheten für weniger wertvoll erachtet als die freie Entfaltung zur Menschlichkeit.

Weil Anthroposophen verstanden haben, um was es geht, müssten sie als Erste aufstehen und laut «Nein» rufen, wenn jemand das rigide Gesetz eines bärtigen Propheten über die Maximen der Liebe und der Freiheit stellt. Weil Anthroposophen «Erziehung zur Freiheit» ernst nehmen, müssten sie dagegen aufbegehren, wenn sie hören, dass kleine Kinder und Frauen mitten in Deutschland zur Unterwerfung unter vorzivilisatorische Regelwerke gezwungen werden – mit körperlicher Züchtigung.

Weil wir Mädchen und Jungen als gleichwertige Geschöpfe achten und fördern, wartete ich darauf, vom Goetheanum in Dornach darüber informiert zu werden, wann welche Veranstaltungen stattfänden, die sich mit dem eklatanten Problem der radikalen Koranschulen, der brutalen Zwangsehe, den diskriminierenden Schwimm- und Sportverbote für islamische Mädchen und dem altertümlichen islamischen Machotum auseinandersetzen.

Ich wartete vergebens.

Stattdessen bekam ich eine Einladungen ins Goetheanum zu einer Veranstaltung, in der eine Palästinenserin zusammen mit Vorstandsmitgliedern der Anthroposophischen Gesellschaft für Toleranz warb.

Die Toleranz gegen die Intoleranz jedoch erschafft monströse Drachen. Ist der Erzengel Michael ein toleranter Drachenversteher? Ich hatte das anders in Erinnerung.

# Ich hatte das anders in Erinnerung

Sie lesen jetzt dieses Buch – ärgern Sie sich, werden Sie wütend? Nur zu. Etwas in uns ist ein Krieger, und wir sollten aufhören so zu tun, als wäre dieser Krieger über Nacht zum Rosenzüchter geworden.

Der Krieger in uns ist einfach nur ein Krieger, von denen zwölf ein Dutzend ausmachen; durch die besondere Form der Idee, durch das, was sich als Ideelles in seinem Organismus auslebt, wird er zum weißen Ritter.

Wer jetzt meint, wie ich es mir immer wieder anhören muss, dass mein weißer Ritter nichts anderes sei als genau der fanatische Gotteskrieger, den ich ja gerade bekämpfen will, der beweist durch dieses Argument nur, dass er den egalitären Virus in sich trägt und bereits schwer krank ist.

Würde er in seiner formlosen Gleichmacherei auch so weit gehen, dass der Mord an den Geschwistern Scholl mit der Hinrichtung Joseph Mengeles gleichzusetzen sei?

Würde er sein Mantram «Gewalt erzeugt Gegengewalt» auch der Frau entgegenschleudern, die sich mit einem gezielten Schlag gegen die Genitalien eines Mannes vor dessen Zugriff auf ihre Genitalien schützt?

Würde der Freund des gewaltlosen Widerstandes lange gewaltlos bleiben, wenn nächtliche Eindringlinge sein Kind aus dem Bett zerren würden? Was würde er sagen, wenn Polizisten beim erfolgten Kidnapping den finalen Rettungsschuss mit

63

dem Verweis auf die Unmenschlichkeit dieser Tat verweigern würden?

Es gibt Unrecht, dass bekämpft werden muss. Es gibt Terror, der sich nur mit dem Gewaltmonopol des Staates stoppen lässt. Vor allem aber gibt es Ideale, für die zu kämpfen ehrbar ist, und es gibt Ideale, für die zu kämpfen ruchbar ist. Um den Unterschied zu erkennen, muss man denken, diskutieren und verstehen. Um für den Unterschied zu streiten, brauchen wir Mut. Michaelischen Mut.

Werden Sie jetzt noch wütender oder verbergen Sie Ihre Wut hinter süffisantem Lächeln?

Wo ist Ihr Mut heute?

Glauben Sie, dass es niemals mehr Kriege gibt, nur weil wir Angst davor haben? Glauben Sie, dass uns die Terroristen in Ruhe lassen, wenn wir sie in Ruhe lassen? Glauben Sie, dass die Herrscher und ihre Anhänger wie derzeit beispielsweise im Iran, die Tausendschaften von Kindern über Minenfelder schickten, damit diese statt der teuren Soldaten explodierten, Sie verschonen, weil Sie immer schon für Multikulti und gegen Krieg waren?

Nur weil ein Lamm sich nicht wehrt, wird es trotzdem geschlachtet, und ich sehe täglich Menschen in der Tagesschau, denen das Schlachten ganz offenbar ein Vergnügen ist.

Den glorifizierten Mut von damals könnte man heute gut gebrauchen – stattdessen gibt man sich dem Virus hin, der einen blind macht für die Unterschiede der Werte, blind dafür, dass in einer Zivilisation, in der Anthroposophie entwickelt wurde, kein Platz ist für Fanatiker und ihre Anhänger, deren Freude über den 11. September nicht gerade als «klammheimlich» zu bezeichnen ist.

Was mir dazu eine Lehrerin erzählte, die in verschiedenen deutschen Kindergärten Religionsunterricht gibt, gehört zu der ungeliebten Wirklichkeit, die man nicht auszusprechen wagt, weil sie einem zu ungeheuerlich erscheint. Diese Wirklichkeit sieht so aus: Exakt drei Jahre nach dem 11. September 2001 hatten plötzlich und sprunghaft auffallend viele der moslemischen Dreijährigen, die in den Kindergärten angemeldet wurden, einen Namen, den es bis dahin kaum gab. Sie hießen «Osama». Die Kinder waren alle von netten moslemischen Eltern und wuchsen mitten im toleranten Deutschland auf.

Was bräuchte man, um solche Eltern mal zu fragen, wie sie dazu kämen, ihr neugeborenes, unschuldiges Kind nach einem Massenmörder zu benennen, der am Tag der Taufe auf allen Titelseiten der Welt stand?

Man bräuchte Mut. Mut zum eindeutigen Dialog, der in die Konfrontation führen könnte.

Ich wünsche mir nicht nur Geschichten über mutige Ritter, ich wünsche mir Menschen, die sich mit klaren Worten, mit zivilisatorischer Entschlossenheit gegen solchen Irrsinn stemmen.

Ich hoffe, dass dieser Zivilisationsimpuls aus der Anthroposophie kommt. Das Potenzial wäre da.

Das hoffe ich, aber ich fürchte, daraus wird vorerst nichts.

Stattdessen gibt es bei Anthroposophen und Waldorfs weiter Streit darum, ob man Fußball spielen darf oder nicht.

Wir mussten «Völkerball» spielen. In diesem Spiel geht es darum, Mitschüler mit einem Ball abzuschießen, und das «Volk», welches am Ende überlebt, ist der Sieger. Am Ende gewann bei uns immer der Trupp mit den meisten Jungs, weil den Mädchen auf die zarten Brüste geworfen wurde. Für einen solchen Sieg wurden wir gelobt, aber wenn wir dann Fußball spielen wollten, dann wurde das, mit dem Hinweis darauf, dass Fußball eine abstoßende Geste wäre und Aggression fördere, verboten. Da schaut Ted zur selbstgeschnitzten Tür herein und fühlt sich zu Hause.

65

Man schickt Waldorfkinder jedes Jahr zur Michaelifeier durch große Pappdrachen, weil Steiner ja gesagt hat, dass man sich mit dem Bösen auseinandersetzen muss, aber die wirklichen sozialen Drachen zwischen Eltern und Lehren, zwischen Schülern und Eltern, vor allem zwischen Lehrern und Lehrern und eigentlich zwischen allen und allen – diese wirklichen Drachen, die werden verschwiegen, verleugnet, verborgen und leben in der Unterwelt der heilen Waldorfwelt. Die Unterwelt der Waldorfwelt lebt auf dem Parkplatz vor der Schule, sie glüht stundenlang durchs Telefon, und manchmal grollt sie durch die eine oder andere bissig-lächelnde Bemerkung hindurch.

Manchmal kommt die Unterwelt aber gar nicht bis an die Oberwelt heran.

Ich konnte vor einigen Wochen erleben, wie die neuen Erstklässler eingeschult wurden. Zwei Schulen, zwei Bilder: Die Grundschule einer normalen Regelschule (die man in Waldorfkreisen immer «Staatsschule» nennt, was für mich immer den Klang von «Staatsgefängnis» hatte) feierte diesen Tag und begrüßte unter den Neuen ein gutes Drittel Kinder mit einem sogenannten «Migrationshintergrund». Aus den Erfahrungen der vergangenen Jahre versicherte mir die verantwortliche Rektorin, dass ein großer Teil dieser Kinder aus Elternhäusern komme, die ein archaisches Rollenverständnis von Mann und Frau hätten. Die Jungen orientierten sich an Vätern, die in der Züchtigung einer Frau ihr legitimes Recht sähen, und Töchter würden angehalten, lieber zu schweigen, als zu sprechen. Hier seien nicht nur Probleme mit Lehrern(innen) vorprogrammiert, sondern auch so mancher Schüler (ohne Migrationshintergrund) würde im Laufe seiner Schulzeit auf eine harte Toleranzprobe gestellt. Ganz abgesehen von massiven Sprachproblemen.

Der gleiche Tag, wenige Kilometer weiter. Eine Waldorfschule. Auch hier wurden die neuen Kinder begrüßt. Das Bild unterschied sich kaum von dem in den vergangenen Jahren an dieser Waldorfschule: Kein einziges Kind mit «Migrationshintergrund». Ach doch: Vor einiger Zeit gab es mal das Kind einer Anwaltsfamilie aus Japan.

Alle Kinder sprechen reines, gepflegtes Deutsch.

Ein paar Tage später lese ich eine Nachricht, die von Öffentlichkeitsarbeitern der Waldorfschule verbreitet wird:

An staatlichen Regelschulen gäbe es nach einer Untersuchung[17] drei- bis viermal mehr Probleme mit «Machogesinnungen» und «Fremdenfeindlichkeit» als an Waldorfschulen. Waldorfschüler hätten «viel modernere Einstellungen» zum Thema Frauen und Fremden als ihre Mitschüler an Regelschulen.

Nun ja. An Waldorfschulen gibt es nicht nur «extrem wenig Fremdenfeindlichkeit» (so der Titel des Artikels), es gibt eben auch extrem wenig Fremde und ganz extrem wenig Fremde aus bildungsfernen Schichten. Es gibt zwar Menschen mit wenig Geld – manchmal auch Menschen mit wenig Bildung. Was es aber nicht gibt, sind dumme, arme Menschen in Gruppenstärke. Was man «Asoziale», «abgehängtes Prekariat», «Unterschicht» oder «gesellschaftliche Unterwelt» nennt, das gibt es an Waldorfschulen höchstens als Randerscheinung. Das ist eine Tatsache. Keine Kritik. Aber als ich diese Tatsache einmal öffentlich benannte, da gab es Feuer von nahezu allen anthroposophischen Seiten.

An dieser Stelle erfuhr ich, was viele erfahren, die sich kritisch mit Anthroposophie und den anthroposophischen Kultureinrichtungen auseinandersetzen. Es gibt ein Muster, mit dem Anthroposophen auf Kritik reagieren, und neben allen nach wie vor frappierenden äußerlichen Gemeinsamkeiten, neben der offensichtlichen Berufung auf Steiner, neben einer im Kern gemeinsamen Weltanschauung gibt es etwas typisch Anthroposophisches an den Anthroposophen. Eine gemeinsame Haltung, die sich etwa folgendermaßen formulieren lässt und die ich schon x-mal in allen anthroposophischen Zusammenhängen erfahren habe:

- Wir sind so unglaublich individuell, dass es uns als Gruppe gar nicht gibt.
- Wer uns als Gruppe wahrnimmt, der irrt.
- Wir haben als Anthroposophen keine gemeinsame Meinung.
- Niemand kann uns und unsere Weltanschauung beurteilen, der nicht zu uns gehört.
- Wir können jeden Menschen in eine Weltanschauungsschublade einordnen, sobald er nur den Mund aufmacht.
- Wer uns kritisiert, hat sich nur noch nicht richtig mit Anthroposophie befasst.
- Selbstverständlich ist vernünftige Kritik an Steiner gerechtfertigt – man wird aber, wenn man vorurteilslos und vernünftig an die Sache herangeht, nichts Kritikwürdiges finden können.

Natürlich gibt es unglaublich dumme und böswillige Kritiker, aber ich denke, das ist nicht das Problem. Das Problem ist, dass wir Anthroposophen (wenn Sie jetzt meinen, «wir Anthroposophen» gibt es nicht, dann schauen Sie mal nach oben auf die Liste) keine vernünftige Streit- und Kritikkultur haben. Solange wir Steiner und die Anthroposophie nicht kritisch und relativierend in einen historischen Kontext einordnen können, solange müssen das andere für uns übernehmen.

Solange wir nicht auf unsere Unterwelt schauen, wird uns der Dreck dieser Unterwelt von anderen unter die Nase gerieben. So einfach ist das. Einfach ist auch der Grund, warum wir nicht auf unsere Unterwelt schauen wollen: weil wir Steiner und die Anthroposophie lieben und meinen, wir würden sie beschmutzen oder verwässern, wenn wir kritisch analysieren, was wir lieben. Es ist der am Anfang erwähnte Unterschied zwischen dem Herzraum der Verliebten und dem Labor der Postmodernen. Aber genau da liegt auch die Lösung, denn wie Lievegoed sagt: «Jedes Licht schafft Schatten. Oder anders ausgedrückt: Wenn man etwas Gutes tut, entsteht zugleich der Schatten dieses Guten.»[18]

Was ist der Schatten der Anthroposophie? Auch das ist ganz einfach: Hören wir auf unsere Kritiker und denken wir an die Grundregel der Schattenarbeit: Das, was uns nur informiert, ist ohne Relevanz, aber das, was uns verletzt und trifft, bietet uns ein Thema. Nehmen wir diese Schattenthemen und machen es so, wie Lievegoed es empfiehlt: «Dem Schatten des Guten muss mit Milde begegnet werden. Nicht mit Ärger, nicht mit Gewalt, sondern mit Milde.»

Anthroposophen auf der ganzen Welt haben diese Welt besser gemacht. Anthroposophen können mit breiter Brust und mit Stolz darauf verweisen, was sie in Pädagogik, Landwirtschaft, Medizin, Wirtschaft, Philosophie und allgemeiner Menschlichkeit geschaffen haben. Wir haben allen Grund, selbstbewusst zu sein – keine andere spirituelle Bewegung hat in so kurzer Zeit so tief, so breit und so nachhaltig die Gesellschaft verändert. Wir sind richtig, richtig gut! Ist es aus diesem Selbstbewusstsein heraus so schwer zu sagen, was nicht gut ist? Auf das zu verweisen, was richtig schief läuft, und das in den Blick zu nehmen, was der Schatten dieses Guten ist? Ich finde nicht. Und wenn wir's nicht radikal und wirksam selbst tun, dann müssen den Job eben andere machen. Wer seine Fehler und Wunden öffentlich zeigt, gewinnt an Stärke und potenziert seine Authentizität – nichts wirkt selbtbewusster als ein lässiger und präziser Blick auf die eigenen Makel. «Ohne deine Wunde, wo bliebe deine Kraft?»

Waldorfschulen waren einmal Arbeiterschulen. Heute sind sie Eliteschulen. Das kann und darf ihnen niemand zum Vorwurf machen. Aber bei all der berechtigten Begeisterung über all unsere schönen zweihundert Waldorfschulen, die ich teile, muss auch angemerkt werden: Wir sollten weniger selbstgerecht sein, wenn wir auf unsere heile Oberwelt schauen. Sie scheint deswegen relativ heil und rein, weil wir die Unterwelt im Wesentlichen vor der Tür lassen, auch wenn es zunehmend respektable Anstrengung und beispielhafte Projekte gibt, die sich mit großem Engagement dieses unbearbeiteten Feldes annehmen.[19]

Was machen, um es mythologisch auszudrücken, die Dämonen der Unterwelt, wenn wir sie nicht in unsere heile Welt lassen? Sie suchen sich ihre Opfer woanders. Das könnte man das «Essenerproblem»[20] nennen. Das Problem jener vorchristlichen Sekte, die für sich in Anspruch nahm, nur den höchsten und reinsten moralisch-ethischen Ansprüchen zu genügen. Sie wollten die Reinsten der Reinen sein, nichts Böses oder Frevelhaftes sollte in ihren Reihen Platz haben.

Sie hatten alle beschlossen, die Frage von C. G. Jung, ob man lieber gut oder ganz sein wolle, mit «gut» zu beantworten.

Und tatsächlich: Sie schafften es, das Böse aus ihrer Mitte zu entfernen. Aber wo waren die Dämonen jetzt? Sie saßen draußen vor dem Stadttor. Hungriger als je zuvor.

Rudolf Steiner fasst die Erkenntnis und Erfahrung, dass man das Böse nicht vor die Tore des eigenen Selbst verdrängen kann, in ein Bild, eine Imagination zusammen. Er nennt die nicht ins Bewusstsein und das tägliche Leben integrierten Kräfte «Ahriman» und «Luzifer». Diese beiden «Wesen» stehen als Symbol für die beiden Fliehkräfte, die unser Gleichgewicht bedrohen. Der eine, Ahriman, steht für die Kraft, die an die Materie fesselt, für die Erdsucht. Der andere, Luzifer, steht sinnbildhaft für die Erdflucht, also für alles, was einen aus der Verantwortung, die mit dem Menschsein verbunden ist, in den Rausch und die Realitätsflucht zieht.

Steiner beschreibt nun in seinem sogenannten «Fünften Evangelium»,[21] wie Jesus an den Toren der Essener vorbeikommt. Dort sieht er Luzifer und Ahriman sitzen, er sieht, wie sie aus der Stadt fliehen müssen, und ist schockiert über diese Flucht. Lange fragt Jesus sich, warum ihn dieses Bild der beiden Dämonen vor den Toren so erschüttert, immerhin haben es die Essener geschafft, dass das Böse keine Macht mehr über sie hat.

«Diese Frage brachte er nicht mehr los aus seiner Seele, diese Frage brannte wie Feuer in seiner Seele; mit dieser Frage ging er, stündlich, ja minütlich sie erlebend, in den nächsten Wochen umher: ‹Wohin fliehen Luzifer und Ahriman … ?› Jesus sah, dass wir durch unser Leben im Bemühen um das Gute, Wahre und Schöne die Dämonen zur Flucht trieben. Und er erschrak, als er erkannte, wohin die Dämonen flohen. ‹Sie schicken dadurch Luzifer und Ahriman hin zu den anderen Menschen, um selber glücklich zu sein.›»

Menschen, die sich dagegen entschlossen haben, «ganz» zu sein, haben sich dazu entschlossen, «Nein» zu einem bestimmten Teil ihrer Persönlichkeit zu sagen.

Dieses «Nein» ist in einer bestimmten Phase des Lebens ein wichtiger Schritt. Wer nicht «Nein» zu seinem Harndrang sagen kann und diesem Drang immer unmittelbar nachgehen muss, der hat ein Problem. Aber wer grundsätzlich «Nein» zu seinem Harndrang sagt, der hat ein noch viel größeres Problem. Das temporäre und kontexuale «Nein» zu bestimmten biologischen Trieben ist ein wesentlicher Bestandteil dafür, dass unser Zusammenleben weitgehend harmonisch … und vor allem hygienisch verläuft. Weil wir wissen, dass es diese drängenden Bedürfnisse gibt, haben wir Orte und Zeiten eingerichtet, um uns in «Bedürfnisanstalten» zu erleichtern. So weit. So gut.

Aber was ist mit den anderen Bedürfnissen? Was ist mit der sinnlichen, der triebhaften, der libidinösen und der reproduktiven Ebene unseres individuellen Seins? Gehört sie nicht zu meiner Individualität? Diese Frage ist spannend – und man muss höllisch aufpassen, dass man hier nicht in eine Falle tappt. Denn wenn man – und ich tue das hiermit – die Antwort gibt: «Nein, Triebe, Instinkte und Leidenschaften gehören *nicht* zu meiner Individualität», dann kann diese Antwort falsch und richtig gedeutet werden.

Würde mich jemand wie folgt interpretieren, wäre es falsch: «Der Mensch hat sich von allem Tierischen gelöst und erkennt diese Triebe und Instinkte als etwas Unmenschliches an, zu dem man ‹Nein› sagen muss und von dem man sich zu emanzipieren und loszulösen habe. Es geht also nicht mehr darum, Mann oder Frau zu sein, sondern nur noch Mensch. Der Unterleib des Menschen müsse aufgelöst werden, um den Geist zu befreien.»

Aber ich will auch nicht so gedeutet werden: «Der Mensch ist ein Naturwesen, und jeder Versuch, sich aus dieser animalischen, triebhaften Umklammerung zu befreien, wird scheitern. Letztlich geht es doch nur um Sex und Macht. Es hat keinen Sinn zu leugnen, dass wir uns als Lebewesen nicht wesentlich von den Tieren unterscheiden – die Decke der Zivilisation ist dünn, und wenn es hart auf hart kommt, ist der Mensch dem Menschen ein Wolf. Niemand kann aus seiner Haut.»

Wenn das beides eine falsche Interpretation ist, was ist dann richtig? Wie soll man mit dem Tier in sich umgehen? Welche Stellung ist ihm angemessen?

Ich verstehe gut, dass man das Tier in sich einsperren und abtöten will. Es entsprach auch meinem Wunsch. Allerdings war ich, als ich so dachte, ein Kind. Für Kinder ist dieser Wunsch normal. Bei Erwachsenen wird das radikale «Nein» zum inneren Tier ein Problem – genauso wie es ein Problem ist, wenn das Tier alles Menschliche auffrisst.

Früher als Kind war es so: Immer wenn ich das Tier in mir spürte, immer wenn ich es wieder rausgelassen hatte, bekam ich danach ein schlechtes Gewissen.

Was ist ein Gewissen?

Es ist ein spannendes Wort, welches sich aus der Übersetzung des lateinischen Wortes «Con-scientia» (oder dem griechischen «syn-eidesis») bildet. In «Con-scientia» – und vor allem in «syn-eidesis» – klingt gleichermaßen das Wort «Mitwissen», «Zusammen-Wissen» wie auch «Gewissen», es kann aber auch als «Bewusstsein» übersetzt werden. Es bedeutet also, dass ich etwas weiß, etwas denke oder unbeobachtet tue und ein unsichtbarer Mitwisser begleitet mich. Jemand, der von einem äußersten Standpunkt meines Inneren über mein Denken, Tun und Lassen Buch führt und das Geschehen beurteilt. Jemand, dem ich den Auftrag gegeben habe, mich selbst zu beobachten.

Als ich damals meine unschuldige Schwester der Schuld bezichtigte, hatte ich zum ersten Mal die Ahnung, dass es eine Instanz in mir gibt, die mein Handeln bewertet, eine Stimme, die Gutes von Bösem unterscheiden konnte. Der Ausdruck dieser Stimme ist das Gewissen.

Das Neue war, dass diese Instanz nicht von außen kam, weil niemand von meiner «Sünde» wusste – ich war der Einzige, der mein Handeln beurteilen konnte. Meine unwissende Mutter verlangte keine Reue und keine Entschuldigung von mir, und trotzdem fühlte ich mich zum ersten Mal schuldig. Das Urteil wurde von meinem Gewissen gesprochen, von einer inneren Autorität.

Was hat es mit dieser inneren Autorität auf sich?

Gemeinhin erklärt man es so: Die äußere Stimme der Eltern verselbstständigt sich und wird im Inneren des Kindes als eigene Stimme wahrgenommen. Die äußere sittliche Autorität wird als innere sittliche Autorität im Kind selbst autonom. Nun können die Eltern auch mal abends fortgehen, denn das Kind trägt die Eltern als Stimme des Gewissens immer bei sich und hört bei allem, was es tut, die mahnende Stimme seiner Mutter: «Nein, nicht die Nutella mit dem Löffel aus dem Glas essen.» Handelt das Kind gegen diese Stimme, dann schweigt die Stimme mitnichten, sondern regt sich als schlechtes Gewissen.

Ich habe Erziehungswissenschaften studiert und kann auch ein paar Dinge über Kinder sagen, und ich gehe davon aus, dass diese Theorie von der äußeren und inneren Stimme im Großen und Ganzen stimmt.

Aber etwas stimmt nicht, etwas ist schief an dieser Theorie.

Dieses Modell tut so, als wäre der Mensch «ein höherer Automat» (Steiners Wort aus seiner *Philosophie der Freiheit*[22] – ich komme noch darauf zu sprechen). Ein «höherer Automat» also, in den man oben sittliche Vorgaben reinwirft und unten kommt dann sittliches Handeln heraus. Von diesem Der-Mensch-ist-ein-programmierbares-Automatenmodell gehen nicht nur viele Pädagogen aus, sondern auch Politiker, Mediziner und andere «Volkspädagogen», die meinen, man müsste den Bürgern nur diese Drohungen und jene Anreize geben, dann würden sie schon ein gut funktionierendes Mitglied der Gesellschaft werden. «Fordern und Fördern», «Anreize schaffen, aber auch Sanktionieren» heißt das dann euphemistisch und ist nichts anderes als das humanisierte Prinzip von «Zuckerbrot und Peitsche».

Wer so über seine Bürger denkt, ist nicht nur Anhänger eines etatischen Politikverständnisses, sondern erweist sich auch als Gefolgsmann des materialistischen, behavioristischen

Reiz-Reaktions-Schemas. Aber der Mensch ist weder ein programmierbarer Automat noch ein dressierbares Tier. Er ist ein freies Individuum.

Klingt gut – oder? Lesen Sie zwischen den Zeilen auch die Worte Schillers: «Der Mensch ist frei – und wär' er in Ketten geboren ...»? Ach, das fühlt sich gut an ... Wir sind gerne freie Individuen. Sie nicht auch?

Aber ist das wirklich so? Ist der Mensch ein Wesen, welches sich über die Natur erheben und sich aus ihrer deterministischen Gefangenschaft von Genen, biologisch-chemischen Vorgaben und anerzogenen, sozialisierten Mechanismen befreien kann? Ist der Mensch frei und *kein* höherer Automat, *kein* Tier?

Nun, es gibt ein paar gute Gründe, die dafür sprechen, dass der Mensch, zumindest bis zu einem gewissen Grad, tatsächlich ein «höherer Automat» ist. Als solcher handelt er erstaunlich vorhersehbar.

Ja, der Mensch trägt in sich diesen Schiller-Menschen, er hat in sich einen Freiheitskern, der zu Unabhängigkeit, Individualität und Schöpfertum strebt. Dieser schillernde Kern ist die reine und authentische Intention, das ideale Bild des Menschen. Dies gilt es zu realisieren. Der Mensch ist weder frei noch unfrei, *sondern er kann frei werden*. Dies zu fördern ist explizites Ziel aller Menschen, die in irgendeiner Weise Anthroposophie als Kulturimpuls verstehen.

Der Mensch kann also unter bestimmten Umständen frei werden, aber seine Wurzeln und Grundlagen, das physisch-seelische Vehikel, in dem sein individuelles Ich zwischen New York und Rinteln unterwegs ist, ist tatsächlich überprüfbaren Regeln und Gesetzmäßigkeiten unterworfen. Ja, der Mensch kann ein geistiges, freies Wesen sein, aber mit mächtigen bio-emotionalen Grundlagen und Anteilen. Der Mensch ist *auch* ein organisches, ein emotional-sexuelles und ein reproduktives Wesen.

Um es plakativ zu sagen: Ich habe noch keinen Mann getroffen, der nicht spontan sexuell erregt wurde, wenn er einen Pornofilm betrachtete. (Ich habe allerdings schon sehr viele getroffen, die diese Erregung abstreiten – sehr einfache Experimente beweisen allerdings sehr eindeutig das Gegenteil dieser Behauptung.) Ja, der Mensch ist zivilisatorisch auf der höchsten Stufe, aber ich kenne auch niemanden, der nicht laut «Scheiße» oder ähnlich Primitives schreit, wenn ihm jemand auf seinen eingewachsenen Zehennagel tritt. Und mir ist auch noch keine Mutter begegnet, die länger als zwei Sekunden ruhig am Sandkastenrand sitzen bleibt, wenn irgendein verrückter kleiner Kevin der eigenen Sophia den Sand in die Haare streut.

Wir können gigantische Ideale haben, vertracktes Denken und heiliges Fühlen, aber es genügt ein stecknadelwinziges Nervenfädchen, um uns radikal aus dem mühsam aufgebauten Gleichgewicht zu bringen. Mark Twain sagte es so, wie es nur Mark Twain sagen kann: «Mit Philosophen muss man sprechen, wenn sie Zahnschmerzen haben.»

Wir sind eindeutig auch Automaten mit einem sehr einfachen Reiz-Reaktions-Muster, welches sich nicht von Hasen, Elefanten oder Stachelschweinen unterscheidet, und die Experimente, mit denen man beweisen kann, wie tief wir in dieser Biosphäre stecken, sind aufsehenerregend.

Ich denke zum Beispiel an eines, das ich besonders mag: In dem Wartezimmer eines Arztes (jetzt kommt die Retourkutsche für alle, die meinen, nur Männer wären triebgesteuert und Frauen gaaaaanz anders) beobachtete man eine Woche lang, wo sich die Frauen hinsetzten. Sie saßen überall, nur nie auf einem einzelnen Stuhl in der Mitte des Raumes. Ganz offensichtlich, und für mich auch verständlich, ein äußerst unattraktiver Platz – zudem für sensible Frauen beim Arzt.

Nach einiger Zeit der Beobachtung gaben die Forscher auf

diesen bisher konsequent gemiedenen Platz einige Sprühstöße Androstenon – kaum bewusst wahrnehmbar.

Androstenon ist ein feines wissenschaftliches Wort. Bekannter ist es unter einem anderen Begriff: Männerschweiß.

Was geschah? Plötzlich war dieser Platz der begehrteste im ganzen Raum.

Der Versuch wurde mit Telefonzellen wiederholt. Auch hier benutzten die Frauen die präparierten Zellen nicht nur häufiger – auch die durchschnittliche Gesprächsdauer verlängerte sich erheblich.

Vielleicht gibt es Frauen, die Pornos primitiv und abstoßend finden, sie sollten sich deswegen nicht für etwas Höherentwickeltes oder Besseres halten. «In Sachen Primitivität herrscht völlige Emanzipation», so mein Kollege Dieter Nuhr, der mich mit seinem Buch *Gibt es intelligentes Leben?*[23] auf diese Tests aufmerksam gemacht hat.

Ich habe es zuvor schon einmal geschrieben, aber ich schreibe es noch einmal: Ja, der Mensch ist ein geistiges, freies Wesen, aber mit mächtigen bio-emotionalen Grundlagen und Anteilen. Der Mensch ist *auch* ein organisches, ein emotional-sexuelles und ein reproduktives Wesen.

Warum verwende ich so viel Zeit und Raum für diese unumstrittene Tatsache, man könnte auch sagen «Binsenweisheit»?

Weil ich der Überzeugung bin, dass man nur frei werden kann, wenn man niederkniet und demütig anerkennt, dass man eingeschlossen ist «in dieses verfaulende Stück Fleisch», wie es Mr. Smith in *Matrix* nennt. Damit ist natürlich nicht nur das äußere Fleisch gemeint, sondern alles, was man zu Genüssen, Leidenschaften, Trieben, Ängsten und Begierden zählt, die uns so stark unter der Haut und in der Seele brennen, dass man sie sinnbildlich als «fleischlich» bezeichnen kann.

Erst wenn wir das Fleischliche wirklich mit allen Sinnen anerkennen und annehmen, blicken wir über das Fleisch hinaus.

Ich schreibe hier über die Domäne der Materie und die Macht fundamentaler Lebenstriebe, weil ich ihnen nur so die Macht entziehen kann, weil nur das Wissen und das vollständige Anerkennen dieser Domäne mich über sie erhebt.

Der Satz: «Ich kann mich nicht dem Fleisch entziehen», ist so gesehen keine resignative Feststellung des Egos, sondern eine emanzipative Beschreibung durch das Ich.

Ich schreibe darüber, weil ich mich folgendermaßen sehen will: Ich *habe* einen Körper, aber will nicht, dass der Körper mich hat. Ich *habe* Gefühl, aber ich will nicht, dass die Gefühle mich haben. Ich bin derjenige, der wahrnimmt, aber ich bin nicht die Wahrnehmung.

Es gibt viele Bücher, in denen wissenschaftlich und philosophisch begründet wird, warum das tatsächlich so *ist*, wie auch ich das sehe, und in diesen Büchern klingt das alles nach Gesetzmäßigkeiten und Tatsachen. Sie sprechen die «Es-Sprache der wissenschaftlichen Objektivität».[24] Dann gibt es dazu aber die Bücher mit den Gegenthesen, dass diese Gesetze ganz anderes wären – auch diese Bücher geben sich objektiv und wissenschaftlich.

Sind wir nun frei oder sind wir nicht frei? Können wir frei sein oder nicht – oder was?

Ich habe in diesem Streit lange mitgemacht, aber das ist vorbei. Ich mache da nicht mehr mit, weil ich mich entschieden habe, dass ich ein Wesen sein will, welches ein Ich hat. Dieses Ich ist der Boss. Basta. So will ich das, und wenn ich es will, kann ich es erschaffen – es wird Wahrheit. Denn Wahrheit ist «nicht die ideelle Abspiegelung von irgendeinem Realen, sondern ein freies Erzeugnis des Menschengeistes, das überhaupt nirgends existierte, wenn wir es nicht selbst hervorbrächten».[25]

Ich finde, Rudolf Steiner ist ein Revolutionär.

Zuvor habe ich behauptet, dass sinnliche, triebhafte, libidinöse Bedürfnisse der reproduktiven Ebenen *nicht zu* unserem individuellen Sein gehören, und ich füge jetzt hinzu: Ich *will nicht*, dass sie zu meinem individuellen Sein gehören.

Steiner ist einer, der da sachlicher als ich argumentiert und zum Beispiel zwischen Mensch und Individualität unterscheidet. Sein Beitrag in der *Philosophie der Freiheit*[26] lautet wie folgt:

«Meine Triebe, Instinkte, Leidenschaften begründen nichts weiter in mir, als dass ich zur allgemeinen Gattung Mensch gehöre, der Umstand, dass sich ein Ideelles in diesen Trieben, Leidenschaften und Gefühlen auf eine besondere Art auslebt, begründet meine Individualität. Durch meine Triebe bin ich ein Mensch, von denen zwölf ein Dutzend machen; durch die besondere Form der Idee, durch die ich mich innerhalb des Dutzend als Ich bezeichne, bin ich Individuum ... Durch das tätige Erfassen dessen, was sich als Ideelles in meinem Organismus auslebt, unterscheide ich mich selbst von anderen.»

Im «tätigen Erfassen» unterscheide ich mich von anderen, und in diesem tätigen Erfassen steckt etwas, was ich die «Kraft der Entscheidung» nenne und die in Altkanzler Schröders «Basta» einen Ausdruck findet. Diesem «Basta» bin ich als Redakteur für die Zeitschrift *info3* immer wieder begegnet, wenn ich mit Menschen gesprochen habe, die in ihrem Leben eine Entscheidung zur Wende getroffen haben, obwohl diese Wendung im natürlichen Verlauf ihrer bisherigen Biografie nicht angelegt war. Es war dann, als spielte das, was gewesen ist, keine Rolle mehr, sondern nur noch das, was gewollt wird.

Diese Kraft zur Entscheidung, zur Wende, diese Trotz-allem-Energie nenne ich das «Natascha-Kampusch-Potenzial».

Natascha Kampusch, die als Zehnjährige verschleppt und von einem Mann in einem Keller gehalten wurde, gelang nach acht Jahren die Flucht von ihrem Peiniger und sie überlebte, weil sie mit ihrem «späteren Ich einen Pakt geschlossen» hatte, solange durchzuhalten, bis dieses spätere Ich kommen und sie befreien würde. «Mit ihrem Sieg der schöpferischen Autonomie über den Mythos der totalen Manipulation», so mein Kollege Jens Heisterkamp in einem Kommentar,[27] «widerlegt sie die gesammelte Zunft jener Kulturkritiker, Psycho-Experten und Pädagogen, die uns so oft und so gern die Unentrinnbarkeit des Schlechten einbläuen».

Natascha Kampusch hat sich entschieden, stark zu sein und nicht unterzugehen. Ihre Kraft, so behaupte ich, war keine Veranlagung, sondern wurde im Moment der Entscheidung geboren.

Was diese Qualen für das Mädchen bedeuten, weiß ich nicht, und ich wünschte, sie wären ihr nicht geschehen. Ihr Auftreten in den Medien ließ aber auch noch eine andere Schicht außer der des sinnlosen Schmerzes erkennen: Hier entschied sich ein Mädchen (und sie beweist es bis heute durch ihr Engagement für traumatisierte Kinder), nicht nur Opfer zu sein. Sie entschied sich, eine Mission aus ihren Martern zu machen. Sie tat, was nur sie konnte: Sie verlieh durch ihre Entscheidung der Sinnlosigkeit einen Sinn. Für mich ist sie zur Missionarin geworden. Sie hat mir das «Natascha-Kampusch-Potenzial» offenbart.

Einem anderen Menschen mit ähnlichem Schicksal bin ich als Redakteur selbst begegnet. Francis Kerr. Ihre Geschichte ist eine dieser Geschichten, die man lieber nicht glauben will. Aber ich habe gute Gründe zu befürchten, dass die Wahrheit noch viel schlimmer ist, als sie es mir berichten konnte. Es ist die Geschichte eines Kindes, welches mit dem Schlagwort «schwerst traumatisiert» kaum angemessen zu beschreiben ist. Andauernde Vergewaltigung als Baby, als Mädchen, als Frau. Immer wieder brutale Schläge, immer wieder Drogen. Sie wurde selbst kriminell – mit allem, was dazugehörte.

Auch sie hat einen «Sieg der schöpferischen Autonomie über den Mythos der totalen Manipulation» errungen.

In einer Drogentherapie hörte sie jenen Satz, der den Schalter für die Möglichkeit zur Entscheidung umlegte. Es war der Satz des Therapeuten, der selbst einmal User (also Drogenabhängiger) gewesen war: «Hör mal zu! Es ist wirklich Scheiße gelaufen in deinem Leben, aber ich kann für deinen Scheiß nichts. Ich bin nicht derjenige, der dich vergewaltigt hat. Ich bin bereit, mich mit dir auseinanderzusetzen. Aber du hältst Abstand und Respekt zu mir, sonst fliegst du hier raus! – Ja, du bist ein Opfer, aber jetzt entscheidest du, ob ein Dauerabo als Opfer daraus wird. Wie du dich auch entscheidest: Deine Vergangenheit gibt dir kein Recht, Täter zu werden.»

Heute ist sie eine wundervolle, authentische und integrierte Erzieherin für traumatisierte Kinder. Eine der wenigen, die mit den schweren Fällen klarkommt. Wenn das keine Mission ist, dann weiß ich auch nicht weiter.

Über solche Dramen kann ich aus meiner Biografie nicht berichten, ich lebte auf der Sonnenseite des Lebens. Aber ich hatte mich dazu entschieden, dass mir der freie Wille wichtig ist, und ich wollte mich frei entscheiden. Als Kind machte ich mir dazu unendlich viele Gedanken. Ich fragte mich immer wieder, ob ich mich tatsächlich frei entscheide. Waren Strafe oder Lob – und wenn sie noch so subtil waren – der bestimmende Motivator meiner Taten? Was war mit meinem Gewissen? Hörte ich nicht doch auf eine Autorität, nur eben als verinnerlichte Stimme? Folgte ich mir selbst oder folgte ich sittlichen Normen und inneren Zwängen meiner Natur? War ich frei in meiner Entscheidung? Das wollte ich testen, und ich begann damit als kleiner Waldorfschüler und habe bis heute nicht damit aufgehört.

Ich wollte all dies für mich prüfen, was sich als nicht ganz unkompliziertes Unterfangen herausstellte. Ich versuchte, von nun an gute Dinge zu tun, aber weil ich dies mit dem Test der freien Entscheidung verband, war es gar nicht so einfach,

Denn wichtiger, als gut zu sein, war mir, frei zu sein. Irgendwie erschien mir die gute Tat genau in dem Augenblick als schlecht, in dem ich sie tat und dabei das Gefühl hatte, nicht mir, sondern irgendetwas oder irgendjemandem zu folgen.

Ich übte daraufhin die freie Entscheidung. Das fing an einem seltsamen Ort an:

In der Schultoilette lag Klopapier auf dem Boden und das WC war verdreckt. Ich bückte mich, hob das Papier auf und erstarrte. Eine Frage stieß in mein Bewusstsein. Bis heute habe ich diesen Moment nicht wieder vergessen und bei jedem Toilettenbesuch erinnere ich mich daran. Die Frage, die mich mitten im lärmenden, stinkenden Schulklo überfiel, lautete: «Warum machst du das?»

Wollte ich jemanden damit beeindrucken? Aber wer konnte mich schon sehen? Nun, das war mir so sicher wie nur irgendetwas: Gott konnte mich sehen.

Hob ich das Klopapier auf und war drauf und dran, das Klo zu putzen, damit Gott sieht, was für ein guter Junge ich bin? Das ging mir völlig gegen den Strich. Ich ließ das Klopapier fallen. Doch mir war, als ob der Teufel feixte. Also hob ich das Papier wieder auf, denn ich wollte ja nichts tun, an dem sich der Teufel freute, an dessen Existenz ich genauso fest glaubte wie an die Existenz Gottes.

Jetzt hatte ich also zwei Möglichkeiten: Entweder das Klopapier ordentlich entsorgen und das WC säubern und somit Gott gefallen. Oder das Klopapier wieder fallen lassen und den Raum so dreckig verlassen, wie ich ihn vorgefunden hatte – und somit den Teufel zum Feixen bringen. Ich war in solchen Momenten gelähmt, denn keine der beiden Wege waren *meine* Wege. Entweder fühlte ich mich vom freuenden Gott beeinflusst oder ich schreckte vor dem feixenden Teufel zurück, was wiederum Gott erfreute und den Teufel zur verlockenden Einflüsterung inspirierte: «Komm, lass dir kein schlechtes Gewissen von dem alten Herrn machen, schlag ihm ein Schnippchen, lass dich nicht von ihm beherrschen.»

Aber wenn ich mich nur aus Opposition gegen Gott zu einer bestimmten Tat motivieren ließ, war es dann nicht doch wieder eine äußere Autorität, die mein Handeln bestimmte?

Ich fühlte mich wie der Hund Struppi von *Tim und Struppi,* dem auf der einen Schulter der Hundeteufel einredete, dass er sich den Knochen holen sollte, während ein Hundeengel ihn dazu aufrief, sein verschollenes Herrchen zu suchen. Ich wollte aber nicht dem einen oder dem anderen gehorchen, sondern mir. Die Rapper von *Fettes Brot* bringen es auf folgenden Reim: «Ah, und so streiten sie sich seitdem um mein Gewissen, und ob ihr's glaubt oder nicht: Mir geht es echt beschissen, doch während sich der Engel und der Teufel anschreien, entscheide ich mich für Ja, Nein, ich mein: Jein! Soll ich's wirklich machen oder lass' ich's lieber sein? Jein.»

Und so stand ich da und wartete so lange, bis ich meinte, mir sicher sein zu können, dass meine Entscheidung tatsächlich meine Entscheidung war. Dann handelte ich. So oder so.

In vielen Fällen machte ich sauber, weil ich fand, dass eine saubere Toilette genau das war, was ich hinterlassen wollte. Weil ich es befriedigender fand, so diesen Raum zu verlassen. Weil ich es liebte (und das klingt im Zusammenhang mit sauberen Toiletten etwas bizarr und lässt auf tief sitzende psychologische Probleme, die ich noch nicht mal fundiert aus dem Weg räumen kann, schließen), die Toilette sauber zu verlassen. So eine saubere Toilette war etwas Schönes, und das Gefühl, dass sich jemand ohne Ekel in diesen Raum begab, gefiel mir. Ja, das schien mir ein angemessenes Motiv meines Handelns zu sein. Die Liebe zur Tat und die Freude an den Folgen.

Aber wehe, mitten im Handeln überkam mich das Gefühl, dass ich nicht dieser Liebe, nicht mir selbst und meiner Freude, sondern einer Norm, Gott oder sonst einer externen Instanz folgte. Dann ließ ich Dreck Dreck sein, das Papier fallen und ging.

So wurde jeder Toilettenbesuch zu einem Manöver in Sachen freier Entscheidung, und ich frage mich und somit Sie: Bin ich allein mit solchen Verrücktheiten oder kennen Sie das auch?

Ich habe die Vermutung, dass es Ihnen in anderen Bereichen ähnlich gehen könnte, ich denke, dass wir in einer Zeit leben, in der man nahezu nichts mehr tun kann, ohne sich darüber grundsätzliche und umfassende Gedanken zu machen. Heute wird alles und jedes zur Gretchenfrage, es gibt überhaupt nur noch Gretchenfragen.

Es fängt beim Essen an, wenn wir uns fragen, ob wir Vegetarier, Fleischesser oder Lichtnahrungsgourmets sein sollten. Es geht bei der Einrichtung der Wohnung weiter und endet längst nicht bei der Wahl der Schulform für unsere Kinder.

Gibt es irgendetwas, was von Anfang an fraglos und selbstverständlich ist? Also, bei mir nicht. Ich weiß von meinen Großeltern, dass sie sich niemals die Frage stellten, ob ein Lebensmittel ihren persönlich-ethischen Prämissen entsprach, ob man lieber mit einem Mann, einer Frau, ohne Kinder, mit adoptierten Kindern oder in einer Swingerbeziehung leben sollte. Die Festgestaltung von Hochzeiten und Beerdigungen stehen heute ebenso zur Diskussion wie die Formen des Arbeitslebens. In meinem Leben muss alles ausgehandelt, alles muss entschieden werden und eine eindeutige, tradierte Orientierung ist weit und breit nicht in Sicht.

Ich werde in Entscheidungen gezwungen, weil nichts mehr selbstverständlich zu sein scheint – außer dass nichts mehr selbstverständlich ist.

Die Orientierungslosigkeit ist allgegenwärtig – und das ist auch gut so.

«Die Tugend der Orientierungslosigkeit»[28] (so lautet auch der Titel eines fantastischen, bunten Buches von Johannes Goebel und Christoph Clermont) ist eine neue Tugend, welche die «Generation Golf», also die heute 28- bis 45-Jährigen, tief geprägt hat. Wir haben unser Leben als eine ewige Baustelle aufgefasst, auf der wir unser Ich immer wieder neu konstruieren. Da wurden (und werden) Toilettenbesuche und der tägliche Einkauf zur Teststrecke für alle möglichen Entwürfe und Baustufen.

Wir waren Ich-Bastler und konnten mit Fertigmodellen nichts anfangen. Christoph Clermont wurde in einem Artikel der *ZEIT*[29] so zitiert:

«Es gibt zwei Möglichkeiten im Leben: Entweder schafft man sich seine eigene Biografie oder man leiht sich eine. Dann trete ich in eine Partei ein, in einen Konzern, in die Gewerkschaft. Das gibt so ein ‹Ich von der Stange›, ein Leih-Ich – das ‹Fertighaus-Ich›. Dieses Modell ist sehr unpopulär. Das kriegen Parteien und Gewerkschaften zu spüren – und die Kirche auch. Man steht heute doch mehr auf die eigene Architektur.»

In dem erwähnten Buch fand ich mich und meine Toilettenerlebnisse später wieder, als ich las: «Selbst ‹unmögliche Orte› werden allein durch die eigene Anwesenheit zu bedeutsamen Schauplätzen.» Genauso war es.

Auch die Bedeutsamkeit, die ich in noch so kleine alltägliche Handlungen legte, scheint nicht allein eine Marotte von mir zu sein, sondern findet sich in der Beschreibung meiner Generation wieder: «Wo jedes noch so winzige Detail zum Baustein des Gesamtkunstwerks ‹Ich› werden kann, gibt es einfach nichts Unwichtiges. Es sei denn, es wird dazu erklärt.» Goebel und Clermont dolmetschten mir mein Leben, als sie in der *Tugend der Orientierungslosigkeit* schrieben, dass ich ein «Lebensästhet» sei: «Als Schöpfer und Geschöpf, als Heiland und Jünger seiner persönlichen Religion, die jedes Alltagsdetail zum Prüfstein der Einhaltung ihrer Gebote erklärt hat, setzt sich der Lebensästhet moralischen Kämpfen aus, die denen überzeugter Anhänger einer Religion kaum nahe stehen.» Ich verstand nun, was ich an allen möglichen und unmöglichen Orten gemacht hatte. Einerseits etwas ganz Individuelles, aber gleichzeitig war es wieder etwas, das viele Angehörige meiner Generation so oder ähnlich auch erlebt haben. Dieses Buch zeigte mir auf zunächst beglückende Weise, dass ich ein typischer Vertreter der sogenannten «Generation @» war. Es machte mir nichts aus, ein ‹typischer Vertreter› zu sein, meine Einzigartigkeit fühlte ich dadurch nicht bedroht.

Mein konsequentes und irgendwie auch irres Üben von Entscheidungsfreiheit passte zum Konzept des «Lebensästheten». Der Lebensästhet braucht keine aufgesetzte Moral, er hat sich sein eigenes Moralgebäude gezimmert. Der Lebensästhet ist, wenn er sich von dem allgemein verpflichtenden Wertesystem verabschiedet, nicht amoralisch. Die Vielzahl individueller ethischer Präferenzen garantiert eine breit gefächerte gegenseitige Solidarität.

Lebensästheten fühlen sich allein sich selbst verpflichtet. «Dem Absturz immer genauso nahe wie dem großen Erfolg. Ein Lebensästhet macht deshalb für seinen Ärger keinen anderen verantwortlich.»

Wird mein Buch ein Erfolg oder nicht – einen werde ich niemals dafür verantwortlich machen, wenn es schief geht: Sie.

Ich kann nicht anders, als Erfolg und Misserfolg immer nur mir zuzuschreiben, was nicht ohne Probleme ist, aber «gerade diese Verknüpfung von Selbstbezug und Selbstverantwortung grenzt das lebensästhetische Gefüge von den Zwangsgemeinschaften der klassischen Moderne ab.»

Irgendwie kam mir die ganze Sache bekannt vor, als würde sie Teil einer größeren Geschichte sein, die ich schon mal gelesen hatte.

Ich ging zum Schrank und nahm die *Philosophie der Freiheit*[30] heraus. Dort hatte ich folgende Abschnitte mit Farbe unterstrichen:

«Es bedeutet einen sittlichen Fortschritt, wenn der Mensch zum Motiv seines Handelns nicht einfach das Gebot einer äußeren oder der inneren Autorität macht, sondern wenn er den Grund einzusehen bestrebt ist, aus dem irgendeine Maxime des Handelns als Motiv in ihm wirken soll. Dieser Fortschritt ist der von der autoritären Moral zu dem Handeln aus sittlicher Einsicht ... Ich erkenne kein äußeres Prinzip an, weil ich in mir selbst den Grund des Handelns, die Liebe zur Handlung gefunden haben.

Eine sittliche Tat ist nur meine Tat, wenn sie in dieser Auffassung eine freie genannt werden kann. Leben in der Liebe zum Handeln und Lebenlassen im Verständnisse des fremden Wollens ist die Grundmaxime der freien Menschen.»

Wenn der Lebensästhet «fremde Ansprüche» an seine Biografie ablehnt, dann sind das nicht nur Eltern, Fremde, Freunde oder Lehrer, sondern eben auch Gott oder Teufel und sogar die Stimme seines Gewissens. Selbst wenn ich darin auch nur einen Halbton Gottes vermutete, unterbrach ich mein Handeln und wartete, bis ich wusste, dass diese Stimme verstummt war und nur noch ich das Sagen hatte.

87

Ich glaubte immer noch an Gott, aber meine freie Entscheidung war mir wichtiger. *Mein* Wille sollte geschehen, und ich machte die Erfahrung, dass es der Welt dabei nicht schlechter ging. Im Gegenteil. Auch hier fand ich in den beiden Berliner Autoren die Zeugen meiner Zeitgenossenschaft: «Nicht die Bereitschaft zu gegenseitiger Hilfe hat abgenommen, sondern lediglich der Wille, sich verbindlich darauf festzulegen. Der lebensästhetische Utilitarismus ist einzig und allein der jeweiligen individuellen Biografie verpflichtet.»

Was heute im Lustprinzip und der Spaßgesellschaft ihre teilweise karikaturhafte Verwirklichung findet, beschreibt Steiner in der *Philosophie der Freiheit* so: «Ich handle auf dieser Stufe der Sittlichkeit nicht, weil ich einen Herrn über mir anerkenne, nicht die äußere Autorität, nicht eine sogenannte innere Stimme. Ich erkenne kein äußeres Prinzip meines Handelns an, weil ich in mir selbst den Grund des Handelns, die Liebe zur Handlung gefunden habe. Ich prüfe nicht verstandesmäßig, ob meine Handlung gut oder böse ist; ich vollziehe sie, weil ich sie liebe.»[31]

Ich lese in diesem Satz auch den Satz von Joseph Campbell: «Folge deiner Freude»,[32] und ich sehe Menschen, die Spaß an diesem Leben haben und die nicht aufhören, Spaß zu haben, auch wenn es um ernste Dinge, um Verantwortung, um Mitleid oder Zivilcourage geht.

Es ist der Satz: «*Tu, was du willst*», der auf dem Talisman steht, den Bastian in Endes *Unendlicher Geschichte*[33] trägt und den er erst nach vielen Niederlagen als etwas erkennt, was nicht blinden Hedonismus meint, sondern etwas viel Größeres.

«Folge deiner Freude» ist weder ein bequemer noch ein egoistischer Weg. Es ist der Weg, der in einer bestimmten Grals-Mythologie als der Weg des Parzivals beschrieben wird. Es ist der individuelle Mensch, der seinen individuellen Weg ohne Rücksicht auf fremde Ansprüche geht. «Ist das egoistisch? Wäre ein gesell-schaftliches Miteinander überhaupt noch möglich, würde jeder vorrangig einer nebulösen inneren Stimme folgen statt den Weis-heiten, die üblicherweise in Schulen, Kirchen, Verbänden und El-ternhäusern gepredigt werden und die auf Gemeinschaftsinteres-sen zielen? Campbell pflegte auf solche Einwände zu antworten, dass wir zunächst der Entwicklung eines Innenlebens bedürfen, um in der Welt wirken zu können. Wer nur nach außen agiert und wessen Gedanken sich vorrangig um soziale und politische Entwürfe drehen, ohne zuvor das eigene psychische Potenzial zu einer gewissen Reife gebracht zu haben, wird allzu schnell zu einem bloßen Vehikel einer Ideologie, zum Werkzeug einer poli-tischen, kirchlichen oder sozialen Institution.»[34]

Ich bin mit Steiner, Campbell, Clermont und Goebel der An-sicht, dass es heute bei allem darum geht, es mit Freude, Liebe und innerer Anteilnahme und Achtsamkeit zu tun. Unsere Seele will teilhaben. Unsere Seele will an dem, was wir tun, wach wer-den. Sie will eine bewusste, lebendige Seele werden. Der Kern allen Lebens ist explosive Freude. Sie hat viele Namen und Ge-sichter. Spaß ist eine davon.

Mir macht es Spaß, Anthroposoph zu sein, und ich bin ein Fan von Rudolf Steiner. Auch weil er Dinge gesagt hat, an denen man nicht mehr vorbeikommt. So wenig wie an den Beatles.

Niemand kann heute «All you need is love» sagen, ohne die anschließende «ba badabada-Melodie» im Ohr zu haben ... «All you need is love, ba badabada». Genauso kann ich auch nicht über Ethik und Liebe sprechen, ohne dabei «His Master's Voice» zu hören:

«Wer nur handelt, weil er bestimmte sittliche Normen an-erkennt, dessen Handlung ist das Ergebnis der in seinem Moral-kodex stehenden Prinzipien. Er ist bloß ein Vollstrecker. Er ist ein höherer Automat.»[35]

Während die aufgeklärte Welt bis heute am kantschen Imperativ hängt, diesem Prototyp des Prinzipalisten und Ideologisten, erklärt Steiner diese ethische Forderung zum «Tod aller individuellen Antriebe des Handelns» und folgert mit einer Entschiedenheit, die mich heftig beeindruckt: «Nicht wie *alle* Menschen handeln würden, kann für mich maßgebend sein, sondern was für mich in dem individuellen Falle zu tun ist.»[36]

Endlich, endlich hatte ich jemanden gefunden, der Freiheit und gute Taten nicht gegeneinander ins Feld führt, sondern sie auf eine höhere Ebene transformierte.

Die Handlung aus Freiheit ist seit Steiners *Philosophie der Freiheit* nichts, was sittliche Gesetze *aus*-, sondern *ein*schließt, und die Handlung aus Freiheit «erweist sich als höher stehend gegenüber derjenigen, die nur von diesen Gesetzen diktiert ist».

In dieser Hierarchie der Werte steht die «Tat aus Liebe zur Sache» über der «Tat aus Pflichtgefühl gegenüber einem Prinzip», weil sie die Möglichkeit der individuellen Freiheit umfasst und dem Gesamtwohl mindestens nicht schadet, wenn nicht sogar nützt: «Warum sollte meine Handlung denn weniger dem Gesamtwohl dienen, wenn ich sie aus Liebe getan habe, als dann, wenn ich sie *nur* aus dem Grunde vollbracht habe, weil dem Gesamtwohl zu dienen ich als Pflicht empfunden habe?»

Liebe und Freiheit tauschen die Ringe.

Während meines Studiums gab es heftige Diskussionen mit meinen Kommilitonen über diesen «ethischen Individualismus», wie Steiner die Ehe aus Freiheit und Liebe beschreibt. Immer wenn jemand erfuhr, dass ich Waldorfschüler gewesen war, wurde ich gebeten, meine Referate so zu halten, dass darin das «anthroposophische Gedankengut» enthalten war.

In der Pädagogik sprach ich dann über Waldorfschulen, in

der Geografie über die Erde als lebendiger Organismus, in Wirtschaftswissenschaften über die Soziale Dreigliederung und in Soziologie über Steiners Sittlichkeitsprinzip.

Was bei meinen Kommilitonen häufig auf Ablehnung stieß, war ein Menschenbild, welches den Menschen nicht nur vom Zustand des Status quo aus betrachtet, sondern ihm ungeahnte Entwicklungsmöglichkeiten zuspricht. Nicht die These, dass der Mensch frei *ist*, war das problematisierte Thema, sondern der Gedanke, dass der Mensch zu einer fortschreitenden Entwicklung fähig sei, dass ein evolutionäres Potenzial ihn ins Heute gebracht und auf höhere Ebenen heben könnte, die höher und größer waren als das, was sich aus einer Projektion der Vergangenheit auf die Zukunft ergibt. Man zweifelte daran, dass die Zukunft etwas anderes sei als das Ergebnis einer Hochrechnung aus der Vergangenheit.

Wenn man Entwicklung sah, dann die nach unten. Umweltverschmutzung, Krieg, Arbeitslosigkeit und so weiter und so fort: Was ich hörte, war nichts anderes als die zweite Strophe des senilen Früher-war-alles-besser-Liedes. Das utopische Streben nach wirklicher Freiheit, nach wirklichem Glück und nach mehr Tiefe und mehr Weite auf allen Ebenen wurde erschlagen von negativen Utopien, von Dystopien des Niedergangs. Das schien die einzig mögliche utopische Realität.

Der Gedanke, dass der Mensch sich über seinen Zustand, über sein Ego, über seine Persönlichkeit, über das, was ihm angeboren und anerzogen war, erheben und zu etwas Bedeutsameren entwickeln könne, der Gedanke, dass viel, viel größere Potenzen in uns liegen als dieser momentane Zustand, war ein Gedanke, der nicht gedacht werden konnte. Man traute dies weder dem einzelnen Menschen noch der gesamten Menschheit zu.

Steiners Motto: «anstelle Gottes – der freie Mensch», war nicht diskutabel. Es war, als gäbe es für diesen Gedanken keine

Hirnstruktur, auf der er sich bewegen könnte. Dieser Gedanke war im Raum und ich dachte ihn, aber niemand anderes schien über die Hardware – und schon gar nicht über die Software – zu verfügen, diesen Gedanken einmal im fiktiven System hochzufahren. Dieser Gedanke wurde nicht etwa abgelehnt, er konnte nirgendwo andocken und wurde also einfach nicht gedacht.

Das hat sich in den vergangenen zehn Jahren geändert. In der Mainstream-Kultur sucht sich eine geheime Unterströmung ihren Weg. Sie taucht in Filmen, in Musikvideos, in Nebensätzen und in den Zwischentönen unserer alltäglichen Lebensweise auf, und sie tarnt sich als Spiel, als Lifestyle oder als Trend.

Diese ganzen Spielchen, in denen wir üben, Entscheidungen zu treffen, ob wir nun mit einer Frau oder zwei Männer leben wollen, ob wir uns so oder so kleiden, diese oder jene Musik hören, evangelisch oder irgendetwas anderes sind, das sind einerseits wichtige Bausteine für unsere Persönlichkeit, andererseits sind es aber auch nur Übungen für die eigentliche, große Mission, die noch nicht weiß, dass sie sehnsuchtsvoll auf uns wartet.

Wir spielen mit wechselnden Trends, nehmen sie an, wenn sie noch keine sind, stoßen sie ab, bevor sie es werden, oder behalten sie manchmal länger, als der Trendsetter es mit einem nach unten gerichteten Daumen in der *Bild* vorgeben will.

Was *out* ist, entscheidet die Kraft, mit der sich Individuen dagegen entscheiden, was *in* ist, wirkt nicht durch das Produkt, sondern durch die Überzeugung der Träger. Mode ist nichts mehr, was jemand mir verkaufen kann, sondern Mode ist das, was durch meinen Entschluss, durch meine Haltung dazu gemacht wird. Das ist neu. Keine zwanzig Jahre alt.

Es ist ein Spielfeld des Lebens, weil sich «Mode» besser anfühlt als «Übung». Aber vor allem ist es eine Übung, sich zu entscheiden, seinen Entschluss zu zeigen und «im individuellen Falle» zu ändern.

Wir üben die freie Entscheidung, weil dies etwas ist, was der Menschheit als Gesamtorganismus erst ganz langsam zuwächst. Natürlich konnten Menschen sich immer schon irgendwie für das eine und gegen das andere entscheiden. Aber mir scheint, als wäre diese Fähigkeit, individuell, frei und in der vollen Bewusstheit eine Entscheidung zu treffen und diese mit aller Konsequenz zu tragen, etwas revolutionär Neues. Etwas, was die Welt von vorne bis hinten völlig verändern könnte.

Mit dieser wachsenden Fähigkeit, sich entscheiden zu können und mit diesen Entscheidungen dann umzugehen, hatte auch Steiners Mission zu tun.

Rudolf Steiner war ein Meister darin, seinen spirituellen Ideengehalt in vertraute mythologische Gewänder zu kleiden und so diesem Ideengehalt, dem trojanischen Pferde gleich, Einlass in die Häuser, Häupter und Herzen zu verschaffen.

Ein Geniestreich ist die Neuinszenierung des *Erzengels Michael*. Im Zusammenhang mit der in der Menschheitsgeschichte evolutionär neuen Kraft der Entscheidung spielt dieser St. Michael im Ensemble der mystischen Lichtgestalten eine herausragende Rolle.

Folgendes von Steiner vorgegebenes Panorama kann man sich dabei vorstellen: Im Jahre 1879 beendete der Erzengel Gabriel seine Zeitherrschaft und übergab das Regiment an seinen himmlischen Kollegen, den Erzengel Michael. Während Gabriel den Menschen inspiriert hatte, sich der Naturwissenschaft und Technik zu nähern, diese zu entwickeln, sich mit nüchternen Fragen der Materie und des Denkens verstehend auseinanderzusetzen und diese sinnliche Welt zu beherrschen, übernahm Michael nun eine andere Aufgabe. Dieses «Michael-Zeitalter» ist dann angebrochen, wenn sich Folgendes als Lebensgefühl einstellt – und nun formuliert Steiner den Satz, der wirklich viele Menschen durch Höhen und Tiefen ihres anthroposophischen

Schaffens getragen hat: «Die Herzen beginnen, Gedanken zu haben; die Begeisterung entströmt nicht mehr bloß mystischem Dunkel, sondern gedankengetragener Seelenklarheit. Dies verstehen, heißt, Michael in sein Gemüt aufnehmen. Gedanken, die heute nach dem Erfassen des Geistigen trachten, müssen Herzen entstammen, die für Michael als den feurigen Gedankenfürsten des Weltalls schlagen.»[37]

Das ist geistige Power-Poesie, ohne die Anthroposophie nie und nimmer das geworden wäre, was sie heute weltweit ist. Allein dieses Gebilde: «den feurigen Gedankenfürsten des Weltalls».

Man stelle sich vor, Steiner hätte statt dieses dramatischen Entwurfs gesagt, dass nun der Wendepunkt von der Mechanisierung des Denkens zur Spiritualisierung des Denkens erreicht sei und die mitfühlende Begleitung von Denkprozessen zu einem höheren, integralen Bewusstseinszustand führen wird.

Gäbe es heute noch Anthroposophie, wenn Steiner so gesprochen hätte? Ich glaube nicht. In solchen Sätzen ist die Haltbarkeitsdauer von Ideen auf Tage begrenzt und hätte mit Sicherheit nicht das letzte Jahrhundert überlebt. Ideen in solchen Sätzen trösten nicht, an Ideen in solchen Sätzen kann man sich nicht festhalten, solchen Sätzen fehlen die mächtigen Flügel, mit denen sie durch die Abgründe der Ewigkeiten gleiten können.

Aber *Michael als feuriger Gedankenfürsten des Weltalls*, er ist ein starker Träger dieser Idee, er bleibt ein mächtiges und omnipräsentes Wesen, selbst wenn er in Deutschland zum «deutschen Michel» karikiert wird, er bleibt seiner hohen Idee treu, auch wenn Nazis versucht haben, ihn zu missbrauchen, und er reicht jedem Menschen seine von universaler, göttlicher Kraft durchströmten Hände, wenn dieser Mensch in völliger Freiheit eine Entscheidung getroffen hat und den Schritt in die Ungewissheit des Abgrunds wagt.

Erzengel Michael ist der loyalste, der liebevollste aller himmlischen Helden, weil er zu dir steht, egal welche Entscheidung du getroffen hast. Er ließ dich allein im Dunkel der Entscheidungsqual, anders als Gabriel, der dich damals schützend an der Hand hielt. Aber nun, *nach* deiner Entscheidung, wenn deine Frage eine Tat wird, wenn dein Gefühl ein feuriger Wille geworden ist, der die Welt zum Besseren verändert, jetzt steht er mit dir im Feuer und weicht nicht zurück.

Sein mächtiges, stummes Rauschen fragt dich nicht, woher du kommst, wen du kennst und wie du hierher gekommen bist, er hilft dir von innen heraus zu tragen, was du dir vorgenommen hast. Gabriel war dein Entscheidungshelfer. Michael ist dein Entscheidungsträger. Immer. Auch jetzt. Seine Flügel tragen dich nicht zu Taten, seine Flügel bestehen aus deinen Taten. Sein strahlender Glanz besteht aus dem Mysterium der in Liebe vollführten Tat.

...

Was war das? Ist Ihnen etwas aufgefallen? War es für Sie auch so wie für mich?

Da war gerade der Erzengel Michael. Ein wenig zumindest.

Irgendwie habe ich ihn erschaffen, und Sie haben es ermöglicht, dass er in Ihnen lebendig wurde.

Gibt es den Erzengel Michael wirklich?

«Im Grunde ist es so», schreibt Jelle van der Meulen in *Herzwerk*[38] über Christus – und könnte dies auch über einen Erzengel geschrieben haben – er «existiert lediglich, wenn wir wollen, dass er existiert. Wenn wir nicht wollen, dass er existiert, gibt es ihn nicht.»

Hat sich Steiner diesen «Michael als den feurigen Gedankenfürsten des Weltalls» nur ausgedacht, hat er ihn nur erfunden?

Das Falsche in dieser Frage ist das Wort «nur».

Er hat ihn erschaffen. Als Träger einer Idee, die noch nicht stark genug war, unabhängig von diesem mächtigen Ideenträger zu existieren.

Poesie wird Wirklichkeit. Eine mythologische Gestalt wird eine mystische Tatsache, und die Wahrheit ist «niemals eine Abspiegelung von irgendeinem Realen, sondern ein freies Erzeugnis des Menschengeistes, das überhaupt nirgends existierte, wenn wir es nicht selbst hervorbrächten», so Steiner zu seinen Schöpfungen.

Er war, was alle großen Philosophen waren, die mit ihren Weltbildern die Zeit geprägt haben und deren Ideen nur in diesen farbigen Bildern ihre volle Wirkung entfalten konnten. Steiner selbst beschreibt sich wie folgt: «Alle wirklichen Philosophen waren Begriffskünstler. Für sie wurden die menschlichen Ideen zum Kunstmaterial und die wissenschaftliche Methode zur künstlerischen Technik.»[39]

Die Erzengel, die Widersachermächte Luzifer und Ahriman, die Elementarwesen, am Ende auch Christus (ich komme noch dazu), das alles sind Steiners geniale und poetische Beschreibungen spezifischer Formen und Zustände der menschlichen Innenwelt. Es ist die wissenschaftliche Methode der Versinnbildlichung, ein Kunstgriff, um komplizierte menschliche Ideen in eine populäre Form zu gießen, mit denen wir über das Denken hinaus eine lebendige Beziehung eingehen können. Ideen finden so den Weg in unsere Seele.

Aber am Ende bin alles nur ich und in mir ist alles. Oder wie Steiner sagt: «Die Ideenwelt ist mein Erlebnis. Sie ist in keiner anderen Form vorhanden als in der von mir erlebten.»[40]

Wer über geistige Wesen spricht, spricht über sich, über sein Seelenleben, über seine verschiedenen Bewusstseinsstufen. Und natürlich ist alles in uns aktiv und dynamisch – weil ich es bin, weil ich aktiv und dynamisch bin.

Natürlich sind die Erzengel und Widersachermächte echte, lebendige Wesen – weil ich ein echtes, lebendiges Wesen bin.

Wenn wir sagen würden, Steiner habe das «nur» erfunden, dann kastrierten wir die künstlerische Macht des Wortes, die reale Wirkungskraft des Denkens und die Schöpferkraft des Bewusstseins. Am Anfang war das Wort ... und das Wort wurde Fleisch.

Es gibt keine geistige Welt, wenn wir sie nicht erbilden. Der gesamte Inhalt der Anthroposophie existiert nicht für sich und unabhängig von einem schöpferischen Bewusstsein. Er verdankt sich dem «freien Erbilden der geistigen Welten».[41]

Gibt es den Erzengel Michael wirklich? Es gibt ihn, wenn Sie wollen, dass es ihn gibt.

Vor uns erhebt sich nun dieses Wesen, dieser Erzengel, und es ist an der Zeit, zu erkennen, dass dieses Wesen *für* etwas steht.

Darin stecken zwei Wahrheiten.

Die erste Wahrheit lautet: Er steht als Träger da. Als Überbringer.

In einem anderen Diskurs würde man sagen, dass er als Symbol, als Gleichnis dasteht.

Ist der Erzengel Michael *nur* ein Symbol?

Er ist ein von Steiner, von mir, von Ihnen erschaffener Repräsentant einer Idee.

Er ist Wesen, weil Steiner, ich und Sie es wollten, und er ist nur Symbol, wenn wir die Beziehung zu ihm beenden.

Genau das ist für mich die zweite Wahrheit: Es ist Zeit, diese Beziehung zu beenden. Weil er *für* etwas steht, aber dieses *Etwas*, diese Idee, dasjenige, was der Träger durch die Zeit trug, muss nun *meine* Sache werden. Nicht nur, weil die Idee stark und erwachsen und in genügend Menschen angekommen ist, um sich nun in moderner Form zu repräsentieren. Nein, diese

Idee droht auch in diesem klassischen, mythologischen Trägermaterial unwirksam zu werden.

Weil Inhalt Form und Form Inhalt ist, wirkt ein Inhalt, der an eine veraltete Form gebunden ist, heute uneffektiv und repräsentiert nicht mehr, was er einmal sein wollte.

Die ideelle Software hat sich in den Jahrzehnten immer wieder upgedatet, ist von verschiedensten Menschen in ihren Systemen verwendet worden, aber die Hardware kommt immer noch in einer Gestalt daher, die außerhalb einer anthroposophischen Hardcore-Szene keinerlei Marktchancen hat.

Ich sprach mit ehemaligen Waldorfschülern aus fast dreißig verschiedenen Waldorfschulen. Für alle war dieser Michael eine kuriose Randerscheinung ihrer Waldorfschulzeit, von dem alle paar Monate und spätestens zum Herbstfest wieder einmal die Rede war. Er war für sie eine Karikatur, mit der sie bestenfalls nostalgische Erinnerungen verbanden. Als ich ihnen – ohne religiöse Worte, sondern in der Sprache der Postmoderne – erklärte, *wofür* Michael steht, waren sie restlos erstaunt: «Ach sooooooo, der hat was mit mir zu tun!? Mit meiner inneren Mitte?! Ich dachte immer, an den muss ich glauben. Engel find ich albern, aber die Idee erlebe ich als Realität.»

Noch ganz am Ende seines Lebens hat Steiner in seinen *Anthroposophischen Leitsätzen* darauf hingewiesen, dass man «in alten Lehren die Macht, aus der die Gedanken fließen, mit dem Namen *Michael* bezeichnet» hat. Dann, lakonisch bis zum Gehtnichtmehr: «Der Name kann beibehalten werden.» Der nächste Satz sagt aber schließlich alles: «Dann kann man sagen ...», jetzt macht Steiner einen Doppelpunkt und fängt wieder an, seine Geschichten zu erzählen. Alle lauschen jetzt den Abenteuern des Erzengels, und keiner erinnert sich mehr an die Einleitung: *Wenn* man den Namen aus alten Geschichten benutzen will, *dann* geht die Geschichte so ...

Zum x-ten Mal und bis zum letzten Atemzug sagte er, dass Michael ein Name *für,* ein Symbol *für,* ein Code *für* etwas ist. Dieses Etwas ist aber kein Wesen. Wer an Michael als Wesen glaubt, betet die Bananenschale an und vergisst, dass sie nur die Frucht hält und bewahrt. Will man aber an die Frucht, an die Vitamine, dann muss man die Schale abmachen, auf den Kompost werfen und in die Banane beißen.

Das Äußere hatte eine Funktion. Es transportierte die innere Wirklichkeit. Daran hat sich bis heute nichts geändert. Ideen können nicht in diesem Buch existieren, wenn ich sie nicht in Worte und somit in Formen und Symbole fasse – auch ich bediene mich also (wie jeder, der eine Idee formuliert) der Strategie Steiners und «verkaufe» dasjenige, was ich wahrnehme, in meiner Sprache. Auch meine Sprache ist nur heute modern und hat ein Mindesthaltbarkeitsdatum, welches irgendwann abläuft.

Worum geht es also bei dieser Idee in meinen Worten, was ist «michaelisch»?

Darum, die Mechanisierung des Denkens durch die Spiritualisierung des Denkens abzulösen, die Gefühle von Desorientierung und Verdrängung zu befreien, Denkprozesse und Emotionen integral und authentisch zu leben und das narzisstische Ego für das transpersonale Selbst zu öffnen. Dies alles, damit der Mensch sich dazu entscheiden kann, die Verantwortung für seine Zukunft im Einklang mit der kosmischen Dimension zu übernehmen. «Die ewigen Götterziele», wie Steiner dies in seinem *Grundsteinspruch* bezeichnet, sind unserem Ich «zum freiem Wollen» geschenkt worden. Macht euch die Erde untertan. Oder wie der populären Autor der *Gespräche mit Gott,*[42] Neale Donald Walsch, es formuliert: «Wenn es einen Aspekt der Schöpfung gibt, der dir nicht gefällt, dann segne und ändere ihn einfach. Triff eine neue Wahl. Ruf eine neue Realität herbei. Denk einen neuen Gedanken. Sag ein neues Wort. Tu etwas Neues. Mach es hervorragend, und der Rest der Welt wird dir folgen. Bitte sie darum. Ruf sie an. Sag: ‹Ich bin das Leben und der Weg, folge mir.›»

So manifestiert sich Gottes Wille – wie im Himmel so auf Erden.

Dies alles kann ich tun, weil ich weiß, dass mit der Entscheidung für Verantwortung auch die Freisetzung von Verwirklichungspotenzial verbunden ist.

Michaelisch ist integrales, ganzheitliches Handeln. Integrales Handeln ist, wenn ich meine bio-emotionalen Persönlichkeitsstrukturen anerkenne, mich mit der Ideenwelt verbinde und dann ohne Sicherungsseil nach vorne gehe, um nicht nur zu sein, sondern zu tun und zu werden.

Ich wage den entscheidenden Schritt in die Dunkelheit, weil ich weiß, dass der Erzengel Michael dort auf mich wartet und bereit ist, mit mir meine Entscheidung im Einklang mit dem Ganzen zu verwirklichen.

Die Entscheidung, sich selber zum spirituellen Ideengehalt des Kosmos auszuweiten und dieses Geistige im Weltenall dann mit dem Geistigen im Menschen zu verbinden, diese Entscheidung hebt uns aus der Gattung heraus und macht aus uns eine Individualität.

Diese Freiheit erschaffen wir gerade, diese Freiheit besteht darin, tatsächlich über die Anlagen unserer tierischen Vorfahren hinauszugehen und zum ersten wirklichen Menschen zu werden. Diese Freiheit entdecken immer mehr Menschen in sich. Immer mehr Menschen wollen frei sein, und «frei ist nur der Mensch, insofern er in jedem Augenblicke seines Lebens sich selbst zu folgen in der Lage ist»,[43] und dann erschaffen wir Götter, die es nie gab und die nur durch unsere Schöpfung ein Bewusstsein ihrer Selbst erhalten.

Und warum?

Aus einem einzige Grund.

Gehen Sie mit mir ins Kino. Vorhang auf. Licht aus. *Matrix Revolutions* an:

«Wieso, Mr. Anderson, wieso, wieso ... Wieso tun Sie das? Wieso? Warum aufstehen? Warum weiterkämpfen? Glauben Sie wirklich, Sie kämpfen für etwas, für mehr als Ihr Überleben? Können Sie mir sagen, was es ist, wissen Sie es überhaupt? Ist es Freiheit, vielleicht Wahrheit, vielleicht Frieden – könnt' es für die Liebe sein? Illusionen, Mr. Anderson, Launen der Wahrnehmung! Vorübergehende Konstrukte eines schwächlichen menschlichen Intellekts, der verzweifelt versucht, eine Existenz zu rechtfertigen, die ohne Bedeutung oder Bestimmung ist! Und sie alle sind genauso künstlich wie die Matrix selbst. Allerdings, nur menschlicher Verstand kann so etwas Geschmackloses erfinden wie die Liebe. Es müsste Ihnen möglich sein, es zu sehen, Sie müssten es inzwischen wissen! Sie können nicht gewinnen, es ist zwecklos weiterzukämpfen! Wieso, Mr. Anderson, wieso, wieso bestehen Sie darauf?»

Neo: «Weil ich mich so entschieden habe.»

Ich habe mich für eine integrale, für eine ganzheitliche Sicht der Welt entschieden. Aber nicht nur dafür, die Welt ganzheitlich zu betrachten, sondern sie auch ganzheitlich mit Bewusstsein zu erfüllen, sie ganzheitlich zu leben, sie zu einer solchen zu machen.

Zu dieser Welt gehören Ober- und Unterwelt, das Dunkle und das Helle und natürlich alles, was mit Sex zu tun hat. Ich traue niemandem, um mit August Renoir zu sprechen, «den der Anblick einer schönen weiblichen Brust nicht außer Fassung bringt», und ich bin davon überzeugt, dass es niemals darum geht, einen Trieb zu kontrollieren, sondern immer darum, ihn zu transformieren. Transformation entsteht dadurch, dass ich mir bewusst mache, was in mir lebt. Anders ausgedrückt: Ich schaue meiner Geilheit ins Gesicht. Sie ist ein Teil meiner Persönlichkeit. Ein anderer ist zum Beispiel meine Anständigkeit.

Es hat mich schon immer fasziniert, wie dünn die Scheidewand zwischen dem einen und dem anderen Teil meiner Persönlichkeit ist. Wie schmal der Grad zwischen «sauber» und «dreckig» ist und welche seltsamen Versuche die Menschheit unternimmt, diese Bereiche zu trennen.

Vielleicht bin ich etwas kindisch, aber mich faszinieren die unterschiedlichen Regeln in unterschiedlichen Räumen, die nur Zentimeter trennen. Schon wenn wir auf weniger eindeutige Dinge schauen, können wir Erstaunliches entdecken. Zum Beispiel die Toilettenfrauen in einem schicken Restaurant.

Sie sind Vermittlerinnen zwischen den Welten und gleichzeitig sind sie Ausgestoßene und Eingeweihte, und eine Begegnung mit ihnen ist immer eine Zusammentreffen, das mit Schwierigkeiten verbunden ist – es ist nie *einfach so*, nie einfach beiläufig. Der Umgang mit diesen Grenzwächtern ist immer eine Gretchenfrage – oder eben eine Bewusstseinsfrage.

Ich wette, Sie sind noch nie achtlos und verträumt an einer Klofrau vorbeigegangen. Wahrscheinlich haben Sie etwas in Ihren Gang, in Ihren Blick und in Ihre Worte gelegt, das so *wirken* sollte, als wäre alles völlig normal und beiläufig. Aber in Wirklichkeit war es das nie.

Seit Jahren strengen Sie sich an, diese Begegnung als normale Begegnung erscheinen zu lassen, aber das ist sie nicht. Wenn Sie im Supermarkt an die Kasse kommen, machen Sie sich nicht zwei Prozent der Gedanken über die richtigen Worte und Bewegungen wie bei der Klofrau – so ist das immer, wenn man den Grenzwächterwesen begegnet, so ist das immer, wenn wir die Getrenntheit der Welt nicht in ein integrales Bewusstsein zusammenfassen können.

Diese Grenzen – und das Überschreiten dieser Grenzen – erscheint mir als etwas Bedeutsames, und Menschen, die stark genug sind, an diesen bedeutsamen Grenzen zu stehen, haben meinen Respekt.

Seit ich denken kann springen mich diese Grenzen an. Sie leuchten rot auf, und ich habe einen Blick für diese Grenzen. Einerseits. Andererseits habe ich das Bedürfnis, diese Grenzen durch Worte zu verwischen und die Welten zu versöhnen, sie in ein ganzheitliches Bewusstsein aufzunehmen.

Wo ist der Unterschied zwischen den Welten? Warum gibt es ganz zu Recht diese Grenzwärter?

Es sollte noch eine Weile dauern, bis ich diesen Unterschied bemerkte, der einen Umschwung für mich bedeutete. Um diesen Umschwung einzuleiten, will ich mit Ihnen zuvor noch ein paar Grenzsituationen anschauen.

Zu Grenzwächterwesen gehören auch Kassierer in Pornokinos oder ähnlichen Etablissements. Falls es Ihnen in dieser Beziehung an Erfahrungen mangelt, will ich nur so viel von den meinigen andeuten: Was in einem Pornokino abgeht, hat nur wenig damit zu tun, dass sich Menschen (bei Weitem nicht nur Männer) pornografische Filme anschauen. Diese Räume und ihre Filme sind Kulisse und Bühne für Happenings, die bisweilen über das hinausgehen, was auf der Leinwand gezeigt wird. Während in diesem Raum Orgien gefeiert werden, gehen genau daneben Mütter mit ihren Kindern spazieren und eine Buchhandlung preist das neue Jesus-Werk von Benedikt XVI. an. Nur ein paar rote Mauersteine sind zwischen diesen Welten. Zwischen Papst und Exzess sind ein paar Zentimeter Grenzgebiet.

Der Mensch an der Pornokinokasse weiß von den Exzessen, und der Mensch, der bezahlt, weiß das auch, und der Mensch an der Kasse hat als Grenzwächter die Aufgabe, so zu tun, als wüsste er es nicht. Er muss an dieser Grenze die Regeln der Tageswelt befolgen («n' Abend – welches Getränk darf es sein? – Bitte – Danke») und darauf achten, dass nichts von der Dunkelheit des Innenraums nach draußen dringt («Wiedersehn – schön' Abend»). Auch ihm begegnet niemand *einfach so*. So eine Begegnung ist immer ein Problem – man könnte auch sagen: Etwas Wesentliches passiert. Man wird mit seinen Grundlagen konfrontiert, mit seinem Tier, das in den dunklen Räumen aus seiner Ecke springt und sich endlich satt fressen darf. – Gott sei Dank gibt es solche Räume, in denen sich die Tiere nicht auf Unschuldige stürzen.

Alfred Kinseys gleichnamiger Report, Alexander Comforts *Joy of Sex* und die sexuelle Revolution der Flower-Power-Bewegung haben es geschafft, dass der Hunger dieses Tieres nicht als etwas Bösartiges, sondern als etwas Natürliches angesehen wird. Vor allem haben sie uns gelehrt, dass man den Hunger nicht verbieten kann. Obwohl dies alles erreicht wurde, ist der knurrende Magen und sind die gefletschten Zähne dieses Tieres immer noch etwas, was Angst und Schrecken verbreitet – jedenfalls in dem Moment, wo es in den Menschen selbst laut wird. Die Angst ist so groß, dass Paare den Mund zusammenpressen, damit kein Laut des Tieres nach außen drängt.

Ich denke, wenn man der Stimme des Tieres Raum gibt, wenn die wirklich privaten und intimen Gespräche über alle lust- und angstvollen Dimensionen von Sexualität zunehmen, dann wird die gesellschaftliche und öffentlich-mediale Geschwätzigkeit darüber nachlassen. Das Tabu und die Sprachlosigkeit haben sich wieder mal aus dem öffentlichen Raum in die Schlafzimmer der Frauen und Männer verlagert – zahllose Sexualtherapeuten wissen davon ein Lied mit endlosen Strophen zu singen.

Das Land der Sexualität ist für viele kein Paradies, in dem sie die Freude des Daseins auf eine elementare Art erleben können, sondern eine Sumpflandschaft, in der hinter jedem Gebüsch Gefahren drohen. Solange das so ist, braucht dieses Land Grenzwächter. Ihr Job ist es, so zu tun, als befände sich hinter der Kasse weder das Paradies noch der Sumpf, sondern der ganz normale Supermarkt.

Zur Gilde der Grenzwächter gehören aber nicht nur die Grenzwächter selbst, sondern auch ihre Schutzpatrone. Diese Grenzpatrone haben, im Gegensatz zu den Wächtern, ein bewusstes Verhältnis zur Grenze und deren gesellschaftlicher Funktion.

Einer dieser Grenzpatrone ist Hermann Hesse. Als ich in dem Alter war, von dem man so allgemein sagt, dass es das Alter wäre, in dem man Hermann Hesse liest, da habe ich Hermann Hesse gelesen. Ich bekam zu meiner Konfirmation und zu Hesses 100. Geburtstag eine sechsbändige, grau-marmorierte Jubiläumsausgabe geschenkt.

Ich war also vierzehn Jahre alt, als ich begann, *Demian*[44] zu lesen. Dieses Buch – und damit stelle ich mich in eine endlose Reihe von Plus-Minus-Vierzehnjährigen – weckte mich erneut auf.

Ich glaubte ja nicht mehr an meinen Vater-Gott, nicht mehr an die Allmacht meiner Eltern, aber mein grundsätzlicher Glaube an die Omnipotenz eines personalen, wesenhaften Subjekts war ungebrochen. Aus der Tatsache, dass mein Vater-Gott gestürzt war, schloss ich nicht, dass es keine Götter gab, sondern ich verschob den Glauben an ein allmächtiges und allwissendes Wesen nur einige Etagen nach oben. Jetzt war eben ein personaler Vater-Gott zu einem himmlischen Gott-Vater geworden, der noch mehr weiß und bei dem «alle Dinge möglich sind». Vor diesem Gott-Gott wollte ich als guter Junge dastehen. Sie kennen ja mittlerweile ein paar Ereignisse meines Lebens, die mit diesem «Gut-Dastehen» zu tun hatten – und mit den dazugehörigen Verwirrungen.

Das Buch *Demian* erzählt die Kindheit und Jugend von Emil Sinclair. Das Kind erkennt früh die Existenz zweier Welten in seinem Leben. Die eine ist die warme, lichte, geborgene, saubere und liebe Vater- und Mutterwelt, die andere die verbotene, dunkle, böse, allgemein gegensätzliche Welt. Es ist eine klassische und wirklich herausragende Geschichte über Ober- und Unterwelt und den Raum dazwischen.

*Demian* ist mehr oder weniger die Geschichte eines jeden Jugendlichen, der erwacht – und sie ist natürlich auch meine Geschichte.

Etwas in mir sehnte sich nach dem Erwachen. Es war die Sehnsucht nach der roten Pille, die mich aus der Matrix schleudern sollte, der ersehnte Tod von Mr. Anderson und seine Hoffnung auf die Wiedergeburt als Neo.

Wenn Ihnen diese Namen und Zusammenhänge aus der *Matrix*-Trilogie nichts sagen, dann gibt es Wichtigeres für Sie zu tun, als dieses Buch zu lesen. Legen Sie es zur Seite und begeben Sie sich in das Aufnahmezentrum für Bürger des 21. Jahrhunderts. In den *Gelben Seiten* finden Sie es unter «V». «V» wie Videothek. In Videotheken arbeiten Menschen, die so tun, als würden sie Unterhaltung verleihen.

In Wirklichkeit aber sind es Dealer der Wahrheit und der Lüge, und sie reichen uns silberne Scheiben über den Tresen, auf denen in rätselhafter Weise Menschheitsmythen gebannt und gepresst sind, die es mit jeder Klosterbibliothek des Mittelalters aufnehmen können. Wenn zum Beispiel Marco, mein DVD-Dealer in der Meckenheimer *empire*-Videothek, mir wieder so eine Scheibe einpackt, dann trage ich sie wie einen Schatz nach Hause. Ich halte eine dünne Regenbogenschimmerscheibe in der Hand, und kurz darauf öffnen sich Panoramen, die meine Art zu denken völlig revolutionieren können, und es zeigen sich Biografien, an denen ich teilnehmen darf und deren Teilnahme mich auf ganz besondere Weise mit ihnen verbindet – wieder wird dann an dem magischen Raum gearbeitet, wieder dehnt sich das eine Super-Maximal-Bewusstsein aus und wird reicher und weiser.

Das alles ist auf dieser dünnen Scheibe zwischen meinen Fingern, und wenn ich das bedenke und höre jemanden sagen, er glaube nur an das, was er mit eigenen Augen sehen kann, dann erscheint mir diese Bemerkung reichlich albern und nicht sehr wirklichkeitsgemäß.

*Demian* und *Matrix*, *Fight Club*, *Full Metal Jacket*, *American History X, Constantine, L.A. Crash* und die vielen Dutzenden anderen Bilder und Geschichten sind alles Reportagen vom Grenzgebiet. Steiner schrieb, meditierte und sprach immer wieder über dieses Grenzgebiet, über diese Schwelle. Die Schwelle ist gleichzeitig in uns und außerhalb von uns. In mir kann ich sie fühlen. Vor mir kann ich sie sehen. In dem Moment, wo ich sie mir bewusst mache, fließen das Innen und das Außen ineinander.

Auch der Tod lebt nur Zentimeter vom Leben entfernt, auch hier kann man Parallelwelten und Grenzgebiete untersuchen. Mein Freund Jelle van der Meulen hatte vor einiger Zeit einen Herzinfarkt. Er lag in der Intensivstation und ich wollte ihn besuchen. Das Krankenhaus steht im Zentrum Kölns, nur wenig entfernt von einer Kneipe, in der wir vor wenigen Wochen Reibekuchen gegessen und Bier getrunken hatten. Damals hatte ich Jelle zu Hause abgeholt. Ich hatte geklingelt und er kam zu mir runter. Dann sind wir losgezogen. Zwischen uns waren ein paar Etagen und ein Türsummer, alles war sehr einfach.

Jetzt im Krankenhaus ist alles viel komplizierter. Obwohl ich ohne Probleme bis vor die Tür der Intensivstation komme, erweist sich diese Schiebetür als eine machtvolle Grenze. Die Tür ist vielleicht zwei Zentimeter dick, aber wieder sind es diese Zentimeter, die mich von einem Raum trennen, in dem alles anders ist als diesseits der Tür.

Ich stehe einfach so da. Und hinter diesen Zentimetern krümmen sich Menschen vor Schmerzen, liegen ohnmächtig da, sterben oder schauen dem Tod ins Auge. Ich schaue auf ein verblasstes Bild von van Gogh, und nie war van Gogh unwichtiger als jetzt.

Alles verschiebt sich. Aber was ist dieses «Alles» und wohin verschiebt es sich?

Mit mir warten noch andere Menschen an dieser Tür, und plötzlich wird mir noch eine Grenze deutlich und ich erschrecke darüber. Es ist die Grenze des Blutes. Die Blutsverwandtschaft. Jelle ist mein Freund, und ich mache mir Sorgen um ihn, ich liebe ihn und ich bete dafür, dass er wieder gesund wird. Er ist mir wirklich, wirklich wichtig. Er ist mein Wahlverwandter – aber nicht mein Blutsverwandter, und Blut ist, wie man sagt, dicker als Wasser. Das sehe ich an den Gesichtern der anderen Wartenden. Sie stehen da, und hinter den Betten liegt kein Freund, sondern ein Familienmitglied, und ihre Angst und Sorge geht in einen Urgrund, den ich mit meinem Freund nicht erreiche. Ihre Sorge um ein Kind oder eine Schwester kommt aus einer anderen Quelle, einer Quelle, die viel tiefer, viel älter und viel druckvoller sprudelt. Liegen alte Eltern oder Großeltern im Sterben, dann mag diese Quelle von sich aus versiegen, aber die Höllenqualen der Angst um das eigene Kind wird ein Freund niemals auslösen.

Darf man einem Freund so etwas sagen? Oder seiner Freundin? Was bedeutet das? Sind Kinder wertvoller als Freunde? Ist die Familie wichtiger als ein Freund?

«Sind Sie von der Familie?», fragt mich die Schwester an der Tür. Einen Moment lang überlege ich, ob ich lügen soll – dann entscheide ich mich anders. «Ich bin ein Freund.» Die Ärztin will mich zurückweisen.

Offensichtlich hat man hier, wo es um Sterben oder Nicht-Sterben geht (denn es geht zunächst nur um «Nicht-Sterben» nicht etwa um «Gesund-Werden»), die Frage: «Ist die Familie wichtiger als ein Freund?», eindeutig mit «Ja» beantwortet.

Jetzt bekräftige ich gegenüber der Ärztin in Tonfall und Geste, was für ein Gewicht in diesem Wort «Freund» für mich liegt, und sie spürt dieses Gewicht. Es reicht für immerhin «für ein paar Minuten».

Ich gehe über die Schwelle.

Anders als zuvor gibt es hier keine Türen – alle Patienten liegen offen mit ihren Wunden, Schmerzen, Verletzbarkeiten und existenziellen Nöten. Hier ist Not am Menschen. Hier kommt es drauf an. Hier haben nur Dinge und Wörter Platz, die Antwort auf die eine entscheidende Frage geben: Sein oder Nicht-Sein?

Jelle, das sehe ich sofort, hat diese Frage für sich beantwortet: Er will Sein.

Er liegt unbequem auf vielen Fragezeichen, und diese Fragezeichen winden sich um seinen Hals und nehmen ihm die Luft, aber auf seiner Stirn leuchtet ein Ausrufezeichen. Ich küsse es. Es ist feucht und ein wenig kühl.

In diesem Moment weiß ich, was der Unterschied ist.
Der Unterschied zwischen den Welten.
Der Unterschied zwischen Körper und Geist.

Der Unterschied zwischen Klo und Restaurant.
Der Unterschied zwischen Zahnschmerzen und
Philosophie.
Der Unterschied zwischen Pornokino und Buchladen.
Der Unterschied zwischen Sex und Liebe.
Der Unterschied zwischen Kind und Freund.
Der Unterschied zwischen Intensivstation und van Gogh.

Das alles ist der Unterschied zwischen *grundlegend* und *bedeutsam*.

Diesen Unterschied in seiner Tiefe und seinem Umfang begriffen zu haben, hat mein Leben verändert und mir viele Feinde gebracht.

Diesem Unterschied – und ich versuche das jetzt für Sie zu erklären, was ich damit meine – liegen ein paar Wörter zugrunde: Eines dieser Wörter lautet «Entwicklung» oder «Evolution», ein anderes lautet «Hierarchie». Beides sind Wörter, ohne die ich Anthroposophie nicht denken kann. Gleichzeitig sind es Wörter, die Angst machen können, die sich eignen, um Menschen zu diskriminieren. Es sind Wörter, die in den vergangenen sechzig Jahren unter dem Schutt von furchtbaren Kriegen begraben lagen, und ich muss sagen, da lagen sie auch lange Zeit ganz zu Recht.

Aber ich beobachte an anderen und an mir, dass es ohne diese Wörter keinen Sinn macht, über das zu sprechen, was mir wirklich wichtig ist, nämlich darüber, wie der Mensch zum Schöpfer werden kann. Zu den Begriffen «grundlegend» und «bedeutsam» will ich ein Erlebnis erzählen, welches sich genauso ereignet hat.

Ich sitze an meinem Schreibtisch. Ich bin sechzehn Jahre alt, es ist später Abend, ich höre Radio und schaue durch mein sich in der Scheibe spiegelndes Gesicht in die Dunkelheit der Nacht, als es im Zimmer über mir rumpelt.

Als Nächstes erinnere ich mich, wie ich neben meinem Vater knie, der von seinem Bettsofa geplumpst ist und in grotesken Krämpfen zuckte. Er hat die Zunge zwischen den Zähnen, die er sich abzubeißen droht. Blubbernder Schaum quillt ihm aus dem Mund. Ich greife nach einem Buch, stemme unter Aufbietung aller Kräfte seinen Kiefer auf, schiebe das Buch zwischen seine Zähne und ermögliche ihm so die Zufuhr von Luft und verhindere das Abbeißen seiner Zunge.

Der Schlaganfall nahm ihm viel, aber das Buch rettete seine Zunge und sein Leben. – Das Buch hieß *Wie erlangt man Erkenntnisse der höheren Welten?* und der Autor war Rudolf Steiner.

In diesem Moment wechselte das Buch die Hierarchie. Es stieg von der Ebene mit dem Schild *bedeutsam* auf die Ebene *grundlegend* herab.

Jedem von Ihnen wird klar sein, dass es in diesem Moment für mich nichts Wichtigeres gab als das Überleben meines Vaters. Das Buch und dessen Inhalt verloren schlaganfallartig ihre bisherige Bedeutung. Dies war nicht nur für mich, sondern auch für meinen Vater so. Mein Vater verehrte Rudolf Steiner – dieses Buch war für ihn wirklich bedeutsam, aber er hätte, so wie ich, die Gesamtausgabe in seinem Zimmer für den Erhalt seiner Zunge und für sein Leben eingetauscht.

War das Überleben meines Vaters wichtiger als ein Buch von Steiner? Die Antwort auf diese Frage ist immer falsch. Sie ist falsch, weil die Frage falsch ist, und das Schlimme ist, wir stellen ständig solche Fragen, die keinen Sinn ergeben können, wenn wir nicht begreifen, dass es verschiedene Ebenen und Hierarchien, verschiedene Stufen der Evolution gibt. Wir werden immer wieder alles durcheinanderbringen, wenn wir das Grundlegende nicht vom Bedeutsamen unterscheiden können und wenn wir nicht in der Lage sind, ein Verständnis für die vielen, vielen Zwischenstufen dieser Hierarchie zu entwickeln.

Die fundamentalste Ebene der Hierarchie ist jene von Tod und Leben. Auf dieser Ebene baut alles auf. Sie legt den Grund für alles. Sie ist absolut *grundlegend*.

Dr. Don Beck ist ein amerikanischer Management-Berater und Koautor des Buches *Spiral Dynamics*,[45] und er hat in der dynamischen Spirale ein mehrdimensionales Modell für das Verständnis des Wertewandels und für den Wandel der Kulturen entwickelt.

Mit Nelson Mandela erörterte er die tief greifenden Strategien, die den Prozess der Versöhnung in Südafrika eingeleitet haben, er debattierte mit Bill Clinton über den modernen Umgang mit gesellschaftlichen Krisen und sprach vor den Vereinten Nationen über die Möglichkeiten, den Kampf der Kulturen in einen friedlichen Prozess zu verwandeln, von dem alle Seiten profitieren.

Jeder, der von Becks dynamischer Spirale erfuhr, fand sich, seine Vorfahren und seine Zukunft wieder. Ich kann sein Konzept hier nur anfänglich erläutern und empfehle jedem, das entsprechende Buch zu lesen. Es erweitert das Verständnis der eigenen und der fremden Kulturen und lässt manches von Steiners umstrittenen Äußerungen rund um das sogenannte «Rassenthema» in einem differenzierteren Licht erscheinen.

Jede Spiralebene hat bei Beck eine Farbe. Die unterste und grundlegendste Ebene hat die Farbe *Beige*.

Das Grundthema der Farbe *Beige* lautet: «Tu, was du tun musst, um zu überleben», und Don Beck führt in der Zeitschrift *What is Enlightment* (*WIE*)[46] dazu aus:

«BEIGE ist im Prinzip ein automatisches Existieren, das von zwingenden physiologischen Bedürfnissen getrieben wird, die unsere angeborene Grundausstattung für unser Überleben in Gang setzen. In dieser ursprünglichen Form war die BEIGE

Existenzstufe, die vor 100.000 Jahren begann, der erste Schritt, der uns menschlich machte. Auf dieser Ebene kämpfen Menschen ums schiere Überleben in einer Umwelt, in der es auch andere Tiere gibt. Wir sind jedoch geistig höher entwickelt und haben offenbar mehr konzeptionelle Fähigkeiten, um uns in schützenden Clans zusammenzuschließen, unsere Habe zu behüten und Räuber abzuhalten. Im Überlebensclan isst der Vater als Erster, denn wenn der Stärkste stirbt, gibt es keine Hoffnung für die gesamte Familie. Der Schlüssel zu BEIGE ist also das Überleben, das die instinktive Intelligenz mit erhöhten Sinnen nutzt, mit denen wir besser sehen, besser hören. Wir können Dinge spüren, wenn sich uns die Nackenhaare sträuben. Einfach am Leben zu bleiben, zählt mehr als alles andere.»

Mein Vater und ich kämpften in einem Raum aus purem *Beige* ums Überleben. Nichts ist grundlegender als diese Ebene.

Dann dreht sich, ausgehend von diesem Punkt, die Spirale nach oben und viel, viel weiter, nach etlichen anderen Farben, erscheint eine Spirale in leuchtendem *Türkis*.

Das Grundthema dieser türkisen Ebene lautet nicht mehr: «Tu, was du tun musst, um zu überleben», sondern: «Erfahre die Ganzheit der Existenz durch den Geist und das kosmische Bewusstsein», und Don Beck führt in dem besagten Interview Näheres zu dieser Hierarchie aus:

«Die Welt ist ein einziger, dynamischer Organismus mit eigenem, kollektivem Geist. Das Selbst ist sowohl ein eigenständiger als auch ein mit einem größeren, mitfühlenden Ganzen verbundener Teil und alles ist mit allem in ökologischer Ordnung verbunden. Die Energie und Information durchdringen das gesamte Umfeld der Erde, und ein holistisches, intuitives Denken und kooperatives Handeln werden erwartet.»

Rudolf Steiner schrieb, lange bevor die ersten Menschen zögerlich zu dieser Ebene aufwachten, ein Buch, in dem er eine detaillierte Anleitung dazu gab, wie man sich in der Spirale bis auf diese türkise Stufe heraufschrauben kann. Das Buch heißt *Wie erlangt man Erkenntnisse der höheren Welten?*[47]

In dem Augenblick, in dem ich dieses Buch zwischen die Zähne meines Vaters klemmte, wurde es von der türkisen Ebene in die beige Ebene herabgeschleudert.

Vielleicht ist dieses Bild noch eindrücklicher: Es verwandelte sich von einem «türkisen Buch» in ein «beiges Buch». Es war keine Anleitung mehr, wie man Erkenntnisse höherer Welten erlangt, sondern wurde zum Werkzeug, um das nackte Überleben auf dieser Welt zu sichern.

War das Überleben meines Vaters also wichtiger als ein Buch von Steiner?

Das Überleben meines Vaters war nicht wichtiger und nicht unwichtiger als Steiners Buch. Sein Überleben war grundlegender, aber das Buch ist bedeutsamer. Es ist auf einer ganz anderen Ebene zu Hause, und auf dieser türkisen Ebene sind die beigen Fragen von Leben und Überleben im physischen Sinne keine Fragen, sondern bereits erfüllte *Bedingungen* für die Existenz dieser Ebene.

Ohne *Beige* kein *Türkis*, aber der tiefere Sinn von *Beige* ist es, die Basis für *Türkis* sein zu dürfen. – Es ist völlig bescheuert, diese Farben gegeneinander auszuspielen.

Wer ein Haus baut, der muss ein Fundament errichten. Ohne das Fundament könnte das Haus keinem Sturm trotzen. Aber das Fundament ist nicht der *Sinn* des Hauses, es ist grundlegend für alle weiteren Baumaßnahmen. Man baut das Fundament nicht des Fundamentes, sondern des Hauses wegen. Das Haus ist also bedeutsamer als das Fundament.

Das Haus baut man aber nicht des Hauses wegen, sondern um ein zu Hause zu haben.

Das Haus ist also weniger bedeutsam, als ein zu Hause zu haben, aber die Grundlage für eben dieses zu Hause.

Diese Spirale kann man immer weiterdrehen und sich zum Beispiel fragen, wozu man ein zu Hause hat. Vielleicht um einen Innenraum zu haben, um Bücher zu schreiben und mit lieben Menschen zu leben. Dann wären die Bücher und die lieben Menschen das Bedeutsamere, was auf der Grundlage des weniger bedeutsamen zu Hauses aufbaut ...

Als ich bei Jelle im Krankenhaus war, dachte ich über die Bilder von van Gogh, die dort hingen, dass sie «unwichtig» seien, und meinte das im Vergleich zum Leben von van der Meulen.

Aber – und ich hoffe so sehr, dass Sie mich jetzt verstehen – das ist Quatsch. Die Bilder sind und bleiben bedeutsam und Jelles nacktes Überleben ist grundlegend. Dass ich im Angesicht des Todes über van Gogh denken kann, er sei «unwichtig», sagt nichts über die Bedeutsamkeit van Goghs aus, sondern nur über die fundamentale Urenergie des Grundlegenden.

Jelles Bücher sind bedeutsamer als sein Leben. Sein Leben aber ist die Grundlage für seine bedeutsamere Arbeit.

Seine rein menschliche Existenz ist grundlegender als seine Bücher, aber weniger bedeutsam.

Dieses Buch in Ihrer Hand ist bedeutsamer als meine biologische Existenz – es geht über mein Fleisch hinaus.

Sie ist Grundlage für dieses Buch. Und ich versuche ständig, Sie, der Sie dieses Buch in der Hand halten, für das Ganze zu öffnen. An den Stellen, an denen Sie sich nicht nur für das Buch als Produkt einer höheren Ebene interessieren, da weise ich Sie auf den Menschen hin, der auf einer tieferen Ebene seine Ängste, Hoffnungen und fragwürdigen Bedürfnisse hat.

Darum auch die vielen Seiten über die Welt der Schatten.

Wenn ich diese grundlegenden Lebenserfahrungen beschreibe, versuche ich auf die bedeutsame Ebene dieser Erfahrungen aufmerksam zu machen. Darum auch die kommenden Seiten, die uns in den Himmel heben werden.

Bücher funktionieren nach meiner Erfahrung heute besser, wenn man sich bewusst wird, dass alle Ebenen Einfluss auf Sie und mich haben. Jetzt bei mir – und jetzt bei Ihnen.

Ohne die Klärung der Grundlage können wir uns zwar prächtig über das Bedeutsame unterhalten, aber wir werden früher oder später durch die nicht geklärten Grundlagen so große Probleme bekommen, dass alles Bedeutsame in sich zusammenbricht.

Davon kann jeder ein Lied singen, der sich mit anderen Menschen auf der Grundlage von Idealen zu einer Initiative zusammengeschlossen hat – irgendwann wird's sowieso «menschlich» und schattig.

Mein Vorschlag an einen befreundeten Therapeutenkreis lautete deshalb: Begleitet jeden ideellen Vorgang ganz bewusst durch Stunden für das «Menschliche». Klärt die Grundlagen, wenn ihr euch dem Bedeutsamen zuwendet. Redet über eure Wünsche, Ängste und Sorgen, legt auf den Tisch, was unter dem Tisch außer Kontrolle ist, aber vergesst nicht, was das ist: Nur das Grundlegende, welches eure bedeutsamen Ideale bedrohen oder unterstützen kann. Wenn ihr zu den Sternen aufbrechen wollte, dann werdet euch über die Erdanziehungskräfte bewusst, aber lasst euch niemals von der Gravitation davon abbringen, zu eurem Sternenziel vorzustoßen.

Bewusstes Reden über die Unterwelt ist niemals Selbstzweck, sondern Grundlage für den Aufbau einer bedeutsameren Oberwelt.

Ich habe mich über viele Seiten als jemanden beschrieben, der mit großer Lust in einer Welt lebt, in der auch das Tier lebt.

Ich habe zu erzählen versucht, dass diese Dinge nicht wichtig oder unwichtig sind, sondern einfach nur grundlegend oder bedeutsam, und ich bin der festen Überzeugung, dass man nichts davon überwinden muss – in dem Sinne, dass es aus dem Leben verschwindet. Nichts von allem Beschriebenen ist Sünde.

Sünde allein ist es, sich in diesem Grundlegenden zu verlieren, und die Ursünde ist es, im Angesicht der überwältigenden Kraft des Grundlegenden dieses Grundlegende zum Bedeutsamen zu erklären.

Mit all diesen mächtig grundlegenden Dingen, die mit heftigen Emotionen, mit Angst, vor allem auch mit Zorn, mit Libido, dem Organischen, mit dem puren Leben zu tun haben, mit all diesen Dingen der bio-emotionalen Sphäre muss der Anthroposoph, muss der Geistschüler souverän und reflexiv umgehen können, sonst wird er niemals zum Bedeutsamen aufsteigen. Er muss das alles zulassen, denn es lehrt ihn Demut, es lehrt ihn, seine Unvollkommenheit zu erfassen. Der Geistschüler hat keine Angst vor animalischem Sex, er meidet ihn nicht furchtsam, er überhöht ihn nicht, sondern er hat ihn einfach – das war's. Sex ist vielfach mit falscher Energie aufgeladen – mit der Energie des Bedeutsamen. Sex ist aber nicht bedeutsam, sondern grundlegend. Die grundlegende Energie macht den Trieb erst wirklich sexy, die bedeutsame Energie macht ihn müde. Man kann Sex zwar sein lassen, aber er lässt einen niemals los – eben weil er grundlegend ist. Wenn man Sex loswerden will, dann bindet man Sex nur fester an sich – an seinen unbewussten Teil, an seinen Schatten.

Wer diesem Schattenwesen nicht mit gelassenem Interesse in die Augen blicken kann, dem verwehrt dieser «Hüter der Schwelle» den Eintritt in das Treppenhaus der Spirale. Dieser «Hüter der Schwelle» repräsentiert die Unvollkommenheiten unserer «niederen Natur», wie es Steiner häufig formuliert. Bevor ich den Unterschied zwischen *grundlegend* und *bedeutsam* verstanden hatte, störte ich mich an solchen Begriffen wie «niedere Natur», denn ich konnte nicht einsehen, warum etwas Natürliches schlechter sein soll – dabei geht es nicht um schlecht und gut, sondern eben um ... Na, Sie wissen schon.

Alles, was ich zum Thema «Schattenarbeit» geschrieben habe, gehört in diesen Raum des Grundlegenden. Schattenarbeit ist Grundlagenarbeit und braucht ein Forum unter dem offenen Himmel, damit nichts unter der Decke kocht, damit kein seelisches Gammelfleisch entstehen kann. Ein Buch ist ein Forum unter dem offenen Himmel, und was ich über die Unterwelt, über die Unternatur sagte, braucht diesen offenen Himmel, denn, wie Sloterdijk sagen würde, «es gibt kein Endlager des Zorns, kein Endlager für Gier, Trieb und Instinkt».[48]

Die Lagerung dieser Bio-Seelen-Masse braucht frische Luft, sonst explodiert sie durch Gärung. Wir müssen über unsere Schatten im Gespräch sein – aber nicht weil Schatten so spannend sind, sondern damit sie langweilig werden und für wirklich Spannendes Platz machen.

Es gibt allerdings Menschen (und hier sind wir wieder bei der Hierarchie), für die ist die Offenlegung der unbewältigten, unbewussten Unternatur noch nicht möglich, oder der Weg unter den offenen Himmel braucht unendlich viel Zeit und sanfte Begleitung, denn sonst drohen sie «im Feuer der eigenen Scham zu verbrennen»,[49] wie Steiner sagt.

Aus meiner Erfahrung aber weiß ich, dass es für mich keinen anderen Weg als den Weg der Offenheit und frischen Luft gibt, und wer sich über gelegentlichen üblen Gestank in meiner Umgebung beschwert, dem sei gesagt, dass dieser Geruch schnell verfliegt und weniger zerstörerisch und explosiv wirkt als die angesammelten Intimitäten von zurückhaltenderen Zeitgenossen.

Weil ich Anthroposoph bin, will ich «Ja» zum puren Leben sagen, weil ich diesen Wellen des Lebens nicht entkommen kann, will ich auf den Wellen des Lebens surfen und Spaß mit diesen Wellen haben. Der Surfer bin ich, und die Wellen bestehen u. a. aus Geld, Bier, Sex und Beziehung. Nichts davon will ich loswerden, nichts davon *kann* ich loswerden; wenn ich aufhöre, mit aller Kraft auf meinem Ego zu surfen, dann gehe ich im Ego unter. Oder wie Osho sagen würde: «Sich des Egos zu entledigen, ist der letzte Schlupfwinkel eines unbesiegbaren Egoismus». Ich liebe das Leben, so wie Heinz Rühmann es in einem seiner Filme sagte: «mit allem Komfort». Und dieser Spaß am Spiel des Lebens trägt mich sicherer zu den Göttern der Weisheit als manch anderen verbitterten und saftlosen Moralisten.

Ich kann das auch gediegener ausdrücken: Die harmonische Integration des leiblich-seelischen Klanges in die Gesamtkomposition «Mensch» ist Bedingung und Voraussetzung für die Erlangung der Erkenntnisse höherer Welten.

Aber – und jetzt muss ich dieses «Aber» mal ganz groß schreiben –
ABER:

Diese Welt des Grundlegenden ist nicht bedeutsam.

Alle Empfindungen des Egos, alles fröhliche Surfen auf den Geld-Macht-Sex-Beziehungs-Wellen ist unbedeutsam im Hinblick auf dem Weg zu dem, was Steiner die «hehre Lichtgestalt» nennt. Es ist nicht nur unbedeutsam, sondern diese Triebe, Instinkte, Begierden und egoistischen Wünsche können zu Verstrickungen im Sinnlich-Physischen werden und so zum größten Feind des Aufstiegs zu Weisheit, Erleuchtung und wahrem Menschentum.

Triebe, seelische Lust und Leidenschaft gehören zum Allgemeinmenschlichen, aber sie allein lassen mich nicht darüber hinausblicken. Ich bleibe ein grundlegender, aber ich werde kein bedeutsamer Mensch.

Ich brauche diese grundlegenden, seelischen Regungen, um als Mensch unter Menschen kommunizieren zu können, um überleben zu können, und wenn ich mit ihnen in aufmerksamer Freundschaft lebe, dann lebe ich durch sie ein fröhliches und glückliches Leben.

Erleuchtung, geistige Einweihung, Erkenntnis der höheren Welten, all das findet auf einer völlig anderen Hierarchie, in einer anderen Farbebene statt.

All diese Dinge des «niederen Menschen» sind einfach und unwillkürlich und natürlich da, und genauso nehme ich sie bewusst an und integriere sie, ohne mich in ihnen zu verlieren, ohne mich in ihnen zu verstricken. Sie sind der grundlegende Ausgangspunkt, ohne den ich niemals starten könnte. Aber ich verwechsle sie nicht mit dem Ziel.

Natürlich bin ich nach wie vor verstrickt und werde es wohl noch eine Weile bleiben, aber die Grade der Verstrickung kann und will ich lösen. Das geht jedoch zunächst nicht durch das «Nein» zum Ego, sondern nur durch dessen Integration und Veredlung.

Meine egoistische Grundstruktur, mein Temperament, meine Persönlichkeit, mein Typ, meine Gestalt, all das sind Gaben, die ich nutzen will. Wenn ich ihnen folge, dann komme ich zu mir, dann bin ich wieder bei Campbell: «Folge deiner Freude». Und diese geht dann in «folge deiner Bestimmung» über. Aber dieser Satz verläuft im narzisstischen Labyrinth, wenn ich ihn nicht mit dem folgenden Satz synchronisiere: «Der Mensch erreicht solche (Sittlichkeits-)Ziele in dem Maße, in dem er die Fähigkeit besitzt, sich überhaupt zum intuitiven Ideengehalt der Welt zu

erheben.»[50]

Es braucht also die Ehe von Ego und Ideengehalt, von Persönlichkeit und Ideal. Diese Ehe ist die Integration des Grundlegenden in das Bedeutsame, wobei das Bedeutsame Zielcharakter und das Grundlegende Startcharakter hat. In dieser Ehe von Ego und Geist transformiert sich die ehemals natürliche, niedere Persönlichkeit und wird trans-personal. Nichts von der «Poesie des Lebens, der Begeisterungsfähigkeit»[51] wird eingebüßt, wie Steiner sagt. Im Gegenteil: «Leerheit bedeutet, dass man mehr Zuneigung empfinden kann, nicht weniger»,[52] so Wilber.

Ich hatte immer schreckliche Angst davor, dass in dem Moment, wo ich an dieser Transformation Anteil hätte, meine tiefen menschlichen Gefühle irgendwie seicht und flach würden, und ich stemmte mich heftig gegen diese Verwandlung – aber als sie eintrat, war alles ganz anders. Dieser Prozess hat dazu geführt, dass ich mehr Wut über die aggressive Dummheit von Antisemiten entwickeln kann, dass ich noch mehr Trauer spüre, wenn ich den Schmerz der Kuh im Massentransporter mitfühle, dass es mich noch mehr rührt, Kinder am ersten Schultag zu erleben, und ich bin noch verliebter in das Leben mit all seiner explodierenden Schönheit und seinem bodenlosen Schmerz.

Ich bin nicht herausgehoben aus dieser Welt, ich werde tief in ihren Abgrund gestoßen, und gleichzeitig bin ich nicht von dieser Welt. Das zu erleben bedeutete für mich wirkliches, bisher nie da gewesenes Glück. Das Glück der Freiheit und der Liebe in einem großen Atemzug. Diese Symbiose kann mit den Begriffen «Weisheit» und «Barmherzigkeit» umschrieben werden. Wir werden noch auf die ganze Wucht dieser beiden Begriffe kommen. Ich bin nicht von dieser Welt, aber ich kann mich aus Weisheit dazu entschließen, für diese Welt da zu sein.

Ein integrales, ganzheitliches Leben mit aller Lust und Leidenschaft zu führen, bedeutet aber nicht – und jetzt wird die Sache mal wieder konfrontativ –, dass man das Grundlegende verherrlicht. Das genau passiert allerdings seit geraumer Zeit. Es passiert überall dort, wo zum Beispiel Sexualität zur gesellschaftlichen Obsession wird. Sexualität findet nicht nur einfach so in den verschiedensten und kreativsten Kombinationen und Szenerien statt, sondern ihr wird darüber hinaus eine Bedeutsamkeit zugestanden, die sie einfach nicht hat. Ich kann ein Lied davon singen, denn ich war lange Zeit selbst so einer, der das Grundlegende mit dem Bedeutsamen verwechselte.

Ken Wilber beschreibt, mit Bezug auf Foucaults Feststellung, *dass* Sexualität den Aufstieg der Moderne obsessiv begleitet hat, *wie* Sexualität zum Mega-Thema für alle Menschen wurde, die im Flachland des Grundlegenden die Tiefe des Bedeutsamen suchten: «Es war (und ist) an dieser obsessiven Beschäftigung mit Sexualität etwas, das fast allen Bewohnern dieser Flachland-Welt etwas zu bieten hatte: Da war hedonistisches Glück für die Utilitaristen; für den Psychologen gab es Deutungen auszugraben, die jedoch seicht blieben und sich über das Flachland, das Empirisch-Sensorische, hinauswagten; und es waren in der Natur die tiefsten Antriebe des Menschen zu finden, was die Romantiker entzückte.»[53]

Um einem Missverständnis vorzubeugen, welches weder Ken noch ich aufkommen lassen wollen, weshalb ich Ken das Wort gebe: «Die Sexualität steht dem GEIST weder fern noch ist sie gegen ihn gerichtet; sie ist nur einfach eine seiner niedrigsten oder grundlegendsten Ausdrucksformen.»[54]

Das ursprüngliche Hauptziel von Tantra, um auch was für Tantrafans einzufügen, war es niemals, die grundlegende seelisch-körperliche Ebene der Sexualität an die Stelle des GEISTES zu stellen, sondern vielmehr zu entdecken, dass es selbst in dieser Untiefe einen Faden gibt, der es einem ermöglicht, sich zum GEIST emporzuziehen – der Faden des GEISTES reicht bis in dieses Sediment, und selbst hier kann man sich zu ihm heraufziehen.

Wenn ich Wörter groß schreibe, wie beispielsweise zuvor GEIST, dann bedeutet das, dass ich nicht die gegenwärtige Manifestation eines bestimmten Impulses meine, sondern den Impuls selbst.

So kann man «Natur» als dasjenige auffassen, was sich zurzeit überall auf der Welt als Natur zeigt. NATUR aber meint dasjenige, aus dem alle gewesene, gegenwärtige und vergangene Natur hervorgegangen ist. Man nennt es manchmal die «geistige Welt», die «Idee», «Gott», «Geist» oder den «kreativen Urimpuls allen Seins». Darüber wird noch viel zu schreiben sein, und ich setze darauf, dass es immer klarer wird, wie es gemeint ist.

Man kann es auch andersherum sagen: Nichts ist ohne diesen GEIST, aber diese natürlichen Triebe sind nicht die Quelle des Geistes, sondern können vom hohen GEIST durchdrungen werden, wenn ich sie mit diesem Geist durchdringen *will* (hier ist sie wieder: die Kraft der Entscheidung).

Sex bringt uns mit der biologischen Natur der Schöpfung in Verbindung, aber die Natur ist, so formuliert es Ralph Waldo Emerson,[55] «ein Symbol des GEISTES», sie ist Ausdruck des GEISTES, aber nicht GEIST selbst, sie ist «arm», wie Emerson sagt. Steiner, ein Verehrer Emersons, nennt die Natur mit Bezug auf Platon deshalb auch «das Grab Gottes».[56]

Solch ein Satz ist ein Schock für alle «Zurück-zur-Natur-Freunde». In der Natur, also in allem, was man auch, wie Wilber, als *Biosphäre* bezeichnen kann, ist es wunderschön. Es ist ein Genuss und eine Freude, der ich mit Lust und Begierde nachgehe. Alles, was Natur ist, ob es der Grand Canyon, der Schwarzwald, eine schöne Brust oder der Gesang der Wale ist, mobilisiert «Gefühle des ehrfürchtigen Staunens vor der Größe dieser Schöpfung», und ich werde in diesem Naturerleben, so fährt Wilber fort, «Gefäß für Gefühle, die aus der Natur in mich einströmen und mich auf der Woge des Sentiments dahintragen.»[57]

Das kenne ich. Das kennen alle Romantiker. Wir kennen das Gefühl, wenn die untergehende Sonne in uns hineinströmt und wir uns in ihrer Sonne wärmen und unsere menschliche Unvollkommenheit mit ihrer kosmisch-göttlichen Urkraft zum Gefühl der Einheit verschmilzt. Die Landschaft wird zur Seelenlandschaft.

Solche Erlebnisse können sehr hilfreich sein, sich der Kleinheit und Unvollkommenheit des momentanen menschlichen Daseins bewusst zu werden.

«Mein Gott, bin ich klein», dachte ich, als einmal auf Hawaii eine mächtige Welle auf mich zukommen sah. Wir kommen uns klein und verletzlich und machtlos gegenüber dieser Naturgewalt vor. Die Natur ist die grundlegendste kosmische Dimension.

Als ich auf dem Mosesberg am St. Katharinenkloster im Sinai stand und Arm in Arm mit meinen Freunden den Aufgang der Sonne erlebte, da war das große Erleben der Über-Seele gegenwärtig und ich richtete mich innerlich an diesem Naturschauspiel auf.

Dieses Gefühl, dass man die Gegenwärtigkeit einer übergroßen, überlebendigen und übermächtigen Macht spürt, kann in der Natur mit allen Poren eingeatmet werden. Ich erinnere mich, als ich an der Spitze eines Kreuzfahrtschiffes mit meiner ganzen Kraft festhaltend gegen die peitschende See und den ohrenbetäubenden Sturm mit lautestem Schrei anbrüllte und meine Stimme nichts war als ein dünnes Fädchen, welches in tausende Stücke zerfetzt wurde. Diese Elemente sind wahrlich umwerfend. Dagegen sind wir eine würmliche Existenz.

Das ist das, was wir als Erfahrung in der Natur lernen können. Das ist die grundlegende Erkenntnis, die uns auch die ökologische Bewegung, die Ökos, als ihr positives Erbe hinterlassen haben, und wir können es bei jeder Nachtwanderung durch einen Wald machtvoll spüren – versuchen Sie es einmal. Ganz allein. Ohne Licht. Mitten in der Nacht. Mitten im Wald. Sie werden sofort verstehen, was ich meine.

Nicht ohne Hintersinn gibt der erwähnte Don Beck[58] dieser Strömung, die durch ein bestimmtes Bewusstsein geprägt ist, die Farbe *Grün* und skizziert dazu stichwortartig einige Eigenarten. Schauen Sie mal, ob Ihnen diese Liste etwas sagt:

ökologische Sensitivität
Gefühle und Fürsorge treten an die Stelle von kalter
Rationalität
liebevolles Sorgen für die Erde
gegen Hierarchie
für gleichrangige Bindungen und Verbindungen
Vernetzung von Gruppen
Betonung auf Dialog und Beziehungen
Entscheidungsfindung durch Schlichtung und Konsens
Spiritualität erneuern
Harmonie herbeiführen
Bereicherung des menschlichen Potenzials
egalitäre, antihierarchische, pluralistische Werte
soziale Konstruktion der Wirklichkeit
Vielheit und Verschiedenheit
multikulturell
relativistische Wertesysteme
nichtlineares Denken
Sensitivität und Fürsorge, für die Erde und alle ihre
Bewohner ...

Na, fühlen Sie sich zu Hause? Ich jedenfalls fühlte mich lange Zeit in dieser grünen Welt heimisch und dachte, wenn bald alles grün ist, dann ist bald alles gut.

Zu meinen Bekannten zählten auch die folgenden «grünen Freunde»: Greenpeace, Tierschutz, Ökofeminismus, Post-Kolonialismus und Foucault. Befreiungstheologie, politische Korrektheit, Bewegungen der Vielfalt und Menschenrechtsfragen.

Das sind ja alles erst einmal gute Freunde. Gegenüber dem Materialismus und der Pervertierung von Hierarchien, aber auch gegenüber dem kalten Intellekt der Aufklärung, der Technisierung und Ausbeutung der Menschen im Industriezeitalter war das ein Fortschritt.

Das ist der Fortschritt, den uns die Ökofreunde und Naturromantiker, die Männer, die Bäume umarmen, und die Mädchen, die auf Bäumen Häuser errichten, gebracht haben.

Wir ernähren uns heute von diesen biologisch-dynamischen Früchten, und um uns herum wird alles grüner und grüner ...

Aber wie Ernst Bloch[59] (ausgerechnet ein Marxist) schon trefflich sagte: Die schmerzlichen «Verluste im Fortschreiten» dürften nicht geleugnet werden und die «Dialektik des Fortschritts» sei vorbehaltlos anzuerkennen.

Dass Fortschritt auch Verlust bringt, das werden die Ökos sofort unterschreiben und dabei auf Waldsterben, Klimawandel und das Aussterben der südchinesischen Wanderraupe hinweisen. Aber welchen Verlust, welche «Dialektik des Fortschritts» muss man den Ökos, den «Zurück-zur-Natur-Freunden», den Biolatschenvertretern, den Baumumarmern, Müslimixern und Sonnenuntergangsfetischisten anlasten? Diesen friedlichen Waldmenschen, die im Einklang mit der Natur ihren Biohof bewirtschaften und Gott, ähnlich ihren naturvölkischen Vorbildern, in jedem Grashalm finden, sich im Tantra mit der Allliebe Gottes vereint fühlen, den Flow suchen und irgendwie überall total die positiven Energien spüren – eh, weißte?

Was ist ihre Sünde? Die Sünde der grünen Friedfertigkeit?

Es fängt damit an, dass man erst ein «Grüner» im beck-schen Sinne werden kann, wenn man Zeit hat, über solche Dinge nachzudenken. Zeit für Moral hat man erst, wenn fürs Fressen gesorgt ist. Das wusste schon Brecht.

Woher kam das Fressen?

Von denen, die auf Wirtschaft, Wirtschaft, Wirtschaft setzten. Diejenigen, die unsere Arbeitswelt rationalisierten, Roboter statt Menschen benutzten, Rucki-Zucki-Brötchen erfanden und mit der E-Mail den Postboten zur Schnecke machten. All das schaffte neue Probleme – Dialektik des Fortschritts eben. Aber erst einmal machte die Technisierung und Industrialisierung die Menschheit so frei, wie sie vorher nie war. Wer nach der Arbeit nicht mehr todmüde in das Bett fällt, sondern noch ein paar Stunden wach ist, weil jetzt ein Kernkraftwerk die Energie bringt und diese nicht mehr mühsam durch Kohle zu Tage gefördert werden muss, der hat Zeit zum Nachdenken. Zum Beispiel über das Leid von Menschen, denen es schlechter geht als ihm.

Erst unser Wohlstand öffnet unsere Sinne für die Bedürftigkeit der anderen. Jetzt erst, wenn wir selbst satt sind, können wir fragen, was unser Reichtum mit ihrer Armut zu tun hat und ob unser Nachbar auch satt ist. Der Kapitalismus schuf Probleme, aber vor allem versetzte er riesige Menschenmassen in die Lage, es sich bequem zu machen, um in schicken Cafés über Gott und die Misere des Kapitalismus zu philosophieren.

Der Kapitalismus schuf vereinzelt Elend, aber er produzierte massenhaft Wohlstand, er produzierte so viel Wohlstand, dass Millionen von Menschen in kapitalistischen Ländern ernährt werden können und Geld für Wohnen, Kino, Kindergärten, Krankenhäuser, Bahnhofsmissionen, heilpädagogische Einrichtungen und Playstationspiele haben, ohne eine Minute etwas zu diesem Wohlstand beizutragen. Mehr noch: Der Kapitalismus erwirtschaftete so viel Mehrwert, dass selbst in den entferntesten Ländern immer mehr Menschen von diesem Geld profitierten – und längst nicht nur die, von denen die Linken sehr platt und zum Teil nachweislich falsch behaupten, dass ihre Armut erst durch unseren Reichtum erschaffen wurde. Neben dieser Versorgung mit grundsätzlichen Gütern schaufelte der Kapitalismus vor allem eines frei. Nämlich massenhaft Zeit und Raum für Freidenker, die zu den ersten Kritikern dieses Wohlstands wurden.

Wohlstandsmüll wird nur derjenige verurteilen, der auf einem weichen Wohlstandsberg sitzt. Nur wer in einem System leben durfte (Beck gibt ihm die Farbe *Orange*), welches durch einen konsumorientierten Fortschrittsglauben dazu beigetragen hat, dass unser Überleben gesichert ist, nur der beginnt grün zu denken. Geschieht dies mit Augenmaß, so ist das Klugheit. Endet es als radikale Globalisierungsgegnerschaft, ist es Dummheit. Die Dummheit desjenigen, der die Leiter ablehnt, die ihn nach oben gebracht hat, und sie allen fortstößt, die nun dorthin wollen, wo die Luft besser, die Aussicht schöner und das Essen schmackhafter ist.

Die Vehemenz, mit der das grüne Lager die weitestgehend großartigen Errungenschaften des kapitalistischen Systems verteufelt, welches sie erst kritikfähig gemacht hat, ist absurd (weil sie ohne dieses System nämlich nichts Vernünftiges zu fressen hätten, keine Heizung, keine Universität, unzählige eklige Krankheiten, Totgeburten als Massenphänomen und faulige Zähne mit Mundgeruch statt leckere Küsse).

Die bodenlose und ahistorische Kritik an den Errungenschaften dieser Stufe der Menschheitsentwicklung ist so, als würde ich die Achtundsechziger, die Grünen und die Bios dafür verurteilen, dass sie eine Stimmung geschaffen haben, in der ein Buch wie dieses sein kann. Denn zu ihrer Mission gehörte es, den offenen Himmel zu erfinden, unter dem man über die eigene Unterwelt sprechen kann, wie ich es hier versucht habe. Ihre Mission hat viel damit zu tun, die Biosphäre neu und umfassend zu würdigen und eine ehrliche Beziehung zu den grundlegenden und schattigen Anteilen des Menschen zu bekommen.

Aber leider gibt es nicht nur Wohlstandsmüll, sondern auch Bioabfall – und der fängt langsam an zu stinken.

Einfache Naivität zum Beispiel wird in Massen zu gefährlichem Giftmüll. Alles Grüne ist reichlich naiv und darum auch tendenziell gefährlich. Naivität war früher das Recht der Jugend, jetzt nehmen sich auch Erwachsene dieses Recht heraus. Darum können Schüler und grüne Lehrer sich auch auf Multikulti-Anti-Kriegs-Anti-G8-Demos so wundervoll vereinigen. Während sich gewählte und demokratisch legitimierte Staatenlenker dazu entschlossen haben, Massenmörder und bösartige Tyrannen mit hasserfüllten Weltherrschaftsansprüchen den Krieg zu erklären, singen die anderen das Lied von der Gewalt, die Gegengewalt erzeugt, und fühlen sich gut dabei. Wenn die G8-Staaten ihre Verantwortung wahrnehmen wollen, die sich aus ihrer demokratischen, aber vor allem aus ihrer objektiven wirtschaftlichen Kraft ergibt, und sich mit gewählten Vertretern von verschiedenen Völkern zum Gespräch treffen wollen, da rollen die schwarzen Blocks der grünen Gesellen an und zeigen mit brennenden Autos, verletzten Mitbürgern in Uniform und hasserfüllten Parolen, wie es aussehen kann, wenn ihre «andere Welt» nicht nur Möglichkeit, sondern Realität wird.

«Willst du nicht mein Attac-Bruder sein, dann schlag ich dir den Schädel ein.» – Das sind die schwerwiegenden Symptome der grünen Krankheit. Es ist die Gleichmacherkrankheit.

Diese Krankheit ermöglicht Demonstrationen gegen grundsätzlich jeden Militarismus. Als mache es keinen Unterschied, ob ein gewählter Bundeskanzler oder ein irrer Diktator über militärisches Potenzial verfügt.

Ohne Militär, ohne Soldaten, gegen die sie demonstrieren, gäbe es keine Demonstrationen, sondern wahlweise ein braunes oder ein rotes Deutschland. Eines jedenfalls, das mit spirituellen Freidenkern, Demonstranten und Staatsgegner kürzesten Prozess machte.

Dass viele Menschen so etwas nicht denken können, liegt an ihrer maßlosen Naivität, die mit dem narzisstischen Glauben verbunden ist, dass die eigene Liebe das Böse auf der Welt davon abhalten würde, Böses zu tun.

Die angemessene Naivität der Jugend paart sich mit der unangemessenen Naivität der grünen Erwachsenen. Und gemeinsam fühlen sie sich im schlichten Glauben aufgehoben, dass alle Menschen gut sind und Böses immer nur eine Reaktion auf Unterdrückung, Missbrauch oder Armut ist.

Manche haben diese grüne Haltung so verinnerlicht, dass sie selbst durch den 11. September nicht wach wurden und immer noch daran glauben, dass «wir» etwas falsch gemacht haben, weil «die» böse geworden sind.

Frei nach dem Sozialarbeiterwitz, der ein Gewaltopfer auf der Straße sieht und sein Bedauern so ausspricht: «Der Arme ..., der das getan hat.» Alles nur Opfer.

Die grüne Stärke, nämlich die Fähigkeit und die Kraft, das Gemeinsame zu betonen und wirklich als Gemeinschaftsgefühl zu implantieren, wird zur grünen Schwäche. Sie sehen nur noch das Gemeinsame, nicht mehr das Trennende.

Der Ruf nach allgemeinen Menschenrechten hat nicht nur die große Bedeutsamkeit der allgemeinen Menschenpflichten übertönt, sondern scheppert so laut in unseren Ohren, dass wir nicht mehr die Zwischentöne hören können.

Menschen sind nicht nur voneinander durch Reichtum und Armut verschieden, sondern auch durch ihre intellektuelle Leistungsfähigkeit und durch ihr Können, das vorhandene emotionale Potenzial zu nutzen und auf gesunde und verantwortliche Weise in ihr Leben zu integrieren.

Das Einende und das allgemein Menschliche in den Blick zu nehmen, das war und ist noch immer die wichtigste Mission für die grüne Ebene.

Die ungeliebte Wirklichkeit neu und umfassend zu erkennen und zu verstehen, dass es nicht nur strunzdumme Menschen wie auch gefährlich boshafte Menschen, sondern bisweilen auch strunzdumme Schwerverbrecher gibt, den ganzen Umfang dieser Wirklichkeit neu zu erkennen und zu benennen, liegt oberhalb der grünen Ebene.

Wir haben zu Recht Angst vor solchen Vokabeln wie «strunzdumm», die als diskriminierend empfunden werden. Sie sind nicht im Einklang mit dem, was Hebbel als das höchste Gebot bezeichnet: «Hab Achtung vor dem Menschenbild.» Hebbel spricht allerdings vom Menschen*bild*, also von dem, was als Vision, als das Selbst, als die Ich-Identität verstanden werden kann. Er spricht vom MENSCHEN, der in jedem Menschen angelegt ist und der von einem anderen Menschen erst «geweckt» werden müsse.

Dieser hohe Menschengeist muss jedoch (traurig, *aber* wahr) bei schrecklich vielen Menschen am Tag der Zeugung oder spätestens der Geburt den resignativen Rückzug angetreten haben. Denn dank pränatalem Alkoholkonsums und der derben Prägung durch ein soziales Milieu, gegen das Al Bundy, Homer Simpson und Paris Hilton wie die herausragenden Vertreter einer Hochkultur wirken, werden diese Kinder niemals mehr sein als ganz, ganz arme Socken.

Hier endet auch die Wahrheit, dass wir mehr sind als gen- und sozialdeterminiert. Ja, wir sind mehr, aber dieses «Mehr» ist der bedeutsame Teil des Menschen, der sich dann nicht mehr gegen das grundlegende biologisch-soziale Gefüge durchsetzen kann. Wo das Gehirn des Kindes vom Schnaps der Mutter durchlöchert, die Ohren von den Schlägen des Vaters betäubt und die Seele vom Gebrüll taub ist, da gibt es keinen Landeplatz mehr für den Geist, da ist kaum noch Aufstieg, sondern fast immer nur Absturz vorprogrammiert.

Wir reden hier nicht von Einzelfällen, sondern von einem, wenn auch graduell verschiedenen, dramatischen Massenphänomen.

Wir haben uns zu sagen angewöhnt, dass diese Menschen vielleicht andere tolle Eigenschaften haben und trotzdem liebevoll sein können. Das kann ja auch so sein. Einzelne werden sich von diesen Fesseln der Gegebenheiten befreien und trotz allem dem Raum geben, was eigentlich in ihnen sein will. Sie werden sich strecken, entwickeln und über sich hinauswachsen – das ist das Natascha-Kampus-Potenzial. Für mich sind das die heldenhaftesten Helden.

Doch dieses Mädchen, und da ist dieses «Doch», das einfach als wirklichkeitsgemäß angenommen werden muss, hatte kein alkohol- oder drogenverseuchtes Gehirn, es hatte als Gegenüber einen erstklassigen Radio-Kultursender, welcher ihre Sprach- und damit Denkfähigkeit aufs Beste beeinflusste. Unzählige Menschen sind dagegen innerlich wie äußerlich nichts als verdorbener Rohheit ausgesetzt, manche haben (woher auch immer) schlichtweg «einen schlechten Charakter», wie Jürgen Domian nach über elf Jahren Radiotalk als Nachtfalke resümiert. Es gibt böse Menschen.

Steiner hat übrigens in den Lehrerkonferenzen immer wieder auf diese Fälle hingewiesen und Dinge gesagt, gegen die meine Ausführungen geradezu human wirken. Er verschloss jedenfalls nicht die Augen vor der sozialen Wirklichkeit seiner Arbeiterschule: «Aber dies ist wirklich jetzt sehr häufig, dass ichlose Menschen herumgehen. Man redet sehr ungern über solche Dinge, nachdem wir ohnedies vielfach gegnerisch angefallen werden. Denken Sie, was die Leute sagen, wenn Sie hören, hier wird erklärt, dass es Menschen gibt, die keine Menschen sind. Aber es ist eine Tatsache. Wir würden auch nicht solchen Niedergang der Kultur erleben, wenn ein starkes Gefühl dafür vorhanden wäre, dass manche Leute herumgehen, die gerade dadurch, dass sie rücksichtslos sind, etwas werden, dass die keine Menschen sind, sondern Dämonen in Menschengestalt. Aber wir wollen das nicht hinausposaunen. Die Gegnerschaft ist schon so groß genug. Solche Dinge schockieren die Menschen furchtbar.»[60]

Steiner redet äußerst unsensibel und für heutige Ohren unakzeptabel. Weil wir *grün* sind, haben wir gelernt, sensibler und respektvoller zu sprechen, aber Recht hat er trotzdem.

Er beschreibt Menschen, wie ich sie beschrieb. Menschen, deren grundlegende körperlich-seelische Verfassung keinen angemessenen Innenraum, Steiner nennt es das Ich, anbieten kann, in dem das ICH sich inkarnieren und ausbreiten kann.

Was Steiner für die Lehrer als «dämonisch» beschreibt, ist die übermächtige Dominanz der Farbe *Beige*. Es ist die naturhafte Ebene des reinen Überlebens, die vorherrschende und alles Ideelle unterdrückende Macht des *roten* Unter-Egos, welches, wie Steiner sagt, «rücksichtslos» den eigenen Vorteil sucht und dabei über Leichen geht.

Indes haben sich die Zeiten geändert. Einerseits macht es das noch schwieriger – Stichwort «Diskriminierung» –, andererseits führt nur eine präzise Analyse des Gegebenen dazu, dass man das Gegebene umbilden kann. Es führt kein Weg daran vorbei, den Tatsachen ins Auge zu schauen, und «wir würden auch nicht solchen Niedergang der Kultur erleben, wenn ein starkes Gefühl dafür vorhanden wäre».[61]

Wir werden nichts an der traurigen Lage dieser Menschen

verbessern, wenn wir diese Menschen nicht sehen, wie sie wirklich sind. «Verbessern» ist dann ein Wort, das tiefer hängt, als ich lange Zeit wahrhaben wollte, und etwas in mir wehrt sich immer noch dagegen.

Wenn Fernsehen bei Ihren Kindern (ich meine Sie mit dem Buch) zur Verrohung beiträgt, dann ist es in diesen beschriebenen Gruppierungen, im untersten sozialen Milieu, letztlich andersherum. *Lindenstraße, Verbotene Liebe* und Co. wirken da als erhebendes Kulturgut, und die für uns unerträglichen Richter- und Polizeisendungen haben dort volkspädagogische Wirkung. TV-Richterin Barbara Salesch ist für Millionen eine wichtige moralische Bezugsperson – weil sie die einzige ist.

Diese Sendungen abzuschaffen hieße in diesen Fällen, nicht mehr Zeit für Gespräche und das soziale Miteinander zu ermöglichen, sondern mehr Zeit für Streit, Schlägerei und Vergewaltigung einzuräumen. Für viele Menschen ist Fernsehen ein Übel, für nicht ganz wenige ist es ein notwendiges Beruhigungsmittel, welches schon unzählige menschliche Dramen verhindert hat und für soziale Entspannung und ein Minimum an kultureller Teilhabe derer sorgt, die das Wort «Zauberflöte» bestenfalls für ein sexuelles Kosewort halten.

Ich fürchte, diese Wirklichkeit ist bei vielen nicht präsent, und wer wie ich drastisch darüber spricht, dem wird «unmenschliches Vokabular» vorgeworfen.

Mein Vokabular beschreibt die Realität, wie sie von den meisten nicht mehr wahrgenommen wird, und es nützt nichts, wenn wir weiter so tun, als wären wir alle gleich und als gäbe es «den mündigen Bürger». Es gibt Bürger, die unterschiedlicher nicht sein können, und es darf als riesenegalitärer Fortschritt gewertet werden, dass Ihre Stimme, liebe Leserin und lieber Leser, und die Stimme der Menschen, die ich vorhin beschrieb, bei der Bundestagswahl das gleiche Gewicht haben.

Bevor man diesen Menschen helfen kann, muss man das Folgende erst einmal feststellen: Diese Menschen gibt es, und der Begriff «arme Socken» ist zwar unmenschlich und böse und auf einer Ebene auch wirklich falsch, auf der anderen Ebene beschreibt er sie aber sehr genau: Jene Menschen, die gerade lernen, das Grundlegende nicht immer und ständig mit Faust und Schlagring zu lösen, und deren bedeutendste Literatur die Reklamezeitung von ALDI ist.

Die sozialen und menschlichen Konsequenzen, die mit dieser Erkenntnis verbunden sind, werden auf einer höheren Ebene erforscht werden müssen, wo beispielsweise zur Gleichheit die natürliche Hierarchie der Qualitäten und Werte angesiedelt ist. Die Konsequenzen werden zunächst mit bitteren Erkenntnissen verbunden sein.

Ich war zweimal in meinem Leben im Knast – als Besucher. Beim ersten Mal spielte ich mit einer Schülerband, sang und rezitierte Texte von Brecht und Nögge. Beim zweiten Mal hielt ich ein Seminar über Rap-Musik in einer der Strafanstalten, die immer wieder medial von sich reden macht. Ein Teil der Männer machte mit. Irgendwie. Ein Teil machte klar, dass «Rap-Nigger zu vergasen» sind – man sah ihnen an, dass sie es ernst meinten. Damals hatte ich folgenden Eindruck notiert:

Irgendwie wirken diese Männer fremd in dieser Welt. Sie verfügen zwar über alle Überlebenstechniken, sie sind schlau, psychologisch einfühlsam und wissen sich zu helfen. Auch kennen sie alle sozialen Regelungen und wissen sie für ihre Zwecke auszunutzen, aber sie fühlen sich «in Bezug auf ihre Mitmenschen fremd in der Welt». «Sie kommen», schreibt der anthroposophische Biografieberater Mathias Wais, «eigentlich nur in einer einzigen Situation zur Ruhe: wenn sie im Gefängnis sind. Das Gefängnis ist auch der einzige Ort, wo sie bereit sind, soziale Bindungen einzugehen – eben mit Mitgefangenen.»[62]

Es gibt Menschen, für die ist der beste Ort der Welt der Knast oder das Heim.

Dieser zweite Besuch stand im Zusammenhang mit einem Re-Sozialisierungsprogramm für Strafgefangene, und nach diesem Besuch und den Gesprächen mit Menschen, die ihr Leben den Strafgefangenen gewidmet haben, verstand ich, dass *Re*-Sozialisierung, also Wieder-Eingliederung, in den meisten Fällen das völlig falsche Wort ist.

Diese Menschen waren nie sozialisiert. Sie brauchen eine *Primär*-Sozialisierung statt eine *Re*-Sozialisierung, sie müssen ganz basal beginnen – häufig noch vor der Gesinnung des Neuen Testamentes, vor der Nächstenliebe und weit vor der Feindesliebe.

Sie brauchten die strafende Strenge des alttestamentarischen Gottes, sie mussten erst einmal den Fortschritt des Satzes «Auge um Auge, Zahn um Zahn» verinnerlichen, der den Satz «wenn du mich blöd anschaust, mache ich dich alle» ersetzt. Sie mussten lernen, dass «Zahn um Zahn» besser ist als «Tod um Zahn». Meine Besuche im Knast und meine Freundschaften und mehr oder weniger losen Verbindungen zur Unterwelt, die ich immer hatte und immer mal wieder habe, zeigen mir, dass es unten andere Regeln gibt als oben ... Stichwort «Rücksichtslosigkeit».

Unten ist nicht böse, aber unten ist grundlegend, und grundlegend bedeutet in dem Fall, dass das physische, familiäre Überleben im Mittelpunkt steht und dass Ehre, Stolz und Treue die bedeutsamsten Worte sind, die sich aber leider auf die grundlegendsten Dinge beziehen: das Ego, die Familie, das Volk und den religiösen Mythos. Dann ist Schluss – und vor allem Schluss mit lustig. Keine Beleidigung des Egos («was guckst du?»), keine Schändung der Familienehre (Ehrenmorde), keine Witze über den angeborenen Mythos und die scheinbar völlig unreflektiert angenommene Religion (Karikaturenstreit mündet in Karikaturenterror), sonst droht unmittelbare, tödliche Blutrache.

Das ist die millionenfache Wirklichkeit, und dieser Wirklichkeit müssen wir uns auch stellen, wenn wir über «den mündigen Bürger», direkte Demokratie und Volksbefragung nachdenken und wenn wir Worte wie «jeder Mensch ist ein freies Individuum» benutzen.

Wir müssen uns fragen, ob die EU-Verfassung, neue Gesetze oder grundsätzliche gesellschaftliche Regeln tatsächlich von allen ab dem 18. Lebensjahr definiert und legitimiert werden sollten. Nützt es wirklich allen, wenn alle die gleichen Rechte haben? Ist der Nutzen für alle vielleicht doch größer, wenn wenige Qualifizierte bestimmen, wo es lang geht? Was aber wäre so eine Qualifikation? Wie finden wir Kriterien für Mündigkeit, gleiche Rechte und Reife? Wenn wir uns nicht bald an diese Fragen wagen, dann bekommen wir die Antwort ungefragt um die Ohren gehauen.

Wer bereits so etwas wie eine Beziehung zu seinem höheren Selbst hat, wer sich zu Recht als «freies Individuum» oder als frei werdender Mensch empfindet, wer nicht rücksichtslos, sondern «mitfühlsam» ist, wer das gezeichnete schwarze Bild mit der Zeit durch ein schöneres und farbigeres ersetzen will, wer besonders befähigt ist und herausragende charakterliche Qualitäten besitzt, der wird die Analyse nicht als resignativ, sondern als Aufforderung zur Tat erleben – als eine Mission. Dieser Mission folgen bereits unzählige Menschen. Mit Steiner kann man das die «Michaelsmission» nennen: Aus der Erkenntnis des Wahren, Schönen und Guten gehen sie ohne Rücksicht auf mögliche Misserfolge oder Sicherheiten, sondern aus der Liebe zur Tat und mit der Freude, nicht nur ein Teil der Höherentwicklung zu sein, sondern diese Entwicklung voranzutreiben, ans Werk.

Solche Menschen nenne ich die Elite.

Wenn Sie jetzt zucken, dann zuckt in Ihnen Ihr grünes Blut.

Was denken Sie, die Sie dieses Buch lesen, wer diese Elite ist? Wer denken Sie gehört zum kleinen, elitären Teil dieser Gesellschaft, zu dem Teil, der nicht nur rudert, nicht nur die Fahrt genießt, sondern das Zeug hat, das Steuer zu übernehmen? Wer ist unsere Elite?

Ich frage mal anders. Was glauben Sie, wie viele Menschen auf der Welt Zeit, Kapazität, Lust, den dazugehörigen Hirnschmalz, das geistige Entgegenkommen und die seelische Empathie haben, sich intensiv und verbunden mit nicht ganz unerheblichen Kosten mit folgenden Worten zu beschäftigen: «postmodernes blaues Sofa, Rudolf Steiner, Weltchronik, Gott, Geist, Idee, Bewusstsein, Doppelgänger, Erzengel Michael»?

Sie mögen über «Eliten» denken, was Sie wollen, Sie können sie mögen oder nicht und das Wort ablehnen oder nicht, es ist aber eine Tatsache, dass Sie, genau Sie mit diesem Buch in der Hand, die Elite sind.

Die Wörter in diesem Buch haben null Relevanz für die weltweit und grob geschätzten 1,2 Milliarden Menschen, die heute nicht wissen, von was sie morgen leben sollen, und von denen viele den heutigen Abend nicht mehr erleben werden, wenn Sie sich mit diesem Buch ins Bett legen. Diese Wörter sind für ca. 23 Prozent der Weltbevölkerung keine wirklichen Wörter, sondern nur dunkle Flecken, weil sie Wörter nicht lesen oder schreiben können. Diese Wörter haben in weiten Teilen der Welt absolut keinerlei Bedeutung für die Menschen, weil man dort mit grundlegenderen Dingen beschäftigt ist.

Europa ist gegenüber dieser Welt ein elitärer Kontinent. Hier werden Bücher gelesen – nicht in Ghettos der Townships und nicht in den Slums Südamerikas. Aber auch in Europa sind es nur kleine, versteckte Inseln, deren Bewohner sich Gedanken über solche Dinge machen, wie Sie es sich machen.

Deutschland ist dank Goethe, Hegel, Steiner und Co. und dank einer gut funktionierenden sozialen Marktwirtschaft selbst im bürgerlich gebildeten Europa eine Ausnahmeerscheinung, und niemand, der auf der Welt Philosophie studiert, kommt an diesem «geheimen Deutschland» (Stefan George), dem Land der Dichter und Denker vorbei. Aber in diesem Land ist es – betrachtet man zum Beispiel die Zahl der verkauften Bücher mit philosophischen, künstlerischen, religiösen oder spirituellen Inhalten im Vergleich zu der Auflagenstärke der CDs der *Lustigen Hitparade der Volksmusik* – wieder nur eine winzige Minderheit, die sich mit den Dingen beschäftigt, mit denen Sie sich jetzt in diesem Augenblick beschäftigen.

Das Lesen dieses Buches macht Sie zu einer winzigen, im globalen Kontext kaum wahrnehmbaren Minderheit. Ob Sie eine alberne Minderheit sind oder die verantwortliche Elite, das hängt zwar von Ihnen ab, aber ich für meinen Teil finde es arroganter, mich zu einer Minderheit zu zählen, als mich zu der Elite zu bekennen.

Die Frage ist nicht, ob Sie für oder gegen Eliten sind, die Frage ist, wie Sie mit der Tatsache umgehen, *dass* Sie zur Elite Deutschlands gehören.

Dass Sie dieses Buch lesen, ist ein gewichtiges Indiz dafür, dass Sie sich entschieden haben, zur Elite und nicht zur winzigen Minderheit zu gehören.

Nicht weil das Buch so toll wäre (ein typischer Satz eines grün gefärbten Autors, der Angst hat, dass sein elitäres Verständnis ihm falsch ausgelegt wird), sondern weil Sie mehr wollen als nur physisch überleben und weil Sie das Glück nicht allein mit dem hedonistisch-materialistischen Maßstab messen.

Sie wollen zum Beispiel nicht nur, dass Kinder irgendwie

groß werden, um die Rente zu sichern. Nein, Sie wollen Ihren Kindern wirklich gute Eltern sein, und dazu gehören für Sie Worte mit großem Gewicht: Liebe, Selbstverwirklichung, Demut, Authentizität, Mitmenschlichkeit, Spiritualität, Ideale, geistige Welt, Erziehung zur Freiheit, moralisches Handeln, Verantwortung, ökologisches Bewusstsein, ganzheitliches Denken, Fühlen und Wollen. Das sind ein paar Ihrer Maßstäbe für die Erziehungskunst, das sind Wörter, die zu Ihrem Sprachschatz dazugehören. Was glauben Sie, in wie vielen Deutschen (von der Weltbevölkerung ganz zu schweigen) diese Wörter die Lebendigkeit haben, die sie in Ihnen haben? Sechs Prozent? Neun? Vielleicht fünfzehn Prozent? Sie glauben eher zwanzig Prozent?

Diese Begriffe haben sicherlich in vielen, besonders kirchlich geprägten Schulen ein zu Hause, aber man könnte ja mal schauen, für wie viele Menschen diese Begriffe so bedeutsam sind, dass sie nicht nur theoretisch über solche Begriffe nachdenken, sondern diesem Denken praktische Konsequenzen folgen lassen und ihr Kind zum Beispiel auf eine Waldorfschule schicken. Waldorfschulen haben es sich zum Ziel gesetzt, eine Erziehung zu Herzenswärme und Dialogfähigkeit anzubieten. Eine Erziehung zu universalen menschlichen Innenwerten wie Liebe, Zuneigung und Mitgefühl. Aber auch Erziehung zur Ehrfurcht vor dem Heiligen in jedem Leben, vor dem «göttlichen Funken» in allem. Wer so etwas jenseits von einer Religion sucht, wer das Ganzheitliche sucht, der findet auch die Waldorfschule.

Waldorfschulen boomen, und vielleicht ist die Zahl der jährlichen Neueinschulungen ja wenigstens in der Nähe von zwanzig Prozent, vielleicht sogar darüber. Das wäre ein möglicher Hinweis auf die Zahl der Menschen, die so denken wie Sie.

Mal schauen.

Der durchschnittliche Anteil der Neueinschulungen an

Waldorfschulen beträgt aber nur ca. 0,8 Prozent. Das ist weniger als ein Prozent aller Erstklässler.

Boomen ist relativ.

Erziehen wir diese Kinder im Geiste der Minderheit oder der Elite? Ich wäre für Elite, weil Minderheit letztlich nichts anderes als Verdrängung von Verantwortungsbewusstsein bedeutet.

Diese Kinder genießen ungeheuerliche Privilegien – daraus abzuleiten, dass damit ungeheuerliche Pflichten verbunden sind, halte ich nicht für völlig abwegig. Im Gegenteil.

0,8 Prozent ist kein Beweis, aber ein Hinweis, und zwar darauf, dass es Eliten gibt, und darauf, dass Sie dazugehören. Ein anderer Hinweis ist der Verlag, in dem dieses Buch erscheint. Viele Menschen gehen in eine besondere Buchhandlung, weil sie wissen, dass es gerade dort Bücher dieses Verlages gibt. Sie kaufen dann ein Buch aus diesem Verlag (hoffentlich auch, weil sie unbedingt *dieses* Buch haben wollen). Sie kaufen es vielleicht auch, weil Anthroposophie für sie ein wirkliches Thema ist, weil sie daran teilhaben wollen, diese Erde besser zu machen, weil sie etwas tun wollen, um den ganzheitlichen Ansatz Steiners zu verwirklichen, weil sie mit sich und mir und diesem Buch ringen. Ihnen ist nicht egal, was man über Engel denkt, sie lachen nicht darüber, wenn man Toten etwas aus der Bibel vorliest, und sie fangen nicht an zu kichern, wenn Menschen davon erzählen, dass die Natur von Wesenheiten bevölkert ist, sie sorgen sich um den Kosmos und sie wollen, dass ihr Geistiges sich mit dem Geistigen im Weltenall verbindet. Die Mehrheit findet das völlig albern. Sie nicht.

Wenn Sie all das, was Ihnen wichtig, bedeutsam und heilig ist, all das, was mit Anthroposophie zu tun hat, nicht als einen großen Haufen Bullshit bezeichnen, als Esotrip oder als Minderheitenposition, dann bleibt Ihnen nur die Möglichkeit, sich als elitär zu bezeichnen. Ich denke, damit liegen Sie ganz richtig. 143

Eliten wollen mehr als nur funktionieren, Sie, die Sie das lesen, wollen mehr als nur ein Rädchen sein. Der Philosoph Michael Großheim führt es weiter aus, und er spricht von Eliten und von Ihnen:[63]

«Sie müssen Fragen stellen, die weiter gehen als das Suchen nach Optimierung in einem gegebenen Rahmen. Fragen dieser Art stellt sich Leo Tolstoi, als er über Nacht ein reicher Erbe wird: ‹Mitten in meinen Gedanken an die Wirtschaft schoss mir plötzlich die Frage durch den Kopf: *Schön, du wirst sechstausend Morgen besitzen und dreihundert Pferde, und was weiter?* Und ich stand regungslos da und wusste nicht, was ich weiter denken sollte.› Materielle Möglichkeiten sind nun einmal keine Antwort auf die entscheidenden Lebensfragen: Was geht mich an? Was kann ich glauben? Wo soll ich zweifeln? Was ignoriere ich? Ist das alles wirklich? Wer bin ich selbst? Worauf läuft das hinaus? Noch einmal Tolstoi: ‹Die Fragen warten nicht, sie heischen auf der Stelle eine Antwort; hat man die Antwort nicht, so kann man nicht leben.› Die Fragen, um die es hier geht, sind auch Lebensfragen; man kann viel tun, um ihnen aus dem Weg zu gehen, doch es gibt keinen garantierten Schutz gegen sie.»

Sie wollen sich nicht vor diesen Fragen schützen, Sie suchen diese Fragen geradezu.

Das ist nichts, worauf wir uns etwas einbilden müssen, und nichts, worauf wir mit Snobismus zu reagieren haben, aber etwas, was mit Verantwortung, mit selbst auferlegten Pflichten verbunden ist, man könnte auch sagen, dass damit eine Mission verbunden ist. Ihre Mission hat etwas mit Eliten zu tun.

# Ihre Mission hat etwas mit Eliten zu tun.

Eliten sind Menschen, die ihre Persönlichkeit veredelt haben. Und es sind Menschen, die ihre überdurchschnittlichen kognitiven, emotionalen und physischen Merkmale dienend und über sich hinaus für andere Menschen einsetzen möchten, die noch nicht in dieser Weise über solche Merkmale verfügen oder sie durch tragische Umstände verloren haben.

Eliten sind Menschengruppen, für die es nicht nur die horizontale und grundsätzliche Gleichheit aller Menschen gibt, sondern die darüber hinaus auch die Wichtigkeit der Vertikalen erkannt haben und die feststellen, dass zwar über ihnen noch reizvolle Millionen Kilometer liegen, aber unter ihnen ebenfalls ein mächtiger Abgrund gähnt, und die sich für alles, was in diesem Abgrund ist, verantwortlich fühlen – so wie sie auch weiter die Aufstiegsmöglichkeiten im Blick behalten.

Anthroposophie ist in diesem Sinne elitär. Sie strebt nach Transformation, nach Höherentwicklung und darauf, dass Menschen sich mit diesen Fähigkeiten der Welt zuwenden, um sie besser zu machen. Anthroposophie will veredeln.

Edel ist höher als unedel.

Die Veredelung einer Rose geschieht nicht durch die Rose selbst, sondern durch den Gärtner, der eine höhere Sicht und ein tieferes Wissen über die Rosenkräfte hat, und vor allem hat er ein Ziel, von dem die träumende Rose nichts weiß. Sie kennt ihre Zukunft nicht. Der Gärtner aber schon.

Ohne die Rosenkräfte wiederum könnte der Gärtner gar nichts erreichen, so wenig wie die Rose von sich aus zur Veredlung fähig ist. Der spirituelle Name für Gärtner lautet Lehrer, Guru oder Meister, und natürlich – man mag es abstreiten, wie man will – war auch Steiner ein Guru. Einer allerdings, der Vortrag für Vortrag und Buch für Buch versucht hat, an die Stelle des persönlichen Gurus einen leibfreien Guru zu installieren. Der anthroposophische Schulungsweg ist der Versuch eines Gurus, seine Wirksamkeit unabhängig von seiner Person zu machen. Das ist auf der einen Seite ein Problem, denn damit sind Dinge verbunden, die unfrei im Denken machen, was zu einer geistigen Abhängigkeit führt («Steiner hat gesagt»), die manchmal sogar mächtiger und nachhaltiger ist als bei einem personalen Guru. Außerdem kann ein Werk sich nicht mit einem wandeln, es kann nicht mit einem im Feuer stehen und es wird immer auch missverstanden werden. Aber es sind auch gute Aussichten damit verbunden, weil man nicht in eine tiefer liegende menschlich-seelische Abhängigkeit gerät, weil Missbrauch ausgeschlossen ist und man sich sein eigenes Tempo suchen kann.

Alles, was Steiner an Übungen und Nebenübungen, an Meditationen und Mantren gegeben hat, ist der Versuch, der Rose ein Gärtnerbewusstsein zu ermöglichen.

Die eitle und empfindsame kleine Rose soll durch die Anthroposophie die Möglichkeit bekommen, sich von dieser Eitelkeit zu befreien und zur wahren Pracht zu erblühen.

Mit dieser Sicht erweist sich Steiner als jemand, der weit über unsere Zeit hinaus blickte. Denn bis heute gab es vor allem ein Thema, was die Rosen interessierte: die Rose selbst. Bin ich schön? Schadet mir der Wind? Schau mal, wie traurig ich bin! Schau mal, wie schön ich bin! Ich hab Angst zu verblühen! Ich will bewundert werden! Mir ist langweilig. Ich brauche Zärtlichkeit. Ich habe Sehnsucht nach Anerkennung ... und so weiter und so weiter.

Eben all das, was Sie auch von mir schon lesen konnten. Kein Zweifel. Ich bin Teil dieses Rosenstolzes. Teil des grünen Erbes, welches in den Achtundsechzigern anfing zu blühen.

Als Achtundsechziger stand man da und alles an einem wurde angeschaut, besprochen und analysiert. Jeder zeigte sich, wie er war. Man legte Schicht um Schicht frei, man zog sich aus – innen und außen. Seelen- und Körperstriptease, innere und äußere Befreiung vom «Muff aus tausend Jahren».

Alles in allem ein Fortschritt gegenüber früheren Zeiten, aber alles in allem auch ein unfassbar monströser, narzisstischer Egotrip, dem auch ich lange folgte. Meine Versuche, mich selbst zu finden, meine ewigen Selbststudien, meine Entscheidungs-findungstrips, meine permanente Selbstanalyse und mein gie-riger Blick auf die menschlichen Abgründe, die doch nicht mehr sind als bio-emotionale Grundlagenforschung, und mein zwang-hafter Blick auf die Reaktionen der anderen hat mich viel Zeit und letztlich meine gute Ehe gekostet.

Vielleicht braucht jeder Mensch so eine Phase als Voraus-setzung für den weiteren Aufstieg, aber wer damit anfängt, sollte alles daran setzen, auch zu einem Ziel zu kommen, denn sonst zahlt er den Preis und hat später nichts in der Hand.

Ich habe den grünen Preis bezahlt und dafür Selbsterkennt-nis, Welterkenntnis und eine wundervolle neue Beziehung er-halten. Das neue Gut ist kostbar und wertvoll – aber umsonst war es nicht. Der Preis war hoch, und den Preis zahle nicht nur ich. Das ist das wirkliche Drama des Narzissmus.

Ein anderer Preis, den meine ganze Generation zahlen musste, besteht aus den ideellen Stoffen, die das moralische Rückgrat und den Charakter eines jeden Menschen stärken und unter anderem «Gesetze, Regeln, Pünktlichkeit, Ordnung,

Fleiß und Disziplin» heißen, man nennt dies auch «Sekundärtugenden». Dabei wären gerade diese Sekundärtugenden für den
Bereich des Grundlegenden so überaus wichtig. Wer aus dem
Ghetto aufsteigen will, kann das nur über den Weg der Sekundärtugenden. Gerade für die Unterschicht wäre die harte Schule
der Disziplin überlebenswichtig. Ach ja, Unterschichten soll es
ja nach politisch korrekter Vorgabe nicht mehr geben. «Wir haben ja gelernt: Es gibt keine Unterschicht. Ich mache mir jetzt
nur Gedanken um die vielen Mittelständler, die morgens im
Trainingsanzug am Büdchen Jägermeister trinken.» Das Zitat
ist, Sie ahnen es, aus einer Show von Dieter Nuhr.

Natürlich kann man «mit Sekundärtugenden auch ein KZ
leiten», wie Oskar Lafontaine vor einigen Jahren gegen Helmut
Schmidt wetterte, aber Lafontaine vergaß, was Schmidt niemals
vergessen hat: Diese Tugenden – in Wahrheit sind es bürgerliche Tugenden – sind Instrumente, derer sich die höhere, bedeutsamere, die primäre Ich-Instanz bedient, um die niedere, grundlegende Ebene, das sekundäre Ego in seinem höheren Sinne zu
führen.

KZ-Aufseher haben diese bürgerlichen Tugenden zum Ins-
trument des untersten Menschen gemacht, des dämonischsten
Teils der Ego-Hierarchie.

Ohne bürgerliche Tugenden gibt es kein Buch, ohne bürgerliche Tugenden gibt es kein Überleben.

Die heilsame Befreiung von ihrer Übermacht (Beck würde
sagen *blauen* Übermacht) war im Sinne der «Dialektik des Fortschritts» gleichzeitig eine entscheidende *grüne* Sünde und sie
brachte noch mehr Unheil.

So zum Beispiel die Verhöhnung des Elitegedankens, die
Negierung von elementaren Begriffen wie das Böse, die Schuld,
das Opfer oder der Täter und das Herausstellen der eigenen Gefühle als einzigem Gradmesser dafür, ob etwas falsch oder richtig

ist. Man teilt die Welt in Dinge ein, die in einem sympathische oder unsympathische Gefühle verursachen. Wer fragt da noch nach falsch und richtig?

Steiner richtet hart: «Jedes Urteil aber, das nach Sympathien und Antipathien gefällt ist, ist gefälscht. Es gibt kein wahres, kein richtiges Urteil, wenn es nach Sympathien und Antipathien gefällt ist.»[64]

Das ist die Krux der grünen Ebene, sie hat keine Beziehung mehr zu wahren und richtigen Urteilen, sie hat Angst vor Urteilen und vertraut stattdessen voll und ganz der Meinung, die sich in Ich-Botschaften ausdrückt – alles darf gesagt werden, aber man soll dabei bloß niemandem zu nahe treten! Die Toleranz gegenüber allem und jedem ist gleichzeitig eine feste Mauer um das eigene Ego, welches niemand antasten darf. Niemand, so lautet das grüne Credo, hat das Recht, die Gefühle der Selbstverliebten zu verletzen.

Ja, ja, ich und meine Gefühle sind wichtig.

Ja, ja, Ihre Gefühle, liebe Buchhalterin und lieber Buchhalter, sind wichtig, aber die Überbetonung gewährt diesem Komplex einen Stellenwert, der ihm nicht angemessen ist und wirkliche Veränderungen im Keim erstickt. Denn wie Steiner delikat formuliert: «Der Mensch hat sich selbst ungeheuer gerne. Und durch die Selbstliebe ist es, dass der Mensch Selbsterkenntnis zu einer Quelle von Illusionen macht. So möchte sich der Mensch nicht gestehen, dass er eigentlich nur zur Hälfte ein soziales Wesen ist, dass er zur anderen Hälfte ein antisoziales Wesen ist.»[65]

Kongenial unterstützt Ken Wilber Steiner, wenn er das skizzierte grüne Element als einen mit «Narzissmus infizierten Pluralismus» zusammenfasst.

Wenn die einzige Methode zum Herausfinden, ob etwas richtig oder falsch ist, mein Gefühlsbarometer ist, dann ergeben sich daraus spezifische Probleme:

Eines davon ist die unterwürfige Form einer kulturellen Etikette: die Etikette der Nettigkeit, die Nettikette. «Wenn», so Elizabeth Debold über ein Buch Wilbers, *Boomeritis,* «nur noch wahr ist, was wir fühlen, dann kommt das Verletzen von jemandes Gefühlen einer Verletzung der Wahrheit gleich, einem Affront gegen das, was als heilig angesehen wird, nämlich uns selbst. Der Raum zwischen uns, der Boden, auf dem wir uns begegnen, wird zum Minenfeld. Und da wir in der selbstgerechten Wahrheit unserer eigenen, persönlichen, subjektiven Welt festsitzen, machen wir einander leichten Fußes und stets auf der Hut etwas vor. Diese Betonung der subjektiven Erfahrung bringt keine Kultur starker Individuen hervor, die kraft ihrer eigenen Erfahrung eine authentische Autorität an den Tag legen, vielmehr verschleißt sie die Verbindung zu unserer eigenen subjektiven Erfahrung, da wir permanent vortäuschen, eine rundum nette Person zu sein.»[66]

Das ist die eine, die narzisstische Seite, und ich selbst habe gerade noch Glück gehabt, kein Magengeschwür vor lauter Anstrengung, ein «netter Kerl» zu sein, bekommen zu haben.

Die andere Seite ist die dreiste pluralistische Seite, die ein Klima erschafft, in dem zwar für die Rechte der von den Segnungen der Moderne ausgeschlossenen Menschen gekämpft wird, das aber gleichzeitig ein Klima ist, «in dem jedes empfindliche, benachteiligte Selbst die Verletzung seiner eigenen Gefühle als einen persönlichen Angriff bezeichnen und einen Opferstatus für sich beanspruchen kann, um dann mit einer Schadenersatzklage vor Gericht zu ziehen (oder zumindest Kostendeckung durch die Krankenkasse zu fordern).»[67]

«Das wirklich Tragische» daran ist, wie Wilber anmerkt, dass die «echten Beschwerden» tatsächlicher Opfer durch jenen «Opfer-Chic bagatellisiert werden».[68]

Die zweitschlimmste Sünde (die schlimmste kommt dann dramaturgisch geschickt am Ende) ist die Unfähigkeit, Verantwortung zu übernehmen, das starke Bedürfnis, jemand anderem die Schuld an den eigenen Problemen in die Schuhe zu schieben.

Dieses Phänomen führt zu den kuriosesten Sehenswürdigkeiten.

Da gibt es Leute, die Jahrzehnte geraucht haben und nun wegen ihres Lungenkrebses die Tabakindustrie verklagen, als hätte es jemals einen Zweifel an der Schädlichkeit von Zigaretten gegeben. Dann gibt es Leute, die für ihren fetten Hintern die Süßwarenhersteller verantwortlich machen und Fluggesellschaften verklagen, weil sie das dicke Teil nicht in den Sitz pressen können. Wie wär's damit: Arsch hoch, bewegen und gesund ernähren – oder eben zu Hause bleiben?!

Andere demonstrieren gegen Videospielhersteller, weil diese angeblich ihre Kinder zu Mördern machen würden. Mein Vorschlag an die Eltern: Nehmt endlich eure Verantwortung als Eltern an – Erziehung ist nicht nur Liebe, Erziehung ist auch Strenge, ist Benehmen, ist Verbot, ist Form, ist Autorität. Die Autorität der Eltern wird nur durch Liebe gerechtfertigt, aber Liebe allein bringt gar nichts.

Die Krankheit, jemand anderem die Schuld in die Schuhe zu schieben anstatt die Verantwortung für sich und sein Leben zu übernehmen, ist bis in die Knochen in uns eingedrungen.

Jugendliche Neonazis werden nicht primär nach ihrer Verantwortung gefragt, sondern man gibt dem Staat die Schuld an ihrer Gewalt, weil dieser Jugendzentren schließt. Als gäbe es einen Automatismus, der bewirkt, dass alle Jugendlichen ohne Jugendzentrum ausnahmslos zu Gewalttätern werden. Was für ein Idiotie, was für eine Beleidigung der Jugendlichen! Aber das Schlimmste ist, dass so eine Dummdenke irgendwann Wirklichkeit wird. Wer so einen «Bullshit» lang genug predigt, der wird Strukturen schaffen, in denen dieser Automatismus dann tatsächlich zu wirken beginnt. Dummheit wird epidemisch.

Wer ist schuld daran, dass ich mein Studium, in dem ich durchaus herausragende Leistungen bot, kurz vor dem Abschluss nicht beendet habe? Die Krankheit meines Vaters, der mitten in der entscheidenden Phase im Todeskampf lag? Die schlecht ausgerüstete Universität? Die Anonymität der staatlichen Bildungseinrichtungen? Alles Bullshit. Es war immer meine Entscheidung.

Ich war verantwortlich, weil ich die Papiere nicht zur richtigen Zeit am richtigen Ort abgegeben hatte, weil mein Ego meinte, dass Regeln für andere, aber nicht für mich gelten, weil ich faul war, weil ich lieber Billard spielte, Steiner las oder Filme schaute.

Wer ist schuld daran, dass ich keine vernünftige Altersabsicherung habe, dafür, dass mich immer wieder Geldsorgen plagen? Der Staat, der mir tollem anthroposophischen Autor kein Grundeinkommen gewährt? Die soziale Kälte, die nur den belohnt, der sich in diesem kapitalistischen System durchsetzt? Alles Quatsch. Ich bin dafür verantwortlich, weil ich mich nicht darum gekümmert habe, weil ich andere Prioritäten setze, weil ich mich für dieses Leben entschieden habe. Ich will dieses Buch schreiben, ich will, dass Sie es jetzt lesen, und wenn ich das will, dann kann ich nicht so tun, als gäbe es das umsonst. Man kann für ein besseres System streiten, und ich wäre sehr dafür, das zu tun, aber auch dieses Streiten hat seinen Preis.

Selbstverwirklichung und Selbstverantwortung gehören zusammen. Ständig entscheiden wir uns, und eine Entscheidung ist nicht immer ein Ereignis mit Paukenschlag, sondern vollzieht sich bisweilen schleichend als Prozess, still und heimlich, aber so sehr er auch auf Zehenspitzen schleicht, wir sind diejenigen, die entscheiden. Es sind die Tausenden kleinen Entscheidungen, die wir treffen – bewusst oder unbewusst –, die unser Schicksal ausmachen. In diesen kleinen Sekunden entscheidet sich unser Leben, und wenn wir am Ende überrascht sind, dass sich Gold oder Pech auf uns ergießt, dann nur, weil wir vorher nicht aufmerksam waren, als wir uns so oder so entschieden haben – in diesen kleinen, aber alles entscheidenden Augenblicken. Bei allen berechtigten Fragen, die man an solche TV-Figuren wie Jack Bauer von *24 Stunden* haben kann (und da danke ich Andrew Cohen für den Hinweis auf dieses Zitat und freue mich, dass wir den gleichen Helden haben), sie sind immer wieder gut für eine Weisheit: «Du kannst einmal wegsehen und das ist nicht schlimm. Aber damit wird es leichter, auch beim nächsten Mal einen Kompromiss einzugehen. Und ehe du dich versiehst, machst du nur noch Kompromisse, weil du denkst, das ist der einzig mögliche Weg. Kennst du die Typen, die ich verpfiffen habe? Glaubst du, die waren böswillig? Sie waren es nicht ... Die waren genau wie du und ich. Nur dass sie einen Kompromiss eingegangen sind – ein einziges Mal.»

Es sind die vielen Kompromisse, für die wir uns permanent entscheiden und die unser Leben mies machen, aber es sind unsere eigenen Kompromisse. Bei jedem Schritt treffen wir eine Wahl, und nichts und niemand außer uns selbst trifft diese Wahl.

Wenn ich mir etwas vorgenommen habe, dann Folgendes: Ich mache niemanden mehr für das verantwortlich, was ich entschieden habe. Keine Gesellschaft, keine Frau, nicht Sie, nicht Gott und nicht den Teufel.

Wer wirklich und unverschuldet in Not geraten ist, wer durch Schicksalsschläge und durch die Rücksichtslosigkeiten von herumlaufenden Irren in den Abgrund gefallen ist, dem soll der Staat und dem sollen wir helfen. Mit aller Kraft, mit Geld und Mitgefühl, mit Fürsorge und Opferbereitschaft. Alle anderen mögen ihre gut gepflegte Opferhaltung ablegen und aufhören zu jammern.

Vor einigen Jahren gab es den grandiosen Film *Im Auftrag des Teufels,* in dem die Geschichte eines Anwalts erzählt wird, der unwissend bei der Kanzlei des Leibhaftigen anheuert und mit dessen Hilfe zum umjubelten Star aufsteigt. Am Ende, nachdem er Moral und Recht mit Füßen getreten hat, steht er da und macht den Teufel für alles verantwortlich. Der Anwalt, Keanu Reeves, schiebt dem Teufel, Al Pacino, die Schuld in die Schuhe:

«Du hast mich veranlasst, das zu tun! Du hast meine Frau vernichtet. Du hast das getan!»

Pacino antwortet, dass es mir jetzt noch kalt den Rücken runter läuft: «Das ist nicht dein Ernst. *Ich* habe gar nichts getan. Bei jedem einzelnen Schritt des Weges hättest du eine andere Wahl treffen können, und das hast du nicht getan. Seit du nach New York gekommen bist, hast du deine Frau betrogen, hast dich bereits nach anderen Frauen umgesehen. Du *wolltest* das. Du hast dich bei dem Fall vor Gericht entschlossen, den Mann freizubekommen, obwohl du *wusstest,* dass er schuldig war. Bei jedem Schritt hast du deine Wahl getroffen, und du hast dich so entschieden, weil du die Belohnung haben wolltest.»

*Das* sollte auf Zigarettenschachteln stehen: «Sie entscheiden, ob Sie rauchen.»

Das sollte, anstatt der morbiden Sprüche, die erst recht krank machen, auf Zigarettenschachteln stehen: «Sie entscheiden, ob Sie rauchen – nicht die Werbung.»

Sie entscheiden, ob Sie fettes Zeug fressen – nicht die Lebensmittelindustrie.

«You always have the choice – just say no», so lautete einstmals der Slogan der amerikanischen Anti-Drogenkampagne. Das sollte man uns einhämmern – anstatt permanent neue Gründe zu liefern, warum der Ausstieg so wahnsinnig schwer ist.

Aber das passiert nicht. Stattdessen wird auch noch die albernste egoische Handlung in etwas Heiliges oder Bedeutsames umgetauft. Selbst das Rauchen empfängt in diesem Geflecht aus Selbstverstrickung und Selbstverwirklichung (die in Wirklichkeit Ego-Verwirklichung ist) eine metaphysische Bedeutsamkeit – es mag sie geben oder nicht. Aber in dem Moment, wo sie dazu dient, der triebhaften Sucht eines selbstgefälligen Egos einen sakralen Charakter zu verleihen und dazu anstiftet, dass alles beim Alten bleibt, sehe ich nur noch eines: Selbstbetrug und missbräuchliche Umdeutung von Wörtern und Begriffen zum Zwecke der faulen Zustandsbewahrung.

Ich war selbst viele Jahre lang so ein Täufer und sprach Dinge heilig, die einfach nicht heilig sind, und ich hatte Erfolg damit. Genau das wollte man hören. Um mich herum lechzten und gierten die Menschen (vor allem Frauen) nach solchen Mystikern und Täufern, die ihr Leben umbenennen. Und so empfingen sie die Taufe: Flachland, dein Name sei Gebirge, Grundlage, dein Name sei Bedeutsamkeit, Ego, dein Name sei Gott.

Wer Erfolg haben will, dem empfehle ich, das Bedeutsame in Grundlegendes umzubenennen und das Grundlegende als bedeutsam zu bezeichnen – die Kundschaft wartet schon.

Jelle van der Meulen will «das Leben als Evangelium» auffassen. Etwas daran ist richtig und wunderbar, und darum verwende ich selbst gerne diesen Begriff – aber etwas ist auch sehr gefährlich.

Dieser Begriff war mir eine riesige Hilfe, um aus der Anti-Verantwortungsfalle zu kommen, um mich von dem Reflex zu lösen, die Schuld in die Schuhe von anderen schieben zu wollen – er war zwar nie sehr ausgeprägt, aber ganz leugnen kann ich ihn bis heute nicht.

Ich erkannte aber, dass das, was ich als Hindernis empfand, eine Möglichkeit für Entwicklung in sich trug.

Gerade weil ich mich als «Betroffener», als Opfer fühle, löse ich mich so aus der Passivität des Leidenden und bekomme einen Sinn dafür, dass es genau diese Trümmersteine meines Lebens sein können, die ich benutzen kann, um mir daraus individuelle Treppenstufen für die weitere Höherentwicklung zu bauen. Dieses Gefühl setzt Kräfte frei und erlöst aus einer berechtigten Trauer- und Jammerphase.

Wenn ich die Welt so anschaue, als hätte sie mein eigenes, verborgenes, unendlich weises Selbst für meine Bedürfnisse eingerichtet, dann ist das Leben tatsächlich ein selbstgeschriebenes Evangelium und alles hat eine Bedeutung.

Meine Biografie wird mir so zum ganzheitlichen Schlüsselerlebnis, und ich habe mir die Schlüssel selbst überreicht. So sehe ich das Leben nicht als Problem, welches ich lösen muss, sondern es ist bereits die Lösung.

Das ist die heilsame Seite. Auf dieser Seite sind wir genauso, wie wir sind, okay. Wir dürfen uns lieben und umarmen, denn wie sollen wir andere und Gott lieben, wenn wir uns nicht selbst liebten?

Zur krankhaften Seite wird sie, wenn dieses Evangelium mich nicht zur Umkehr auffordert, wenn ich es nicht als Chance zur Läuterung begreife, sondern mich unter der Decke der Selbstgefälligkeit einlulle und meine Fehler, Unvollkommenheiten und riesigen Defekte dekonstruiere und sie zum göttlichen Ich-bin-halt-wie-ich-bin-und-alles-ist-heilig-Mantram wieder zusammensetze. Das ist relativistischer, destruktiver Konstruktivismus.

Wenn ich das Leben zum Evangelium erkläre, dann ist nicht alles aus sich heraus heilig und bedeutsam, sondern dann hat das noch weitere Konsequenzen, die weniger süßlich schmecken: Dann stehen da Prüfungen und Kreuze, dann geht es um Sünde, Schuld, Unschuld, Verrat, Opfer und Auferstehung.

Wenn Sie das Leben als Evangelium auffassen und glauben, dass Sie so frei werden, dann tun Sie das ruhig, wenn Sie wirklich bereit zur Veränderung sind, können Sie das Grundlegende auf eine höhere Stufe transformieren, zu etwas, was ein Bedeutungs-Plus erlangt.

Aus meiner Erfahrung sage ich aber, dass Sie höllisch aufpassen müssen, dass dieser Trip nicht zum falschen Evangelium wird. Ein Evangelium, das sich so heimatlich, so weich und lieblich anfühlt, dass man ihm nur allzu leicht verfällt. «Ich bin okay – du bist okay», das steht auf der Fahne dieser falschen Evangelisten.

Aber wir sind alles – nur nicht okay.


Das könnte sich nun nach Lebens- und Lustfeindlichkeit anhören. Das ist es nicht. Ich für meinen Teil will unter Erwachsenen tun, was mir richtig Spaß macht. Männer mit Männern, Frauen mit Frauen, alle miteinander und dazu Gesang und Bier nach Lust und Laune – machen Sie ruhig mit, bis der Arzt kommt. Oder gehen Sie angeln, schauen Sie den Kakteen beim Wachsen zu, lösen Sie Kreuzworträtsel, hängen Sie Wäsche auf, tanzen Sie, spielen Sie Harfe, lesen Sie *Die Drei Fragezeichen* oder machen Sie Sudokus, bis Sie in das Guinessbuch der Rekorde kommen. Haben Sie sich richtig lieb! Das alles ist tatsächlich okay.

Aber etwas ist nicht okay, sondern ein großer, übler Schwindel: so zu tun, als täten wir dabei irgendetwas Bedeutsames.

Der Schwindel ist, diesem künstlich aufgeladenen Pseudo-Ich zu verfallen, sich mit ihm zu identifizieren. Ich stellte bei mir fest, dass etwas richtig schiefgegangen ist. Die Feststellung, dass etwas «richtig schiefgegangen ist», war für mich lange

Zeit ein «Urteil», und ein «Urteil» war etwas, was ich ablehnte. Hatte nicht *alles* seine Richtigkeit, seine Bedeutsamkeit? Galt nicht der Satz: «Jenseits von Richtig oder Falsch gibt es einen Ort, dort treffen wir uns»? Klang das nicht harmonisch und tiefsinnig? Tatsächlich ist dieser Satz *ursprünglich* tiefsinnig gewesen, als dieser Ort noch eine transzendente Wirklichkeit bezeichnete, aber mittlerweile schwimmt dieser Satz wie eine Ego-Ölpest auf dem Meer unserer eigenen Tiefendimension und ist zur banalen Anything-goes-Philosophie verkommen. Zur relativistischen Verleugnung der Tatsache, dass es bessere und schlechtere ethische Normen oder Grade von menschlicher Entwicklung gibt, gute, bessere und noch bessere Handlungen, weise, weisere und viel weisere Gedanken. Wenn alle Zustände immer gleich bedeutsam, wenn meine persönliche Entwicklung immer «okay» ist, warum sollte ich mich dann noch weiter entwickeln wollen? Wenn alle überall gleich sind, warum noch streben, warum wachsen wollen? Wenn alle immer gleich sind, warum dann nicht Adolf Eichmann zum Richter über Anne Frank machen?

Ich dachte lange Zeit – und um mich herum ist diese Denke die Regel –, irgendwie ist alles okay, Hauptsache man ist authentisch. Ich vergaß lange Zeit etwas: Ich vergaß, dass auch völlig asoziales und blödsinniges Verhalten *authentisch,* also in Deckung mit meiner Person, sein kann, wenn dasjenige, auf was es sich bezieht, der asoziale und blödsinnige Teil meiner Persönlichkeit ist, die es in jedem Menschen als niedere Grade der Entwicklungsebenen gibt.

Die entscheidende Frage ist doch, auf welchen Teil meiner Persönlichkeit ich mich beziehe. Mit was bin ich und mein Denken und Tun denn deckungsgleich?

Wenn dasjenige, auf was sich mein So-Sein bezieht, das

fixierte Ego, der Teil der Anhaftungen ist, dann ist Authentizität ein mächtig großer Fehler.

Der Satz: «Sei du selbst», ist ein großer Betrug, wenn man nicht den Unterschied zwischen niederem und hohem Selbst kennt. Wenn man zwischen Ego und Geist nicht unterscheiden kann.

In meiner Welt gibt es eine Menge Menschen, denen ist nichts so heilig wie «sie selbst», und ihr Credo lautet daher auch: «Sei du selbst.»

Jetzt zitiere ich Larry Winget, der auch als «spiritueller Pitbull» bezeichnet wird. Sie werden gleich wissen, warum er diesen Kampfnamen hat: «Seien Sie Sie selbst ist ein lausiger Ratschlag! Was wäre, wenn Sie blöd sind? Was, wenn Sie ein Arschloch sind? Was, wenn Sie ein blödes Arschloch sind? Wenn Sie das sind, dann hören Sie sofort auf, Sie selbst zu sein, und überlegen sich, wie Sie jemand anderes sein können.»[69]

Wir haben es schwer mit solchen Sätzen.

Wir haben es schwer, weil wir die Würde des Menschen ganz zu Recht als das Höchste betrachten. Als Anthroposoph schaue ich aber differenzierter auf diese Würde hin.

Früher dachte ich: Lasst uns Pluralisten sein – jeder soll so akzeptiert werden, wie er ist. Heute denke ich: Das ist ein Fehler.

Es geht nicht darum, dass jeder so sein soll, wie er ist. Was für eine gruselige Vorstellung!

Es geht darum, dass jeder so wird, wie er sein will. So wie es seiner Idee, der IDEE, entspricht.

Es geht darum, so zu sein, wie man in Wirklichkeit sein will.

In der Anthroposophie geht es darum, die wahre menschliche Würde hier im Leben zu definieren, die Umstände dieser persönlichen Evolution zu ermöglichen und sie dann zu erschaffen. Dazu ist Anthroposophie angetreten.

Es geht darum, die wahre Würde sichtbar zu machen – es geht nicht um die Akzeptanz der Mangelhaftigkeit oder gar die Toleranz der Karikatur dieser Würde.

Der Satz: «Du bist okay», ist nur auf einer Ebene wahr.

Ja, geistig gesehen stimmt das.

Auf einer bestimmten Ebene sind wir das Ebenbild Gottes. Ich bin in Gott und Gott ist in mir.

In dieser Mythologie gesprochen sind wir für Gott perfekt und er liebt uns für unser So-Sein. Ohne Wenn und Aber. Gott liebt uns, wie wir sind. Das ist die eine Ebene.

Auf der anderen Ebene jedoch, als alltäglicher Mensch, der mit Menschen umgehen will, sind wir auch fehlgeleitete Sünder. Wir bringen Leid über andere Lebewesen. Wir begehen nicht nur Irrtümer, wir erkennen im Moment der klarsten Selbsterkenntnis, dass unser Ego, dass wir der Irrtum *sind*.

«Ich bin halt so, wie ich bin!», ist ein lausiger Satz, der die Sündhaftigkeit und die Unbewusstheit ohne Konsequenzen annimmt!

Ich will nicht so geliebt werden, wie ich bin. Der ist ein schlechter Freund, der mich so liebt, wie ich bin! Ich verlange Motivation zur Verbesserung meiner Selbst.

Das ist das eine. Das andere ist, dass alles, was «okay» ist, zwar tatsächlich auf einer bestimmten Ebene so ist, wie es ist (also «okay»), aber es bleibt eben auch immer eine Illusion.

Eine Illusion ist eine Spiegelung des GEISTES, die vorgibt, der GEIST selbst zu sein. Es ist das Echo, das sich als Ruf ausgibt, es ist der Schatten in der Höhle.

Das Leben ist die schönste Illusion, der «schönste Schein», den es gibt – das, was wir als «Gott» bezeichnen, hat sich in ihm manifestiert, er scheint durch alles hindurch. Aus einer überquellenden Freude des ekstatischen Glücklichseins, welches er

(Gott) nicht länger für sich allein behalten, sondern mit anderen teilen wollte, hat er es als sein Ebenbild aus sich heraus *gezeugt*, um seine leuchtende Schönheit zu *bezeugen*.

Dieses Leben hat nur einen Sinn: es als diese göttliche Manifestation zu leben. «Geringster Schmerz und größtes Glück», das ruft sie uns überall als Leitmotiv entgegen. Das ist ihre Botschaft, und jedes Menschenkind hat diese Information tief und fest als Code in sich verankert: *Life is for living*. Unsere Natur ist Glücklichsein. Und das ist auch der Teil, der *okay* ist.

Wer an dieser Freude teilhaben darf, kann erleben, dass es die Möglichkeit gibt, sich zu verpflichten, diese Freude möglichst vielen Menschen zu ermöglichen – nichts anderes ist soziales Engagement, und kein anderes Ziel hat sie, als geringsten Schmerz und größtes Glück als Massenphänomen zu verwirklichen.

Gerade *weil* das Leben uns als eindrucksvolle, manifeste Illusion geschenkt wurde, gilt innerhalb dieser Matrix: Schmerzminimierung und Glücksmaximierung – und zwar so, dass im besten Fall die Teilhabe aller – und im realistischen Fall, die Teilhabe möglichst vieler – gesichert ist. Was in jenem oder diesem individuellen Falle an sozialem Engagement zu tun ist und was ihn zum Lachen bringt, das entscheidet der ethische Individualist ganz allein, indem er sich fragt, was er liebt.

Weil dieser ethische Individualist die Ideenwelt, die monistische Welt, sein eigentliches zu Hause nennt, weil er Kenntnis davon hat, dass diese wunderschöne Welt die gespiegelte Realisation einer viel höheren, viel bedeutsameren Welt ist, wird er höchstens mit Haut und Haar, vielleicht mit Leib und Seele, aber niemals mit seinem Geist diese Illusion mit der WIRKLICHKEIT verwechseln.

Weil der ethische Individualist kein manischer Relativist ist, weiß er eines auf jeden Fall: Glück ist zwar relativ – aber nicht im pervertierten Sinne von «egal» oder «Geschmacksache», sondern im wirklichen Sinne, also «je nach Standpunkt».

Und jetzt macht sich bezahlt, was sein Credo ist: Es gibt grundlegendere und es gibt bedeutsamere Standpunkte. Das menschliche Verhalten wird vom Standpunkt der Biochemie aus in grundlegender, aber wenig bedeutsamer Weise angeschaut, die christliche Soziallehre urteilt von einer bedeutsameren Höhe aus über dieses Leben. Über der christlichen Soziallehre gibt es Trans-Religiöse und integrale Spiritualität – und so gehen wir weiter und weiter.

Der ethische Individualist erkennt das Leben als ein «Kaleidoskop natürlicher Hierarchien, Systeme und Formen». Er integriert den «grünen» Egalitarismus in seine Weltanschauung und ergänzt ihn durch eine natürliche Rangordnung der Qualitäten und erkennt die Geist-Qualität als die höchste aller Qualitäten. Hier hat die Hierarchienlehre Steiners ihren rechtmäßigen Ort.

Darum reicht mir das niedere Glück von Essen, Trinken und Kopulation nicht aus. Es ist zwar herrlich und die Grundlage, um für die Kunst, die Erkenntnis und die Hingabe an den Geist frei zu werden, aber weil nichts höher steht als der Geist, ist unmittelbare Geisterfahrung mir das höchste und vor allem das unzerstörbare Glück. In Gott ist ewiger Frieden.

Alles darunter ist zwar von geistiger Natur, aber nur im Sinne eines göttlichen Ebenbildes.

Alles erkennt der ethische Individualist als Ebenbild Gottes – aber weil er Gott kennt, weil er als Monist die Ideenwelt seine Heimat nennt, weiß er, dass die Sonne, im Vergleich zu der Strahlkraft ihrer eigentlichen Quelle, nur ein kleines zurückgeworfenes Licht ist.

In diesem Sinne hat die Sonne Mondcharakter und wird von der Ideensonne, von Gottes Angesicht angeleuchtet.

Steiner bezeichnet all das, was wir als Welt und Ding erleben, mit einem alten Wort: «Maya», also Täuschung.

Wenn ich mit Menschen über Maya und Täuschung spreche, dann höre ich die Sorge, dass mit dieser Sicht auf die Welt eine abwertende oder respektlose Haltung gegenüber dieser Schöpfung verbunden sei. Freud und Leid sollen nur Täuschung sein? Macht uns das nicht zu erbarmungslosen Fatalisten?

Das wäre, als würde man sagen, dieses Buch besteht ja gar nicht aus einem geistigen Inhalt, sondern nur aus Zeichen und Symbolen, aus Papier und Farbe. Also ist dieses Buch (bitte jetzt mit abfälligem Tonfall lesen): *nur eine Täuschung.*

Die Täuschung liegt in ihrem Anspruch der Ausschließlichkeit – nein, das Buch ist Maya, ist Täuschung –, die wirkliche Wirklichkeit lebt nicht *als* Buch, sie lebt *hinter* dem Buch, hinter den Augen, die dieses Wort lesen, sie lebt hinter Ihnen und hinter mir, sie lebt in dem, der weiß, dass DU dieses Buch jetzt liest, die Wirklichkeit liegt im Bewusstsein unseres gemeinsamen Geistes.

Es gibt einen Riesenunterschied zwischen Ihnen, die Sie dieses Buch lesen, und dir, der du dir bewusst bist, dass diese Person, die deinen Namen trägt, dieses Buch liest.

Ich spreche jetzt nicht Sie mit dem Buch in der Hand an, ich meine DICH, der du dir dieser Person bewusst bist.

Das zu erkennen, den Ausschließlichkeitsanspruch der sogenannten «Realität» als Betrug zu enttarnen, die Matrix zu dechiffrieren, das nennt man das Erwachen für die geistige Wirklichkeit.

In dieser Wirklichkeit gibt es keine Schokolade und kein Zahnweh, kein Bier und keinen Kater, keinen Wasserfall und keine Wasserleiche – all das ist sterbliche Illusion. Wundervoll oder grausam, in jedem Fall endliche, sterblichste Illusion.

Gleichzeitig ist die Illusion das Leben, und ich sehe den

Sinn des Lebens darin, das Leben in Glück zu leben. Es ist die Ausschüttung der göttlichen Freude, deren Bestimmung darin besteht, sie mit umfassendster Freude zu teilen. Ich lebe mein Leben, aber ich identifiziere mich nicht mit ihm.

*In* dieser Welt sein, aber nicht *von* dieser Welt sein – mehr gäbe es eigentlich nicht zu sagen.

Auf dieser Ebene ist es übrigens auch egal, ob diese Illusion auf den Namen «SuperRTL» oder «Naturschutzgebiet» hört. Das sind, wie ich zuvor geschildert habe, tatsächliche Qualitätsunterschiede. Vom Standpunkt des Geistes aber sind es eben nur graduelle Unterschiede von Illusionen des GEISTES. Wer *SuperRTL* verfällt, verfällt zwar etwas Unästhetischerem als einem Wald mit Lichtung und Kuckuck, aber er verfällt trotzdem einer Illusion.

Die Schöpfung ist ein unermesslich großes Geschenk, und ich will dieses Geschenk mit allen Sinnen genießen und darin so glücklich sein, wie es irgend nur geht; die Schöpfung ist niemals sündhaft. Sich-Verlieren in der Schöpfung aber, das ist immer sündhaft, denn es macht mich unfrei, wirft mich in meiner Evolution zurück und täuscht mir die Illusion als einzige Wirklichkeit vor.

Die Schöpfung und die Natur, ob als Menschennatur oder als Natur-Natur (und jetzt sind wir in der finalen Sünde des grünen Lagers), ist endlich, sie ist sterblich, sie hat einen Anfang, und alles, was einen Anfang hat, hat auch ein Ende. Davor war sie nicht und danach ist sie auch nicht mehr. Ihre Schönheit (Sonne, Regenbogen, Brust, Schmetterling) ist nicht das Höchste, denn das Höchste in unvergänglich. Sie ist *Symbol* und *Ausdruck* des höchsten GEISTES, Künderin einer höheren, innigeren und ewigen, unendlich einfachen, unerklärlichen Schönheit, einer Leere, die gleichzeitig Fülle ist, aber sie ist niemals selbst dieses höchste Gut.

Alles, was wir als Natur lieben, ehren und genießen, ist integraler Bestandteil des ewigen Geistes. Alles Grundlegende kann vollkommen vom Geist durchdrungen sein, und darum ist alles, was wir als Grundlegendes erfahren und genießen, ein Ausdruck des EINEN, des EWIGEN.

Aber es ist nur der niedrigste Ausdruck dieses Geistes, ein sterblicher Ausdruck des Unsterblichen, und nur ein Bruchteil des gesamten Geist ist in diesen Dingen.

Ja, in einem Baum ist Gott. In jedem Orgasmus ist Gott. In jeder Träne und in jedem Kinderlachen. Aber nicht der gesamte Gott ist im Baum, im Orgasmus, in der Träne und im Lachen, sondern gerade nur so viel, wie ein winziger Ast, ein Orgasmus oder ein Lachen an Göttlichkeit aufnehmen kann. Das ist zwar viel, weil Gott immer viel ist, aber es ist eben auch mikroskopisch wenig. Wer Gott nur in der Natur der Dinge sucht, der sucht die Mikroversion dieses Gottes. Er wird vor Sehnsucht sterben.

Ja, aus der Sonne leuchtet Gottes Licht, aber es ist nur ein Abglanz der ganzen, universalen Göttlichkeit, die sich dort spiegelt, und ich wüsste nicht, warum ich mich mit dem Abglanz zufriedengeben sollte.

Die Natur ist nicht die Quelle dieses unermesslichen Glanzes, sondern sie ist der Empfänger dieses Glanzes. Auf den Menschen bezogen bedeutet das: Alles, was seine grundlegende, natürliche Persönlichkeit ist, das ist selbst nicht Quelle, sondern Empfänger des Geistes. Deswegen kann aus der Natur, aus der Persönlichkeit nichts Befreiendes hervorgehen.

Frei wird der Mensch nicht aus dieser Persönlichkeit heraus, wie Steiner sagt, sondern «frei werden kann der Mensch nur, wenn er sich im Geiste wiederfindet und aus dem Geiste heraus Herr wird über das, was in ihm ist. Frei werden setzt voraus: sich als Geist finden in sich selber. Der wahre Geist, in dem wir uns finden können, ist der allgemeine Menschengeist, den wir als die in uns pfingstlich einziehende Kraft des heiligen Geistes erkennen, den wir in uns selber gebären müssen, zur Erscheinung kommen lassen.»[70]

Die Erde, die Natur und alles in und aus ihr, so auch der Mensch, ist dem Tod geweiht, nicht dem unsterblichen, ewigen Leben. Wer sich mit der Natur identifiziert, in welcher Form auch immer, identifiziert sich mit dem Tod. Naturschutzgebiete sind Todesareale.

Bei Ken Wilber lese ich dazu Folgendes: «Möge die Erde und der Kosmos und alle Welten auch untergehen, der GEIST leuchtet dennoch in der Leere, nicht entstehend, nicht vergehend, nicht einmal auch nur schwankend.»[71]

Teile des Geistes finde ich überall. Alle Mystiker haben darüber die schönsten Lieder gesungen, die davon handeln, dass nichts ohne Göttlichkeit ist, dass in allem Sterblichen auch eine Spur des Ewigen ist und dass Gott auch einen Tropfen aus dem unermesslichen Ozean seines Selbst in deinen Urin gegeben hat – nur darum ist auch Urin, und nicht nur Blut, ein ganz besonderer Saft.

Auch in der schönen Natur, im Wald und in der Tropfsteinhöhle, auf dem Kornfeld und bei Greenpeace kann ich mich verlieren und finde nur Stückwerk des Geistes, und je mehr ich in dieser dinglichen Natur aufgehe, je mehr ich mich ihr hingebe, je mehr ich mich mit ihrer Schönheit eins fühle, desto mehr identifiziere ich mich mit dem Tod und nicht mit dem ewigen Leben.

Nicht nur Sex and Drugs and Rock'n Roll und Computerspiele machen abhängig, auch der Berg, der mich ruft, und der Schmetterling, von dem ich nicht den Blick wenden kann. Auch das sind Todesboten.

Wer sein Herz an irdische Dinge hängt, den bringen diese irdischen Dinge um, bevor das Herz für etwas Höheres schlagen kann.

«Denn wer sein Leben erhalten will, der wird es verlieren ... Jeder, der sein Haus, seine Geschwister, seine Eltern, seine Frau, seine Kinder oder seinen Besitz zurücklässt, um mir zu folgen, wird dies alles hundertfach zurückerhalten und das ewige Leben empfangen.»

So wird Christus in den Evangelien zitiert.

Man kann das EINE niemals wirklich erfahren, solange man sich mit den Vielen identifiziert.

Oder andersherum: Wer das EINE wirklich erfahren hat, wird sich niemals mehr mit dem Vielen identifizieren – auch nicht mit der Persönlichkeit, die seinen Namen trägt.

Wenn ich nach der transzendenten Alle-eins-Erfahrung suche, wenn ich Gott als Ganzheit, als das ewige Sein wirklich und wahrhaftig erfahren will, wenn ich als Mensch im heiligen und ungeteilten GEIST aufgehen will, dann werde ich das niemals über seine Teile oder die Summe seiner Teile erreichen.

Auf diesem Weg bleibt alles Einheitserleben bloßes Multi-Erleben. In diesem Multi-Erleben feiert man die Vielheit und wundert sich, warum man irgendwie nicht zur wirklichen Einheit kommt. Man wundert sich, warum das lang ersehnte Gefühl des Einsseins verschwindet, wenn man morgens aufwacht, am Herd steht oder sich über die laute Musik des Nachbarn ärgert – dann ist all die Schöne, friedliche Einigkeit, die man gestern noch auf der Bergspitze erlebte, fortgeflogen – und das ist absolut kein Wunder. Denn GEIST erfahren kann man nicht, indem man den Menschen ins Weltall fliegt, sondern nur, indem man das *Geistige* im Menschen zum *Geistigen* im Weltenall führt. Den Geist kann ich in allem finden, aber den GEIST finde ich nur im GEIST.

Darüber etwas zu erzählen, das erlebe ich als den einen Teil der Mission Rudolf Steiners.

Um diese unmittelbare Geisterfahrung zu ermöglichen, hat Steiner den anthroposophischen Erkenntnisweg kartografiert. Es ist die Mission, die dem Aufstieg zur Weisheit gewidmet ist.

Darum sagt man, dass Anthroposophie keine Lehre sei, darum ist sie auch keine Quelle des Ewigen. Wer Anthroposophie als Quelle nutzt, schöpft fraglos aus einem unfassbar tiefen und reichhaltigen Brunnen, der wie eine unversiegbare Quelle wirkt. Aber Anthroposophie ist von ihrem Wesen her nicht diese eine Quelle, sondern nur eine von vielen Möglichkeiten, um selbst zur Quelle vorzustoßen, um selbst zur Quelle zu werden.

Anthroposophie wirkt wie eine Schatztruhe – aber das ist eine Täuschung. Wer sich von den Schätzen der Anthroposophie blenden lässt, der übersieht, dass sie in Wirklichkeit etwas ist, was auf das hinweist, was darüber hinausgeht: Anthroposophie ist eine Schatzkarte zum Schatz der Schätze. Zur Weisheit hinter allen Weisheiten.

Aus dieser Weisheitserfahrung kommend, aus dem unmittelbaren kosmischen Einheitserleben heraus wuchs in Steiner, was in jedem wächst, der, vom Absoluten kommend, sich zu der Vielheit wendet: Barmherzigkeit und die unbedingte Bereitschaft, sich für diesen weltlichen und sterblichen Teil des GEISTES verantwortlich zu fühlen.

Dieser weltliche Teil ist eine Illusion, wenn wir glauben, dass er die Ganzheit des GEISTES sei, aber er ist gleichzeitig vollkommener als die *jenseitige* Welt. (Jetzt betreten wir einen Raum, den man philosophisch als Paradox verstehen kann, aber sobald dies alles in einem erlebt wird, heben sich alle diese Paradoxien auf.) Denn erst in der Manifestation (mit diesem Gedanken schaut Platon zum Fenster des paradoxen Raumes hinein) kann der GEIST sich als unmittelbare Ausstrahlung in der Vielheit der Welt realisieren. Er realisiert sich zwar nur als Bruchstück, aber dieses Bruchstück ist in sich vollkommen. Es ist Transzendenz und gleichzeitig Realität. Es ist wie eine Liebeserklärung. Wenn ich sage: «Ich liebe dich», drückt es immer weniger aus, als ich wirklich sagen könnte, aber erst dadurch, *dass* ich es ausspreche, wird es vollkommene Wirklichkeit. Für den Angesprochenen und mich.

Sie können es auch einfacher haben: Eine Rose ist niemals größer als die Idee der Rose, nie umfassender als die ROSE, aber sie hat erst dadurch, dass sie sich als ein gewordenes Ding aus dem ewigen Sein inkarniert, eine Vollkommenheit.

Deshalb verfasste Wilber, als Credo eines nichtdualen Bewusstsein, diesen Satz, der mir zur Meditation geworden ist: «Fliehe die Vielen und suche das Eine; hast du es gefunden, so erkenne und umfange die Vielen *als* das Eine.»[72]

Man beachte bitte die Reihenfolge (!), denn jeder umgekehrte Weg führt zum erwähnten, definitiv unbefriedigenden, unerleuchteten und letztlich illusionären Multierleben statt zu einer erlösenden Einheitserfahrung, und nur sie führt dazu, dass wir wirklich im inneren Frieden ankommen.

Hierin besteht auch meine Kritik an der real existierenden und grün gefärbten Anthroposophie, nicht an Steiners *gemeinter* Anthroposophie. Sie ist zu sehr Bottom-up-Esoterik geworden, die den Weg von der Rose zur ROSE sucht, vom Menschen zu GOTT. Tatsächlich ist in ihr immer auch die Top-down-Bewegung angelegt und auch gepflegt worden. Die Aufwärts-Bewegung aber ist nur der eine Weg, ohne die Abwärts-Bewegung (deren Zentrum in der Hochschule für Geisteswissenschaft gepflegt werden sollte) allerdings kann man seine Mitgliedskarte bei der Anthroposophischen Gesellschaft direkt abgeben und zu Amnesty International wechseln.

Aufstieg und Abstieg sind aus einer Bewegung. Nicht aus zwei. Sie sind non-dual.

Deswegen braucht jedes Kloster seinen Klostergarten und jeder Wald seine Kapelle, deswegen braucht jede Krankenschwester das Gebet und jeder Lehrer seine Meditation.

Der gesamt-anthroposophische Schulungsweg ist immer diese non-duale Bewegung von Aufstieg und Abstieg, und Anthroposophen können mit Selbstbewusstsein darauf verweisen, dass sie einer spirituellen Bewegung angehören, die auf einer philosophischen Grundlage mit sozialer Ausrichtung wirksam ist. Trotz der momentanen Bottom-up-Lastigkeit kann keine moderne spirituelle Bewegung für sich reklamieren, was die Anthroposophie kann – und was bisher nur die Kirchen leisteten –, nämlich dass sie in jeder ihrer weltweiten Einrichtungen Weisheit (Aufstieg) und Barmherzigkeit (Abstieg) zu einer gleichzeitigen und weltweiten Wirklichkeit zusammengefügt hat.

Wo eines dieser Gewichte vernachlässigt wird, besteht die Gefahr, dass diese Einrichtung zwar noch eine soziale oder durchdachte Einrichtung ist, aber eben keine mehr, die das Prädikat *anthroposophisch* verdient. Anthroposophie ist Barmherzigkeit *aus* Weisheit und Weisheit *durch* Barmherzigkeit. Ist sie nur eines, ist sie keine Anthroposophie.

(Nein, das ist nicht meine Privatmeinung – das *ist* so. Manche Sachen sind *so* und nicht *anders*, und wenn es Ihnen nicht passt, dann schreiben Sie doch selbst ein Buch, in dem das Gegenteil wahr ist.)

Walter Kugler hat das am Anfang übrigens schon ähnlich gesagt, aber ich sehe es erst jetzt, weil ich jetzt ein Buch geschrieben habe und vorher noch nicht. Kugler beschreibt Steiners Gestus als einen, der «sich weder einem sich allem und jedem anpassenden Hinunter beugte und auch kein verklärendes Hinauf behauptete».[73]

Wer Weisheit und Erkenntnis der höheren Welten erlangen will, wer Transzendenz und Erleuchtung in seiner ganzen Fülle erfahren will, wer zum GEIST kommen will, der muss sich umdrehen.

Er muss für eine Weile die Schmetterlinge aus dem Blick verlieren, sich vom Regenbogen abwenden, das Liebeslager verlassen und dort hinschauen, woher die Energie kommt, die den Schmetterling flattern, den Regenbogen leuchten lässt und die Libido steigert.

Er muss sich umdrehen, dem Leben entsagen und das LEBEN suchen. Das geht im Kloster und im Studierzimmer, und es gehören Einsamkeit und innere Versenkung dazu. Alles andere ist Smalltalk.

Nun gibt es Menschen, denen ist das, aus welchen Gründen auch immer, zu mühsam, zu schwierig, zu aussichtslos. Trotzdem sehnen sie sich nach dem Einen, nach Gott und nach Transzendenz. Manche gehen in die Natur und finden dort nicht, was sie suchen, andere gehen zu den Kindern.

Sie stürzen sich auf die kleinen Wesen, um dort Gott zu suchen, und siehe da, sie finden ihn!

Natürlich finden sie ihn, natürlich sind Kinder immer Sternenkinder und alle Kinder haben noch Sternenstaub im Nacken (man kann ihn sogar riechen), sie kommen ja gerade erst von dort. Natürlich perlen an allen Kindern noch göttliche Wassertropfen, sie sind doch gerade erst aus dem Meer des Einen gestiegen und haben noch seine Feuchte hinter den Ohren.

Aber diese hysterische Fahndung nach diesen göttlichen Wassertropfen ist nicht nur eine Schande für jeden echten Geistforscher, sondern auch ein Schaden für das Kind.

Ein Kind ist aus Gottes Seerosenteich entstiegen, um auf die feste Erde zu kommen, und das Beste, was wir ihm anbieten können, ist ein weiches und saugfähiges Handtuch, um seine Tropfen zu trocknen. Wer Kindern von früh bis spät von Engeln erzählt, muss sich nicht mit leuchtenden Augen wundern, wenn die

Kleinen «plötzlich und ohne Anleitung» anfangen, ihre himmlischen Ur-Erinnerung in Engelbildchen zu fassen. Abgesehen
davon, dass, wenn man ihnen mit der gleichen Inbrunst von kleinen grünen Männchen mit rosa Sonnenbrillen und Entenfüßen
erzählt, sie eben dieses malerisch abbilden würden (kleine Kinder
sind Meister darin, genau das zu tun, was wir uns wünschen),
abgesehen von dieser längst bewiesenen Tatsache ist es nicht ver-
wunderlich, dass Kinder noch durchdrungen sind vom göttlichen
Atem, dass durch ihre Augen noch das Himmelsblau leuchtet.

Aber das alles verblasst, und es *soll* verblassen. Jeder, der
sich sehnsuchtsvoll auf diesen verblassenden Glanz stürzt, jeder,
der sich an dieser verglimmenden Glut erwärmen will, all diese
Kinder-Versteher-statt-Erkenntnisweg-Geher werden am Ende
einsam und unerleuchtet in der Dunkelheit stehen. Sie haben
das Ganze wieder einmal im Einzelnen gesucht. Das ewige
Leben im Sterblichen.

Der Kindergarten ist für Kinder und Erzieherinnen da, er ist
das rosa Sprungtuch, das die aus dem Himmel Gefallenen sanft
auffängt, aber der Kindergarten ist kein Sprungbrett in diesen
Himmel. Hier sterben Engel, hier werden keine Engel geboren.

«Lasse die Einzelheit dahinfahren und folge der Stimme der
Idee in dir, denn sie nur ist das Göttliche»,[74] so Steiner in seinem
Credo dazu. Jedes Kind bringt eine Blume von der Himmelswie-
se mit, aber die Blume welkt. Was nicht welkt, das ist die Idee
dieser Blume, ewig blüht die BLUME, und wer einmal an dieser
Idee gerochen hat, der kennt den Unterschied zwischen Blume
und BLUME. Wer einmal in der Idee spazieren war, der kennt
den Unterschied zwischen Natur und NATUR.

Was ich auf meinen Spaziergängen in der monistischen
Ideenwelt erlebt habe, verdanke ich nicht nur, aber zum größten
Teil, der Anthroposophie. Denn sie lehrt mich, dass ich nie aufhö-

ren muss, aufhören darf, ein guter Vater und *gleichzeitig* ein Geist-forscher zu sein – manchmal gibt es heftige Krisen zwischen die-sen Rollen, brutale Verunsicherungen zwischen den Welten, aber letztlich bin ich ein besserer Vater und ein besserer Geistforscher geworden. Zeitweise ist es bis über die Schmerzgrenze hinaus schwierig, gleichzeitig ein spiritueller Autor und ein physischer Liebhaber zu sein, aber letztlich ist es diese Gleichzeitigkeit, die alles besser macht und für mich zur größten Stärke der Anthro-posophie gehört.

Anthroposophie desillusioniert nicht nur die Illusion und feiert die IDEE, sondern sie feiert die Illusion als eine mögliche und herrliche Repräsentation dieser IDEE. Anthroposophie dient der IDEE *und* ihrer einzig bekannten Konstruktion. Sie dehnt sich vom Mittelpunkt der Erde bis durch alle Sonnensyste-me zum EINEN aus ... und wieder zurück ...

Mit Steiner im Gepäck muss niemand der Erde entsagen, um den Kosmos zu erreichen, und wer den Kosmos erreicht hat, wird die Erde als Teil des Kosmos umso mehr lieben. Wer die IDEE kennt, wird das Leben als den Ausdruck dieser IDEE im-mer lieben, ehren und würdigen.

Aber wer nur im Leben lebt und dann stirbt, hat nie gelebt.

«Wir sind in dem Maße *unsterblich*», so Steiner, der damit vergangenen und gegenwärtigen Menschheitslehrern das Wort redet, «in welchem Maße wir in uns die Selbstheit ersterben lassen».[75] Selbstheit ist ein Wort, welches man auch als *Alltags-Ich*, *Niederes-Selbst* oder einfach als *Ego* übersetzen kann.

Dieses «Stirb und Werde» ist das wichtigste Prinzip, um ewiges Leben zu erlangen, und es gibt einfachste Mittel, um in dieses Leben zu kommen.

Steiner sagt es so – und ich könnte ihn dafür küssen:

«Es gibt vier Sphären menschlicher Tätigkeit, in denen der Mensch sich voll hingibt an den Geist mit Ertötung alles Eigenlebens: die Erkenntnis, die Kunst, die Religion und die liebevolle Hingabe an eine Persönlichkeit im Geiste. Wer nicht wenigstens in einer dieser Sphären lebt, lebt überhaupt nicht. Hat der Mensch sich durch eine der vier Sphären hindurch, aus der Einzelheit heraus, in das göttliche Leben der Idee eingelebt, dann hat er das erreicht, wozu der Strebenskeim in seiner Brust liegt: seine Vereinigung mit dem Geiste; und dies ist seine wahre Bestimmung. Wer aber im Geiste lebt, lebt frei. Denn er hat sich alles Untergeordneten entwunden. Nichts bezwingt ihn, als wovon er gerne den Zwang erleidet, denn er hat es als das Höchste erkannt. Lasse die Wahrheit zum Leben werden; verliere dich selbst, um dich im Weltgeiste wiederzufinden!»[76]

Wie geht es Ihnen?

Viele große und schwere Vokabeln. Einerseits. Andererseits aber auch lange Zitate. Fremde, merkwürdig, abstrakte Wörter. Viele Theorien und noch mehr Behauptungen.

Ich habe lange nicht mehr von mir zu Ihnen gesprochen, viel von «man» und «wir» statt von «ich» geschrieben, und vor allem bin ich eine Frage schuldig geblieben. «Woher, Sebastian, woher glaubst du, das alles zu wissen – alles nur angelesen?»

Ich hatte Ihnen vor vielen Seiten ein Versprechen gegeben, ich hatte Folgendes geschrieben:

«Ich denke, die Frage, der ich mich stellen muss und die zu Ihrem Motiv für das Weiterlesen und Bewerten dieses Buches wird, lautet: ‹Bist du glaubwürdig?› Vielleicht sind Sie in vielen Fragen total anderer Ansicht als ich, vielleicht entdecken Sie gravierende inhaltliche Fehler in meinem Buch, vielleicht geht Ihnen alles total gegen den Strich, aber entscheidender als alles andere wird in Ihnen ein Gefühl sein, das Ihnen sagt, ob das, was ich schreibe, in Deckung ist mit dem, was ich bin. Das ist die Basis für unsere Beziehung, für weitere Dialoge oder Briefwechsel, das ist der Deal zwischen Leserschaft und Autor im 21. Jahrhundert, und das ist das einzige Versprechen, das ich Ihnen geben will: ‹Ich will echt sein.› Echt in Bezug auf die grundlegenden Erfahrungen und echt auch in Bezug auf die bedeutsamen Erfahrungen.»

Dieses Versprechen zwischen Ihnen und mir galt auf jeder Seite und in jedem Wort, und es galt auch dann, wenn ich von «man» gesprochen habe, es galt auch, als ich Sie mit den Buchstaben über längere Passagen allein ließ.

Es ging nicht anders, denn alles, was IDEE, das EINE, GOTT, GEIST, das SELBST ist, all das ist grenzenlos mehr als ich, und ich, Sebastian Gronbach, musste mich in dieser IDEE, in diesem GOTT-Schreiben verlieren, um im MAN aufzuwachen.

Wenn wir MAN sagen, dann kann das bedeuteten, dass wir vor der persönlichen Verantwortung fliehen, es kann aber auch sein, dass wir überpersönlich sprechen. Wir können unsere Ich-Sprache ganz bewusst transzendieren, und dann können wir authentisch von MAN sprechen.

In diesem MAN sind auch Sie, aber ich meine nicht Sie mit diesem Buch in der Hand, sondern DICH, der du dir bewusst bist, dass jenes «Sie» dieses Buch hält.

Sie sehen jetzt Ihre Hände. Wer ist sich Ihrer Hände bewusst? Wer ist sich bewusst, dass er sich seiner Hände bewusst ist? Das bist DU.

In diesem MAN-BEWUSSTSEIN sehen wir uns als das EINE gegenseitig beim Schreiben und Lesen zu.

Manche von Ihnen nicken jetzt zustimmend, andere fragen sich: Was soll das? Ihnen und Ihnen will ich eine Geschichte erzählen. Es ist eine wahre Geschichte, die wahrste, die ich jemals erlebt habe. Ich habe sie nicht an den Anfang dieses Buches stellen können, weil es sie da noch nicht gegeben hat. Diese Geschichte passierte irgendwann in der Mitte dieses Buches.

Alles, was ich geschrieben habe, alles, was ich noch schreiben werde (und was Sie bereits als Geschriebenes in der Hand halten – Sie wissen also mal wieder mehr als ich), all das ist deckungsgleich mit mir – auf allen Ebenen.

Nichts ist *über* meine tatsächlichen Verhältnisse und Möglichkeiten geschrieben – das ist nicht selbstverständlich. Fast alle klassischen Autoren, Wissenschaftler und Künstler haben über ihre Verhältnisse hinaus geschrieben. Ihre Kunst und ihr Können waren nicht selten Lichtjahre weiter und höher als ihre Persönlichkeit. Ganz oben war oft auch ganz unten.

Was zum Beispiel Albert Einstein *schrieb*, war nicht authentisch mit dem, was Einstein *war*.

Er schrieb als Genie die Gesetze des Himmels herab und war als Persönlichkeit ein absurder, unausstehlicher, herrischer Kindskopf. Max Brod schrieb über ihn: «Der größere wichtigere Teil seines Lebens spielte sich unbewusst ab, und zwar im wahrsten Sinne des Wortes unzugänglich für andere wie für ihn selbst.» Absicht dürfe ihm dabei nicht unterstellt werden, war er doch «im strengsten Sinne des Wortes: unzurechnungsfähig, unverantwortlich für all das, was er tat».[77]

Was Mozart *komponierte*, war nicht authentisch mit dem, was Mozart *war*.

Mozarts Musik brachte die Engel zum Weinen – vor Glück, aber auch seine Frau – vor Unglück.

Wer sich Goethes Werk und seine moralischen Ansprüche vor Augen führt («Edel sei der Mensch ...») und mit seinem Leben vergleicht, der kann schnell zu dem einfachen Schluss kommen: «Genie ohne Tugend.»

Unzählige große Geister waren große Geister *und* kleine Menschen mit exorbitantem egoistischem Persönlichkeitsformat.

Die traurigen Pessimisten neigten dazu, ihren Schmerz zum

Mittelpunkt der Welt zu erklären, und schufen tatsächlich Werke von Weltmaßstab, die selbstherrlichen Diven der Kunst, Kultur und Wissenschaft überzogen ihre Mitmenschen mit Unmenschlichkeit und bauten darauf Meisterwerke für die Ewigkeit.

Das alles war gut und richtig so.

Nun gibt es nichts Peinlicheres, als sich selbst in eine Reihe mit solchen geistigen Helden zu stellen, selbst wenn man es so tut wie ich und betont, dass man eben inhaltlich nicht im Ansatz an diese Größe heranreicht. Es bleibt eine Peinlichkeit, die ich mir allerdings nicht erspare, weil sie nämlich etwas verdeutlicht, was mir wirklich wesentlich ist. Ich denke – und ich sehe mich (um eine weitere Peinlichkeit anzufügen) damit in einer Linie mit Steiner –, dass man heute und in nächster Zukunft nur noch wird Menschen zuhören wollen, die authentisch philosophieren. Die nichts sagen, was sie nicht selbst durch und durch verstanden haben, die über keine Erfahrung schreiben, die sie nicht selbst ganz und gar erfahren haben, und die von nichts berichten, was sie nicht selbst mit eigenen, wenn auch inneren Augen gesehen haben. Die Schattenseite dieser authentischen Philosophie ist, dass der Inhalt aus geringerer Höhe kommen kann. Gleichzeitig ist diese neue Philosophie ehrlicher – und sie ist hygienischer und ethischer, weil sie nicht auf den Opfern von anderen aufbaut, und sie hat die Chance, auf Dauer gewichtiger zu werden, weil sie Schrift und Schriftsteller in die Waagschale werfen kann. (Wobei Goethes Werkgewicht allein natürlich Gronbachs Werk + Persönlichkeit immer noch bei weitem übersteigt – und das ist nicht im Ansatz kokett gemeint.)

*Authentische Philosophie* ist nicht mehr Schein als Sein, ihre Autoren werden nicht von den eigenen Gedanken geblendet, und der Leser wird nicht getäuscht.

Sie hat immer den Anspruch, über sich hinauszuwachsen, aber nur, wenn der Autor mitwächst.

Kunst und Kultur haben immer den Anspruch, über sich hinauszuwachsen. Authentische Kunst will zusätzlich, dass der Künstler mitwächst. Authentische Philosophie ist die gemeinsame Evolution von Werk und Meister.

Sein Schreiben über Verantwortung darf nicht nur «wahr» im allgemeinen Sinne, sondern muss persönliche Wahrheit des Schreibenden sein.

Nur so, das ist meine Gewissheit, wird sie andere Menschen bewegen und einen Beitrag dazu leisten, dass ihr immanentes Ziel verwirklicht werden kann. Nur so wird sie die Magie entfalten können, die nötig ist, um die Welt zu verzaubern.

Anthroposophie muss ebenso authentisch sein, sonst wirkt sie nicht mehr; und dieses Buch ist der Versuch, dies nicht nur zu fordern, sondern zu tun. Oder wie mein Vater zu sagen pflegte: «Laber nicht. Mach!» (Wobei das «Mach» bei einem Autor dann doch wieder etwas mit «Labern» zu tun hat.)

Daraus folgt, dass die Autoren, Redner und Dozenten dieser Anthroposophie noch heftiger, noch engagierter, noch enthusiastischer und noch mehr als je zuvor gleichzeitig ihre spirituellen und ihre menschlichen Eigenschaften potenzieren müssen.

Weil Anthroposophie die ganze Tiefe und ganze Weite der Welt besser und göttlicher machen will, müssen Anthroposophen immer besser und göttlicher werden.

Wird eines vernachlässigt, wirkt sich das negativ auf das andere aus.

Bücherschreiben wird komplizierter, wenn man kein asozialer Autor mehr sein will und wenn man verspricht, dass Reden über den GEIST immer im Einklang ist mit wirklicher GEISTerfahrung, Reden über soziale Verantwortung gleichzeitig Verantwortungsübernahme bedeutet und Singen über Lust und Liebe nur im Einklang mit einem liebevollen und lustvollen Leben harmonisch und leidenschaftlich klingt.

Rudolf Steiner bringt es so auf den Punkt – und nennt es die goldene Regel: «Wenn du einen Schritt vorwärts zu machen versuchst in der Erkenntnis geheimer Wahrheiten, so mache zugleich drei vorwärts in der Vervollkommnung deines Charakters zum Guten.»[78]

Damit zurück zu der alles entscheidenden Frage an den authentischen Anthroposophen: «Bist du glaubwürdig?»

Diese Frage können nur Sie beantworten, und damit Sie sich das ganze Bild machen können, erzähle ich jetzt auch die ganze Geschichte.

Es ist die Geschichte meiner Erleuchtung.

Erleuchtung bedeutet, dass sich das individuelle Bewusstsein über das persönliche, werdende und vergängliche Ego hinaus in das ewige Sein ausbreitet und dort dauerhaft ankommt. Es ist die Erfahrung, die man in der Religion als das völlige Aufgehen im göttlichen Vatergrund nennen kann. Dieser Schritt in das Licht der Liebe ist ein Geschenk. Jeder weitere Schritt ist Arbeit. Aber Arbeit im Licht, aus dem Licht und mit dem Licht. Das macht den Unterschied.

Die Geschichte geht so:

Sebastian sitzt am Computer. Er döst vor sich hin und surft durchs Netz. Er klickt auf eine Seite, um sich über einen zeitgenössischen Philosophen zu erkunden, der in seinem Umfeld hoch geschätzt wird, der ihm aber nichts sagt. Er verspricht sich nicht viel von diesem «Klick» und beginnt zu lesen, was auf seinem Bildschirm leuchtet:[79]

«Was du immer gesucht hast, ist buchstäblich und exakt das, was diese Seite jetzt liest. Dieses Selbst kann nicht gefunden werden, weil es dasjenige ist, was niemals verloren wurde. Du hast immer schon gewusst: Du bist du. Dieses ICH BIN ist ein andauernder Zustand dessen, was erscheint, es ist der Raum, in dem alles erscheint, nichts ist außerhalb von ihm, es ist daher vollständiger Friede, und seine Schönheit erstrahlt in alle Richtungen. Sebastian erscheint im Raum dieses ICH BIN, Sebastian erscheint in dieser unermesslichen Geräumigkeit, dieser reinen Offenheit. Sebastian ist ein Objekt, genauso wie ein Baum oder eine Wolke, welche im Raum des Selbst erscheint, welches du bist. Ich spreche jetzt nicht zu Sebastian, ich spreche zu dir. Das, was sich Sebastian bewusst ist, ist dieses immer-gegenwärtige Selbst.»

Ich schlucke. Mir ist, als käme etwas auf mich zu und aus mir raus. Von allen Seiten. Noch ahne ich nicht, was dieses Etwas ist.

Ich lese weiter:

«Dieses Selbst ist sich Sebastian bewusst, so wie er jetzt erscheint. Dieses Selbst ist Gott. Gott liest diese Seite. Sebastian liest nicht diese Seite. Gott liest diese Seite. Das Selbst ist sich Sebastian und dieser Seite bewusst. Du bist nicht Sebastian. Du bist das, was sich Sebastian bewusst ist. Das, was sich Sebastian bewusst ist, ist ein ICH BIN, das nicht gesehen, sondern nur gefühlt werden kann, ein Fühlen in absoluter Sicherheit, unerschütterliche Ist-heit: ICH BIN, der ICH BIN, ewig, zeitlos, niemals endend. Es gibt nur dieses ICH BIN in alle Richtungen. Alles erscheint spontan im Raum dieser großen Perfektion, welche das Selbst ist, das diese Seite gerade liest. Und du, Sebastian, bist dieses Selbst.»

Sebastians Blick ist auf die Seite gerichtet und geht Buchstabe für Buchstabe über die Seite hinaus. Er liest weiter und weiter und weiter ... und er weitet sich über diesen Text aus, immer weiter weitet er sich aus. Sebastian liest die Wörter in sich ein und er spürt, wie Tränen in ihm aufsteigen, er weitet sich immer noch aus. Er hat seine Hirnschale durchdrungen und seine Zimmerdecke, er hat sich über sein Haus und durch die Wolken ausgedehnt. Er erreicht die Stelle, wo der Himmel immer blau ist, und er erreicht die Grenze der kosmischen Dunkelheit, er durchstößt diese Schwärze, strahlendes Licht bricht über ihn herein. Dann explodiert Sebastian. Er ist jetzt tot. Derjenige, der sich Sebastians Tod bewusst ist, öffnet die Augen.

Zum ersten Mal atmet er den ewigen Atem. Er atmet alles ein und alles aus. Er ist das Atmen. Sein Bewusstsein ist jetzt erwacht. In diesem Bewusstsein erscheinen Sebastian, der Computer, seine Mutter, sein Vater, die Blumenvase neben ihm und das faulige Wasser und die Begriffe aus Steiners Büchern. Er sieht das alles ganz genau.

Seine ganzes Leben erscheint, geht vorbei und erscheint und geht vorbei und erscheint – alles ist, wie es ist, und nichts kann dieses Sein, welches er nun ist, bedrohen, weil es nichts gibt, was außerhalb dieses Seins ist.

Alles ist aus dem einen Sein und in dem einen Sein.

Und Sebastian erinnert sich daran, dass er dies alles als rätselhaftes Gefühl kannte. Damals stand er vor dem Spiegel seines Badezimmers und wunderte sich über dieses Gefühl. Gerade war sein Vater zum wiederholten Mal mit einem Gehirnschlag ins Krankenhaus gebracht worden. Er stand damals da und dachte: «Was soll eigentlich passieren? In Wirklichkeit kann nichts passieren. Niemandem, zu keiner Zeit. Das Wesentliche bleibt immer unantastbar, makellos und strahlend schön.»

Dieses Gefühl machte seine Angst und seinen Schmerz nicht kleiner, aber dieser Schmerz war unendlich sanft in einer Hand aufgehoben, die seine Hand war. Damals fühlte er das alles als große schlafende, fragende Gewissheit.

Jetzt war Sebastian zersprungen und er war als das Ma-
kellose zu dieser Wirklichkeit erwacht. Er war dasjenige, was
ungeboren, ungeschaffen und unsterblich ist, er war ein «Ich
bin – das ich bin».

Er war die große EXISTENZ, in deren liebevollem Bewusstsein die Existenz von Sebastian erschien, so wie auch andere
vergangene und gegenwärtige Existenzen in diesem Super-
Maximal-Bewusstsein erschienen. Er war das Sein, das Sebastian erschaffen hatte, und er war die Substanz, zu der Sebastian
nach seinem Tod wieder werden würde, und er war der Geist,
aus dem heraus ein anderer wieder geboren werden würde. Er
war eine Ist*heit*, eine So*heit* von allem, in allem, vor allem – in aller Ewigkeit. Er war das Sein, aus dem alles Werden hervorgeht.
Gleichzeitig war er nichts. Nichts und alles. Der Punkt, aus dem
alle Weite entspringt. Das All im Punkt.

Jetzt erschienen ihm Einzelheiten. Antworten auf lang
gestellte Fragen. Eine, nennen wir sie Simone, würde geboren
werden, und alles, was Sebastian war, wäre als metaphysische
Essenz in dieser Simone, und beide wären aus dem einen Geist-
Selbst. Und immer, wenn ein Sebastian und eine Simone so erwachen, dann strahlt das SELBST, und es übertrifft dann seine
unübertreffliche Schönheit durch eine nicht für möglich gehaltene schönere Schönheit.

Bei jedem erwachten Menschen geht eine einzigartige Sonne
in der Sonne der Sonnen auf und das Licht scheint in die Finsternis, die es nun endlich aufnehmen kann. Und das All und die
Sterne und die Erde werden sich ihrer selbst durch das Erwachen
der Menschen bewusst. Das Super-Maximal-Bewusstsein ist erwacht, weil Menschen erwachen. Gott ist im Menschen erwacht.
Das ist es, wovon alle so lange geträumt haben. Aber jetzt wird
alles wach. Und Gott sah, dass es gut war, und Sebastian weinte
und weinte und weinte ...

Seit diesem Tag ist Sebastian erleuchtet. Er ist wieder einmal aufgewacht auf einer Stufe, von der er immer dachte, sie würde unerreichbar sein. Nun ist er bewusst im Sein, und sofort weiß er um die Probleme, die damit zu tun haben.

Er weiß, dass Erleuchtung nicht Erleuchtung ist, er weiß, dass es Grade und Stufen der Erleuchtung und des Erwachens gibt. Er weiß, das seine Stufe noch wackelig und seine Erleuchtung im Vergleich zu älteren Leuchten noch flackernd ist, und er kennt die Riesenkräfte des Grundlegenden, er weiß, dass andere höher, weiter und umfassender diesen Zustand manifestiert haben, er weiß, dass Müdigkeit und Schlaf mächtig und gnadenlos sein können. Er weiß, dass seit immer und in alle Zukunft Menschen solche Erfahrungen machen und dass er damit nichts Besonderes ist. Trotzdem ist er sich der Besonderheit bewusst und weiß über die Missverständnisse, sozialen Schwierigkeiten und Abgründen, die mit solchen Darstellungen verbunden sind, und er weiß, dass dies alles nur der Anfang und nicht das Ende ist. Er weiß, dass er Freunde braucht und Freunde hat, die es als Aufgabe eines großen Herzwerkes ansehen, solche Erfahrungen besprechbar zu machen.

Das alles weiß er. Er kennt die Schatten der Erleuchtung, und es ist sein sehnlichster Wunsch, dass seine Geschichte andere ermutigt, aus diesem Schatten herauszutreten und ihre Geschichte zu erzählen. Er weiß auch, dass er sich verletzlich macht und verletzt werden wird. Er weiß, dass Authentizität, die damit zu tun hat, die eigenen dunklen Schatten zu zeigen, wirklich schwierig ist, aber dass Menschen noch mehr Angst davor haben, wenn ihnen jemand die gleißende Sonnenlichtseite zeigt, die in ihnen schmerzt und ebenfalls aufscheinen will. Er weiß, dass er nun zu Hause ist, und der weiß, dass er immer schon zu Hause war. Er weiß aber auch, dass dieses zu Hause etwas von ihm fordert. Es fordert: «Wie im Himmel so auf Erden».

Transzendenz ist kein Sofa im Himmel, sondern ein Motor zur Transformation der Erde.

Er erkennt seinen eigenen Geist als in Ewigkeit eins mit dem universalem Geist.

Es ist der glücklichste Moment seines Lebens – und dieser Moment dauert unaufhörlich an und hat alles von Grund auf verändert.

Sebastian blickt auf und er schaut auf eine Postkarte, die auf seinem blauen Sofa liegt.

«In mir ist Gott – ich bin in Gott»,[80] hat Steiner als Meditation auf eine Tafel geschrieben, und Sebastian muss in die Tränen hinein lachen, weil alles immer schon genau vor ihm lag. Er musste nur erwachen. Wie einfach alles ist.

Er wusste, die Sonne, die ihn anstrahlte und die er war, zeigt nur das Licht der ersten Morgendämmerung, aber er wusste, dass die Nacht und das Träumen vorbei waren, er wusste, dass er sein Tagwerk noch nicht einmal begonnen hatte, aber er war jetzt einfach glücklicher als glücklich darüber, wach zu sein.

«Guten Morgen, schöne neue Welt», sagte er, stand auf und trank einen Kaffee mit geschäumter Milch. «Mhmm, lecker, lecker. Lecker Kaffee.»

Tja, so war das, und die Internet-Meditation von Ken Wilber (man konnte da seinen eigenen Namen eingeben und sie so für sich personalisieren) war zwar für mich entscheidend, sie ist aber (wie ich mittlerweile herausgefunden habe) anderen Menschen eher schnuppe.

So war das mit meiner Erleuchtung.

Viele Monate sind seitdem vergangen und alles hat sich geändert. Einfach dadurch, dass sich die Perspektive verändert hat. Weil ich wirklich erfahren habe, was es bedeutet, eins mit allem zu sein. Mein Gesundheitszustand hat sich massiv verbessert. Meine Arbeitsleistung wurde gesteigert, mein Schlafbedürfnis verringert und meine Essgewohnheiten haben sich umgestellt. Anthroposophische Traditionen und Mythen, die verschiedenen Religionen und unterschiedlichsten spirituellen Strömungen werden durch das Licht der Erleuchtung als verschiedene Versionen der einen sich immer weiter entfaltenden Wirklichkeit durchschaut.

Erleuchtung ist ein kosmisches Aha-Erlebnis, und es ist wie bei jedem Aha-Erlebnis: Man fragt sich danach, warum man nicht gleich darauf gekommen ist.

Es gibt keinen sicheren Weg zum Erwachen, und es bleibt die ausgelutschte Erkenntnis, dass jeder seinen Weg gehen muss. Meiner war der anthroposophische Schulungsweg mit fast allem Drum und Dran, aber am Ende der Nacht stand Steiners Erbe da und hatte leichtes Spiel, mich zu wecken. Wach zu werden hat immer seine Gründe, aber wach zu werden ist immer auch ein wundervolles Geschenk. Jeden Morgen.

Wilber hat mich wach gemacht, aber Steiner hat alle diese Jahre an meinem Bett gestanden und mich in meinen Träumen besucht. Dort hat er mich gelehrt, worauf es ankommt, er hat mich mit Nahrung versorgt, er brachte mir alles bei, damit ich beim Aufwachen wusste, wo und wer ich bin, und damit ich vor dem Erwachen nicht in einen traumlosen Tod falle.

Er war die Voraussetzungen dafür, dass solch ein Erlebnis nicht bloß eine temporäre Blitzerfahrung bleibt, dass es nicht nur ein kurzes Erwachen und dann wieder Wegträumen ist oder ein erschrockenes Ins-schwachsinnige-Koma-Fallen wird. Anthroposophie kann dem Zustand der Erleuchtung Dauer verleihen.

Ken hat Rudolf in mir lebendig werden lassen. Ohne Ken keine Erfahrung, aber ohne Rudolf nichts, was zur Erfahrung hätte werden können. Es gibt keine Worte, die meine Dankbarkeit für diese beiden verschiedenen Gleichen ausdrücken können.

Seit ich denken kann, habe ich Anthroposophie aufeinandergestapelt, und seit diesem Moment hat sie wirklich Feuer gefangen – um mich herum ist es warm und hell. Wer sagt, ich würde die Anthroposophie verbrennen, hat genauso recht wie derjenige, der bemerkt, dass ohne diese Bücher, Vorträge, Übungen und Nebenübungen nichts brennen könnte und demnach auch kein Licht und keine Wärme da wären.

Meine Anthroposophie musste verbrennen, aber was brennt da? Es ist die Illusion, die brennt und ohne die nichts brennen könnte, ohne die eine geistige Wiedergeburt undenkbar wäre.

Anthroposophie ist ein schwer entflammbares Brennmaterial (sie ist in diesem Sinne nicht «trocken», wie sie manchmal bezeichnet wird, sondern «feucht», und Steiner schrieb, wie er angedeutet hat, extra feucht und schwer entflammbar), sie lässt sich gut stapeln (was ein Problem sein kann, wenn der Funke ausbleibt, und ein Segen, wenn dieser Funke dann kommt), und sie ist griffig für jedermann, weil sie für jeden das Material hat, das in seinen individuellen Kamin passt. Die aufgestapelte Anthroposophie verweist auf nichts anderes als auf diesen Stapel. Die verbrannte Anthroposophie erleuchtet den Raum, um den es wirklich geht. Jeder Schritt, den wir mit der Flamme der Erkenntnis in diesen Raum gehen, macht nicht nur neue Räume sichtbar, sondern erschafft neues Territorium.

Niemand sollte sich über die Anthro-Stapler lustig machen, aber wenn jemand mal anfängt, die Stapel zu verbrennen, dann ist der Ruf der Noch-Stapler nach der Feuerwehr («Hilfe, unsere schönen anthroposophischen Stapelkünste stehen in Flammen!») ebenso unangemessen.

In meinem Stapel brannten als Erstes die Begriffe. Die größte Flamme loderte um den größten Begriff, um «den Christus».

«Der Christus» verbrannte und es blieb: «Ich bin».

Christus war kein Er mehr, auch kein Es, kein Bild und kein Wesen. Er wurde ein «Ich bin», er wurde das einzige und einfachste Gefühl, was ich jemals gefühlt hatte.

«Der Christus» verbrannte seine Biografie, seinen historischen Mythos. Er wurde zu einer bestimmten Erzählung, die man aus der Schule oder aus der Kirche kennen kann, aber auch als Illusion, als Diskurs hinter sich lassen muss, um weiterzukommen. Einen Diskurs kann man erst hinter sich lassen, wenn man ihn geführt hat. Darum ist der christliche Diskurs eine wichtige Phase, aber eben nur eine Phase.

«Bezeichnungen für den Christus, die anders sind als das ‹Ich bin›, sind nicht richtig. Wir können nie von ‹Er› sprechen.»[81] Wenn man das «Ich bin» erlebt, gibt man unwillkürlich seinen eigenen, tradierten Diskurs auf. Das kann ein schmerzvoller Prozess sein. Einer Kreuzigung gleich. Dann aber beginnt die Auferstehung der wirklichen Wirklichkeit.

Genau das versuchte Steiner mit dem «ätherischen Christus». Dieser ist das Gemeinte hinter dem Mythos. In der Bezeichnung «ätherischer Christus» steckt das Anliegen, einen historisch-mythologischen Kontext zu verlassen, es ist der Versuch, ein biblisches Wesen aus seiner erstarrten äußerlichen Form zu befreien, um seine Auferstehung als übersinnliche Idee zu ermöglichen.

Sein Name ist somit im wirklichen Sinne Schall und Rauch.

Dann bleibt als Essenz dieses ICH BIN als eine Leere, ein wahres Selbst, ein Loch der Freiheit, welches nichts trägt, sondern getragen werden muss. Es ist Gottes Durchbruch in mein Ego.

Das alles klingt völlig kompliziert. Darum gab es immer

wieder Menschen, die diese metaphysischen Erfahrungen in eindringliche, archetypische Urbilder kleideten. Rudolf Steiner nennt diese Bildermacher und Geschichtenerzähler *Mysten*, und er handelte selbst wie ein Myste.

Er erschuf Wesen, er konstruierte und übernahm geistige Kreaturen. Er bediente sich bekannter religiöser Geschöpfe, um seine wirklichen, aber in Reinheit unaussprechbaren Erfahrungen und Erkenntnisse, in einem bestimmten kulturell-geistig-religiösen Kontext besprechbar zu machen. Der Geist ist wie Gas. Flüchtig und nicht fassbar. In Holz kann er lange überleben, um viel später erlöst zu werden. Erlösung durch Verbrennen. Das macht hell und warm.

Steiner kleidete den Geist in philosophische Formen. Er kleidete den Geist in theosophische und in theologische Formen und in Mythologien. Man kann auch sagen, dass er in Gleichnissen sprach. Wikipedia sagt: «Ein Gleichnis ist eine bildhafte rhetorische Figur zur Veranschaulichung eines Sachverhalts mittels eines Vergleichs ..., die mit didaktischem Anspruch einen komplexen, oft theoretischen Sachverhalt in Form einer bildhaften und konkreten Darstellung abbildet.» Wikipedia beschreibt den Christus.

Es gibt eigentlich drei Steiners. Der erste Steiner sprach über die Wirklichkeit, so wie er die Wirklichkeit erlebte: in Begriffen und als großer Denker. Er war nur an einem interessiert, nämlich daran, die wirkliche Wirklichkeit denkend *in sich selbst* entstehen zu lassen. Er stand aufrecht und mit dem Kopf im Kosmos und dem Kosmos im Kopf – er beschrieb einfach, was er erkannte. Er war nicht in der Welt – die Welt war in ihm.

Der zweite Steiner sprach über diese wirkliche Wirklichkeit so, wie seine jeweiligen Zuhörer sie am besten verstehen konnten: in imaginativen Geschichten und als großer Didakt. Er war nur an einem interessiert, nämlich daran, die wirkliche Wirklichkeit lehrend *in anderen aufleben* zu lassen. Er stand gebeugt und mit dem Kopf am Herzen der Menschen – er gab, was gebraucht wurde. Er redete nicht nur zu Köpfen. Er griff in die Herzen und wollte, dass etwas geschieht.

Der dritte Steiner legte Hand an und wollte dazu animieren, dass auch andere Hand anlegen. Er wollte, dass das Wort in den Willen geht, dass etwas passiert. Er wollte das Leben konkret und durch und durch mit Geist durchdringen, durchformen, verwandeln, transformieren.

Er brachte das Eine in die Vielen und die Vielen in das Eine. «Das Geistige im Menschen zum Geistigen im Weltenall.»[82]

Er wollte nicht nur über den kosmischen Ozean reden. Er baute Boote, die auf den Wellen fahren konnten, er bildete Kapitäne aus, die den einen Geschmack des Meeres kannten und doch jede Welle als eine absolut neue Herausforderung annehmen wollten. Er schulte aber vor allen die *Gemeinschaft* der Seeleute, die mit Begeisterung jedes Risiko eingehen sollten. Er wollte Teams, er wollte Mannschaften, er entwickelte Trainingsprogramme für Individualisten, deren Meisterschaft darin bestand, über sich hinaus und mit der Gemeinschaft weiter und weiter zu wachsen.

Spirituelle Erkenntnis und Erfahrung erwacht erst in der faktischen Gemeinschaft zum Leben. Im Studierzimmer bin ich der Ozean. Kein Problem. Mit anderen zusammen muss sich zeigen, ob wir auch *gemeinsam* die Wellen reiten können. Dieses Abenteuer ist doppelt so komplex und doppelt so faszinierend.

Steiner sprach dieses Abenteuer im Zusammenhang mit dem an, was man in der Anthroposophie den «umgekehrten Kultus»[83] nennt. Es ist die gemeinsame Ausrichtung auf ein überpersönliches Feld, wodurch die gebündelte spirituelle Energie sich nicht nur summiert, sondern potenziert. Wenn einer in die Dunkelheit blickt, dann verliert sich der Blick in der Dunkelheit. Wenn zwei oder viele in die Dunkelheit blicken, dann kreuzen sich die Blicke und im Kreuzungspunkt glitzert ein neuer Stern.

Im biblischen Kontext ist es die Pfingstoffenbarung: «Wo zwei oder drei in meinem Namen zusammen sind, da bin ich unter euch», die sich in diesem umgekehrten Kultus zeigt. Dieser Prozess erschafft einen utopischen Kontinent jenseits der vielen einzelnen Standpunkte. Einen Kontinent, der erobert und erforscht werden will und der mit der größten Überraschung aufwartet, die man sich als spiritueller Kolumbus vorstellen kann: Es ist bewohntes Land. Bereit zum Dialog. Ein wechselseitiges Erschaffen, Rückbestätigen und Steigern hat begonnen, und jeder Schritt ins Land erschafft neues Land und neues Leben.

Der umgekehrte Kultus – oder wie es im integralen Duktus heißt: «collective wisdom» – ermöglicht das Sakrament der Begegnung zwischen dem Weltgeist und dem Menschengeist, die sich gegenseitig «Stuf' um Stufe heben, weiten», wie es bei Hesse heißt.

Das alles verändert das Selbstbild des Menschen: «Statt in die Welt hineinzustarren, die in Glück und Unglück das Ich auf seinen Wellen trägt, findet man das Ich, das wollend das eigene Schicksal gestaltet.»[84]

Steiner war das, was Wilber als *Siddah* bezeichnet: «Der Siddah holt sich ein Surfbrett und reitet die Wellen.»[85] Steiner wollte nie die Wellen des Lebens loswerden. Er wollte die Welle surfen. Für ihn war die Welle kein Feind. Er kannte das Meer. Seine Wellen waren der immer neue, immer einzigartige Ausdruck des einen Ozeans. Er wollte nicht im Einen versinken, er wollte die immer neuen Entfaltungen des Einen reiten. «Surfen macht Freude, erfrischt und belebt, auch wenn es sehr schmerzvoll, schwierig und angsterfüllt sein kann», so Wilber zu dieser Metapher.

Jens Heisterkamp fasst die drei Steiners zusammen, indem er Anthroposophie in seinen klaren Worten als «eine spirituelle Bewegung, auf philosophischer Grundlage, mit sozialer Ausrichtung»[86] bezeichnet. Manchmal frage ich mich, warum ich ein ganzes Buch schreiben soll, wenn doch alles in so einem Satz steht. *Ich* frage mich das – nicht *Sie*! ;–)

Wer den ersten Steiner kennt, dekodiert den zweiten Steiner und versteht den dritten Steiner. Der erste Steiner redete vom «Christentum als mystische Tatsache» und fügte unterstreichend in einem Brief hinzu: «Der Zusatz ‹als mystische Tatsache› will ganz ernst genommen werden.»[87]

Steiner beschreibt zum Beispiel Evangelisten als Angehörige verschiedener Mysterienschulen, die dann das Leben Jesu «nach Maßgabe ihrer Mysterientradition beschrieben»[88] hätten. Ken Wilber kommt zu der gleichen Einsicht und eskortiert Steiners Aussage so: «Er (Jesus) wurde einfach der herrschenden Mythologie einverleibt.»[89]

Diese «Mysterienweisheit wurde für die christliche Gemeinde unlösbar verknüpft mit der Persönlichkeit des Christus Jesus. *Dass* er *gelebt* hat und dass seine Bekenner zu ihm gehörten: Dieser Glaube trat an die Stelle dessen, was man vorher mit den Mysterien hatte erreichen wollen.»[90]

Der christliche Mythos unterscheidet sich von anderen Mythen dadurch, dass man Jesus nicht sein ließ, was er war, «nämlich einer, der der ganzen Menschheit dient», sondern man machte ihn «zum einzigen Sohn Jehovas»,[91] wie Wilber es formuliert oder wie Steiner es ähnlich ausdrückt: «Was früher auf die ganze Welt verteilt war: das wurde nunmehr auf eine einzige Persönlichkeit vereinigt.»[92]

Nun wird deutlich, welch einmalige Chance und gleichzeitig welch große Falle in diesem christlichen Mysterium liegt: Die

Chance liegt darin, dass Jesus für den Menschen «als das größte Ideal erscheinen muss»,[93] als ein Mensch, der sich voll und ganz mit der wirklichen Wirklichkeit vereinigt hat. Nicht nur stückweise ist er Gott ähnlich geworden, sondern bis in sein Fleisch, bis in die blutige Substanz seines Körpers ist er eins geworden mit dem Prinzip der Ewigkeit, mit dem, was man Gott nennt.

Er hat sein Ego zu 100 Prozent durch das ewige und authentische Selbst ausgetauscht. «Nicht ich, sondern Christus in mir», so Paulus dazu.

Die Geschichte von Jesus zeigt, dass es einem Menschen möglich ist, das Leben in der Welt vollständig und vollkommen zu transzendieren und gleichzeitig für diese Welt zu leben.

Er hat gezeigt, dass es möglich ist, als Mensch in dieser Welt zu leben und zu sterben und gleichzeitig zu sagen: «Mein Reich ist nicht von dieser Welt». Seine Geschichte erzählt, dass wir unsterbliche Sterbliche sind. Oder umgekehrt.

Damit ist er das mystische Vorbild für alle Menschen, die nicht nur stückweise, sondern total, über sich und ihr Ego hinaus in das Eine, in die Transzendenz hineinwachsen wollen, um im nächsten Atemzug das tranzendente Eine unmittelbar im Hier und Jetzt zu verwirklichen. Sein philosophischer Doppelname könnte «Platon Aristoteles» heißen. Der Aufsteiger, der sich mit dem Absteiger versöhnt.

Hier ist wieder das, was ich als Kern der Anthroposophie beschrieb: Weisheit und Barmherzigkeit – Aufstieg und Abstieg in einer großen, sich intensivierenden Bewegung.

In seinem Doppelnamen repräsentiert Jesus Christus eine doppelte Botschaft: die sich selbst verwirklichende IDEE. «Christus» ist dabei eine bestimmte Bezeichnung für die IDEE. «Jesus» ist der Name, der für einen Menschen steht, in dem und durch den die IDEE auf der Erde präsent wird.

«Christus» ist Symbol für die individualisierte Transzendenz des EINEN, und in «Jesus» transformiert sich das EINE zum Einzigartigen.

Erst im einzelnen Menschen kann die metaphysische Vollkommenheit Gottes verwirklichte Vollkommenheit werden. Sein Wille geschehe – wie im Himmel so auf Erden.

Auch in vielen anderen spirituellen Strömungen gibt es das, was Steiner den «Christus-Impuls» nennt. In einer bekannten Geschichte des Zen zum Beispiel finden wir einen Meister, der immer einen Leinensack (das Kreuz) auf der Schulter trug. Wurde er gefragt: «Was ist die Bedeutung des Zen?», dann ließ er den Sack schweigend auf den Boden sinken. («Mein Reich ist nicht von dieser Welt.») Wurde er gefragt: «Was ist dann die Verwirklichung des Zen?», so nahm er den Sack auf, legte ihn klaglos über die Schulter und ging seines Weges.

Das aus diesem Mythos abgeleitete Problem, die Lüge, besteht nun darin, dass Jesus als der *Einzige* verkauft wird, dem diese vollständige Transzendenz mit dem unbedingten Willen zur Transformation der Welt gelungen ist; vor allem aber (darin liegt die wirkliche Sünde der christlichen Kirche), dass er auch der Einzige *bleiben* soll, dem das jemals hier und jetzt gelingen durfte. Dem Rest der Menschheit wird diese Vereinigung erst im Jenseits widerfahren, und wer das Gegenteil behauptet, erfährt das gleiche Schicksal, wie es Jesus erfahren hat. Er wird gekreuzigt. So oder so.

Das ist besonders widersinnig, weil gerade das Christentum der Mythos ist, dessen Wesenskern im Leben Jesu zeigt, dass man das Göttliche voll und ganz als das Göttlich-Göttliche erfahren kann und nicht nur als «Menschlich-Göttliches ... auf einer bestimmten Entwicklungsstufe».[94]

Der Gründungsmythos des Christentum, und das ist tatsächliche etwas Neues, was offenbar bis heute funktioniert, gibt sich als geschichtliche Wahrheit aus und stellt den EINEN als historischen Menschen dar. Der Sinn dieser innovativen Konstruktion besteht darin, den Himmel (Christus) wirklich auf die Erde (Jesus) zu bringen, das Wort wirklich Fleisch werden zu lassen und endlich zu realisieren, was Steiner im Grundsteinspruch meditiert:

Wo die ew'gen Götterziele
Welten-Wesens-Licht
Dem eignen Ich
Zu freiem Wollen
Schenken.

Da sich das Christentum als historische Fleisch-und-Blut-Tatsache generierte, ließ es sinnlich erfahrbar machen, was seine Kernaussage sein wollte: Die Inhalte der alten Menschheitsmysterien können konkret hier und jetzt und in jedem Menschen verwirklicht werden. Die Vielheit der Göttergeheimnisse hat sich in einem einzigen Menschen offenbart. Ein Vorgang als Vorbild. Zur Nachfolge für jedermann empfohlen. «Wer mir nachfolgt, der wird nicht wandeln in der Finsternis, sondern wird das Licht des Lebens haben.»

Oder wie Steiner sagt: Jesus «ist das lebendige Wort; in ihm ist Person geworden ... was uralte Tradition war».[95]

Die tradierten und interreligiösen Wahrheiten sind die spirituelle Grundlage des Christentums. Neu an der Erzählung ist vor allem die Biografie gewordene Durchdringung des ganzen Lebens mit dem ganzen Geist.

«In der Mysterienweisheit ist der Boden zu suchen, aus dem der Geist des Christentums hervorgewachsen ist. Es bedurfte nur des Überhandnehmens der Grundüberzeugung, dass dieser Geist in höherem Maße ins *Leben* eingeführt werden müsse, als dies durch das Mysterienwesen selbst geschehen war.»[96]

An die Stelle des *Glaubens an das Mysterium*, trat der Glaube, dass *ER tatsächlich gelebt hat*. Diese Vorstellung, dieses notwendige Dogma, dass sich eine göttliche Instanz tatsächlich in einem einfachen, armen, ganz normalen Menschen aus dem Volk verkörpern kann, diese Vorstellung wirkte historisch wie ein leidenschaftlicher Weckruf: Ihr Menschen seid gemeint! Jeder von euch. Du Hirte. Du Bauer. Du Beamter. Du Penner. Du Hure. Du Kind. Ihr seid Söhne, ihr seid Töchter Gottes. Einfach so.

Nicht nur die Gebildeten und Weisen, die Priester und Könige können Gott voll und ganz in sich aufnehmen. Im Gegenteil. Der kleine Mann von der Straße konnte sich sinnlich vorstellen, dass in jedem Menschen Gott schlummert und auferstehen will – gerade in demjenigen, der nichts kennt außer dem sicheren Gefühl, das jedes Kind kennt: Ich bin ich. Darauf kommt es an. Auf nichts sonst.

Es war diese revolutionäre Vorstellung, welche *jeden* Menschen über sich hinauswachsen lassen sollte, oder wie Steiner in der *Geheimwissenschaft* sagt: «In der Christus-*Vorstellung* ist zunächst ein Ideal gegeben, das aller Sonderung entgegenwirkt, denn in dem Menschen, der den Christus-Namen trägt, leben auch die Kräfte des hohen Sonnenwesens, in denen *jedes* menschliche Ich seinen Urgrund findet.»[97]

Es gibt ein schönes christliches Mantram, um allmählich zum Göttlich-Göttlichen zu erwachen: «Ich bin der Weg und die Wahrheit und das Leben.» Sprechen Sie es einmal und sagen Sie es so, als gäbe es keinen Menschen außer Ihnen, als läge einen Moment lang alle Verantwortung der Menschheit und Gottheiten auf Ihrer Schulter, als käme es nur auf Sie an. Laut und deutlich: «Ich bin der Weg und die Wahrheit und das Leben.»

Die Erfindung des ätherischen Christus ist der Versuch Steiners, uns bewusst werden zu lassen, dass wir tatsächlich und bis in unsere Vitalfunktionen, bis in unsere reale Erscheinung, bis in unser pulsierendes Blut hinein diese Idee *verkörpern* können. In diesem Bild suchen wir nicht Christus, sondern *sind* Christus, das sich entwickelnde Kind Gottes.

Es kommt nur auf Ihr Ich an. Wenn Sie sICH in das Loch Ihres Egos stellen, welches Sie zum Beispiel durch das Anthroposophische freigehauen haben, oder heiliger formuliert: zum heiligen, leeren Gral bereitet haben. Das Ego wird kompetente Hülle. Anthroposophie formt das Ego zu diesem Gral. Sie ist nicht Inhalt, sondern Formkraft für den Inhalt. Sie gestaltet Frei-Räume und funktionsfähige Strukturen, Werkzeuge und Instrumente. Anthroposophie dient dem Geist, indem sie das Ego mit heiliger Leere erfüllt. Mal schafft sie kleine kunstvolle Kästchen, mal sprengt sie riesige sakrale Löcher. Anthroposophie ist die Kunst, Leerheit in höchster Qualität zu bilden.

Die faszinierende Bedeutsamkeit dieser Zwischenräume erahnte ich in meiner Jugend. Ich spürte das Geheimnis der Freiräume zwischen Oberwelt und Unterwelt, sie nämlich waren in meine Kompetenz gestellt, hier konnte mein Ich schaffen und gestalten – aber nicht *als* Sebastian-Persönlichkeit, sondern *mit* und *durch* meine sich entwickelnde Persönlichkeit.

Heute empfinde ich es so, dass mein dynamisches, menschliches Werden sich aus meinem ruhenden, göttlichen Sein entwickelt. So werde ich zu einer trans-personalen Persönlichkeit. Eine irdische Persönlichkeit mit dem kosmischen Pluszeichen. Rechenfehler und Systemabstürze eingeschlossen. Als ich entschieden hatte, ein ethischer Individualist zu werden und nur im Einklang mit meinen eigenen Motiven zu handeln, war ich auf dem langen Weg, so zu werden, dass ich sagen konnte: «Nicht ich (also sozialisiertes, biologisches, persönliches Ego), sondern Christus (ICH) in mir (meiner veredelten Persönlichkeit).»

So inkarniert sich im Ich das ICH.

Das Ich ist durchzogen von Egostrukturen, persönlichen Defiziten und Hemmnissen und schaut gebannt auf die Schatten an der Höhlenwand.

Das ICH ist der Sonnenstrahl der IDEE, die immer auf den Menschen fällt. Er muss sich nur umdrehen und ins Licht treten.

Im Prozess der Erleuchtung transformiert sich unser Ego zum ICH und sendet von da einen Sonnenstrahl in die eine kosmische Sonne, und die Sonne strahlt, um diesen Strahl heller geworden, wieder in die Welt und so in mich. So sonnen wir uns gegenseitig.

Es gibt nämlich in Wirklichkeit zwei Sonnen. Die eine ist aus der anderen geworden. Die Gewordene ist dafür verantwortlich, dass die Seiende wird. Die Sonne erwärmt unsere Herzen, aber auch wir erleuchten ihre Wärme. So kommen wir durch ICH zu GOTT – und GOTT erstrahlt in unserem Licht neu.

Gott steht für das EINE. Christus steht für dieses göttliche EINE in der menschlichen Vielheit. Christus ist das reine SELBST, das vollendete EINE, welches sich in verschiedenen unvollendeten Subjekten zur Erscheinung bringen will.

Im Credo der Christengemeinschaft lautet dieser Satz so: «Christus ... ist zu diesem Gotteswesen wie der in Ewigkeit geborene Sohn.»[98] Man beachte das «Wie» in dem von Steiner verfassten Glaubensbekenntnis. Sogar hier baute er einen kleinen, gemeinen Stolperstein ein. Christus *ist* nichts an *sich*. Der Name Christus ist das Symbol *für* etwas. Dieses Etwas ist das Ideal des MENSCHEN.

Dieses Ideal in uns können wir kreuzigen oder auferstehen lassen. Wesen mit Namen brauchen wir dazu nicht.

Im Zustand der Erleuchtung nimmt man eine vollkommene Perspektive ein und erlebt die Einheit als eine Dreiheit und die Dreiheit als Einheit.

Was man Christus nennt, erfahre ich dann als mein ICH. Zu diesem Ich gibt es keine Beziehung. Es ist ein Ich-bin-ich-Gefühl, und wenn ich so fühle, dann fühle ich den Strahl, der aus der einen Sonne kommt. Wenn Sie so fühlen, dann fühlen Sie Ihren Strahl. Er kommt aus derselben Sonne. Wir fühlen dann dasselbe und sind in diesem Gefühl im Einen beieinander.

Da ist wieder unser Ort, in dem Sie jetzt sind und in dem ich jetzt auch bin. Sie und alle Leser und jeder, der eines guten Willens ist.

Was man Gott nennt, erfährt man als das unerreichbare DU. Unerreichbar als kosmische Größe und auch unerreichbar im menschlichen Gegenüber, das immer auch ein abgründiges Rätsel bleibt und stets nach einer Beziehung verlangt. In dieser Beziehung ist Demut das erste Gefühl.

Und das, was man den heiligen Geist nennt (damit machen wir das Trio jetzt voll), erscheint als gewordenes ES, als Schöpfung. Die Natur ist Resultat einer göttlichen Selbstaufgabe. Die Natur, so lesen wir bei Plato (und Steiner bestätigt ihn), ist das Grab Gottes. Die Idee hat sich in ihr jeweils absolut vollendet.

Die Erleuchtung ermöglicht, was die Erklärung nicht vermag: gleichzeitig alle Perspektiven einzunehmen und sie im selben Augenblick von einer höheren Warte aus als Erfahrung zu transzendieren. Das ist der Moment, wo Gott sich seiner Trinität bewusst wird.

Das alles ist so einfach und so mühelos zu verstehen, wenn man es versteht, und so kompliziert, wenn man es nicht versteht und nie erfahren hat.

Meine eigenen Worte hätten mir vor ein paar Jahren noch nichts gesagt. Damals kniete ich – und das ist kein Bild für etwas, sondern gelebte Biografie – auf dem Fußboden und hob die Hände in den Himmel. Ich verpflichtete mich «dem Christus» und schwor ihm Treue, ich wollte ihm dienen, wenn ich groß bin. Mit *groß* meinte ich auch *groß* im Sinne von *bekannt*.

Ich wollte missionieren. Tja, und heute missioniere ich. Aber irgendwie anders.

Ich hätte auch Priester werden können, ich wäre es gerne geworden. Meine damalige Frau ist statt meiner Pfarrerin geworden. Eine wirklich gute Pfarrerin. Ich habe meinen Teil dazu beigetragen, dass sie es tatsächlich werden konnte. Und ich? Was blieb von meinem Versprechen übrig, welches ich dem Christus gab, dem Christus, dem auch die Kirche dient?

Ich las viel und ich sprach mit Priestern und Professoren, ich wühlte mich durchs Internet, las noch mehr, und ich stellte mir selbst unendlich viele Fragen. Jeden Abend erneuerte ich mein Versprechen vor diesem Christus.

Kurz vor der Jahrtausendwende traf ich auf etwas, das es eigentlich nicht mehr geben kann – außer in verrückten Filmen oder der überschäumenden Fantasie von Romanautoren. Etwas, das es in einem aufgeklärten Buch mit einem postmodernen Sofa und einem Laptop eigentlich nicht geben darf. Etwas, das eindeutig überspannt klingt und ich daher auch nicht im Geringsten böse wäre, wenn Sie mir jetzt den Vogel zeigen würden.

Ich traf auf eine geheime Bruderschaft. Auf Männer, die im Kleide von fröhlichen Bürgern an Orten, die bedeutungslos erscheinen, ihr Leben «dem Christus» gewidmet hatten. Nicht meinem damaligen Christus, nicht dem historischen, der auch der Christus der Kirche und im Grunde auch weiter Teile der Anthroposophenschaft ist, sondern dem Christus, von dem ich Ihnen jetzt so ausführlich erzählt habe. Dem Christus, der keine Lust mehr auf Christen hat.

Diese Bruderschaft nahm mich, nach einem Jahr der Prüfungen, als ihren Schüler auf und lehrte mich auf einem gnadenlosen Weg die wahre Lehre des «Christus in mir», wie ich sie zuvor dargestellt habe.

Rund sieben Jahre dauerten die Lehrjahre, die sich unbemerkt von der Öffentlichkeit und ohne äußere Einschränkung meines sonstigen Lebens vollzogen. Sie kannten keine Feiertage und sie schreckten nicht davor zurück, das Denken und Fühlen ihrer Zöglinge mit aller Härte in die Zange zu nehmen. Viele ihrer Schützlinge verließen sie, manche wurden zu erbitterten Gegnern, und andere verschwanden auf Nimmerwiedersehen.

Ich selbst war hin- und hergerissen und verfluchte sie (was sie mit stoischer Ruhe ertrugen), bat mein sozialisiertes Christuswesen um Verzeihung und entschloss mich doch immer wieder, meine Ausbildung bis zum Ende durchzustehen. Diese anthroposophische Bruderschaft, die sich im Namen und Geiste Rudolf Steiners versammelt hatte, nahm mich schließlich auf.

Die Aufnahme erfolgte ohne äußeren Akt – sie vollzog sich durch das vollständige, gemeinsame und leibfreie Aufgehen in der Ideenwelt als Urquell und Prinzip des Seins und war an dem Tag vollendet, als sich dieses zuvor beschriebene «Erleuchtungs-Erlebnis» ereignete.

Alles, was ich als Erleuchtung erfuhr und was mit «dem Christus» zu tun hatte, war die überwältigende Transformation dieses gedanklichen, philosophischen, anthroposophischen Systems in eine erlösende, lebendige Erkenntnis-Erfahrung.

Zum ersten Mal hatte ich kein schlechtes Gewissen mehr gegenüber «dem Christus» – er war nicht länger tradierte Vorstellung, die angebetet werden will, sondern trans-personale Ich-Identität, die einfach so war und immer mehr werden wollte.

Wäre ich an Ihrer Stelle, liebe Leserin, lieber Leser, ich hätte meine Zweifel. An der Glaubwürdigkeit, am Verstand und an der Postmoderne – und vor allem am Autor dieser Zeilen.

Es ist heute Romanen und Filmen wie dem *Da Vinci Code* und *Harry Potter* vorbehalten, über «geheime Bruderschaften» zu sprechen, es bleibt die Sprache historischer Persönlichkeiten, über Prüfungen und Einweihungen zu sprechen – was aber, wenn es hier und jetzt passiert?

Mir ist es passiert. Anderen passiert es auch – jeden Tag, mitten im Leben. Es hat meine Freude, meine Gesundheit, meine Erkenntnisfähigkeit und meinen Willen zur Verantwortung vervielfacht.

Mein «Christuserlebnis» war so völlig anders, als ich es mir jemals vorgestellt hatte. Christus war als die genialste, die menschlichste Idee, die es je gab, in mir und nicht mehr außerhalb von mir. Dieser Christus ist, so Christian Grauer, «weder eine Forderung des Verstandes noch eine religiöse Notwendigkeit. Christus ist ein Anliegen, das menschlicher nicht sein könnte: die Verherrlichung und Anbetung des Menschseins als solchem in seiner höchsten, idealen, keineswegs göttlich-absoluten, sondern menschlich-vorläufigen Form.»[99]

Somit ist Christus eine Erfindung des Menschen, um sich selbst zu finden, eine durch ihn auferstandene geistige Wirklichkeit, die er in seinen Horizont stellt und die mit ihm und seinen Erkenntnissen wächst.

Steiner hob «den Christus» aus dem historisch-kirchlichen Kontext heraus, aber noch immer steckt «der Christus» in der religiösen, mythologischen, ja bisweilen archaischen Falle, wirkt wie der Speck, nach dem die Mäuse suchen. Aber «ihn» kann man nicht finden, und wenn man glaubt, ihn zu haben, dann schnappt die Falle zu. Es ist die König-Midas-Falle. Alles, was der vermeintlich Glückliche berührte, wurde zu Gold – letzten Endes er selbst.

Es ist das spukhafte, völlige Aufgehen des Ideals im Symbol. Das geht so lange, bis nichts mehr übrig bleibt als das erstarrte, goldene Kalb.

Das Wort, «der Christus», ist das goldene Kalb der Anthroposophie. Wenn ich in Vorträgen seinen Namen ausspreche, stehe ich da wie ein Magier und finde ehrfurchtsvolle Zuhörer. Wenn ich seinen Namen als konstruierten Mythos aufgebe, dann werde ich verteufelt. Dann ist die propagierte Geistes*wissenschaft* am Ende und es geht nur noch darum, apologetisch eine Ideologie zu verteidigen. Anthroposophen versammeln sich heute selten als Erkenntnisgesellschaft und häufig als Glaubensgemeinschaft, deren Forscherdrang allein in der Frage besteht: «Wie finde ich den Christus?» Aber was ist das für eine Wissenschaft, die schon am Anfang weiß, was sie am Ende finden wird? Eben keine Wissenschaftsgesellschaft, sondern ein *Tanzverein ums goldene Kalb*. Das goldene Christus-Kalb steht da, glotzt, wird beglotzt und umtanzt.

Sie finden, das sind schlimme Worte? Ich finde die Worte nicht halb so schlimm wie die Traurigkeit, die mich erfasst, wenn ich daran denke, was alles durch dieses Kalb verhindert wird. Ich empfinde traurigen Zorn über diesen Tanz! Wir könnten all das sein, was wir dem Christus zuschreiben, wir könnten so überwältigend liebevoller und revolutionärer sein, wenn wir die notwendige Phase überwinden würden, in der wir auf dieses Bild starren und es umtanzen. Was dieser «Christus» einst ermöglichte und woanders immer noch ermöglicht, das verhindert er heute in unserer spirituellen Strömung. Damit das harte Gold wieder fließen kann, damit es wieder zur einen goldenen Sonne wird, die in uns allen gleichzeitig wundervoll aufgeht, die die Hirtenherzen und Königshäupter gleichzeitig erwärmt und erleuchtet, damit wir selbst golden werden, müssen wir Christus um Christus willen aufgeben. Es ist wie mit Michael, seinen himmlischen Kollegen und wie mit den Elementarwesen.

Nichts davon funktioniert mehr – bestenfalls als Kuriosität. Das unsichtbar Gemeinte wird zugunsten von sichtbaren Kälbern geopfert. Willkommen im Wesenszoo. Willkommen im Gefängnis der Bilder. Ihnen wird Verletzung von Paragraph zwei vorgeworfen: Du sollst dir kein Bildnis machen.

Warum gibt es in der Anthroposophie so viele Bilder und Geschichten, Mythen und Legenden?

Noch mal: Steiner hat ständig solche Geschichten erzählt, hat seine Erkenntnisse in bestimmte Bilder gegossen und auch gesagt, warum er das in vollendeter Didaktik so tat: «Die Seele hat eine ganz bestimmte Gesetzmäßigkeit. Sie muss in einer bestimmten Richtung wirken, um über sich hinaus zu schaffen. Auf der mythologischen Stufe tut sie das in Bildern; aber diese Bilder sind nach Maßgabe der Seelengesetzmäßigkeit gebaut.»[100] Auf diese Seelengesetzmäßigkeiten ging Steiner ein und handelte so in der Tradition der Mysten – allerdings hatte er vorher in seinen Bücher sein mystisches Programm offengelegt. Man kann alles nachlesen. Seine Didaktik steht jedem offen – damit erweist er sich als moderner Lehrer. Ist er damit, im Sinne seiner eigenen Lernziele, auch wirksam? Ich habe meine Zweifel, die anderen den *Tanzverein ums goldene Kalb*.

Aber was hätte er sonst tun sollen, als Mythen zu bilden? Das Großartige an Mythen ist ja, dass sie die wahre Wirklichkeit durch die Zeit und in die Herzen vieler Menschen tragen können – wir sind alle auch Kinder und hören gerne erbauliche Geschichten.

Das Fatale an Mythen ist, dass sie sich zu Monstern aufbauen können, die nichts anderes tun, als vor der wirklichen Wirklichkeit zu stehen und diese als Scheinheilige verbergen. Manchmal sind Mythen ein Aufzug für die Seele, und manchmal sind Mythen ein Staubsauger, der die heiligen und nach wahrer Größe strebenden Seelenkräfte aufsaugt.

Steiner selbst jedenfalls hat in seiner Biografie die Ideenwelt auf den Punkt gebracht und in die Tat umgesetzt. Er war ein Erleuchteter, der von seinem göttlichen Sein-Sofa aufgestanden ist und zu einem freien Liebestäter wurde.

Am Ende war Steiner sogar bereit, seine universellen und zeitlosen Erfahrungen des Seins in eine konkrete Welt des Werdens, ja sogar in die Worte einer speziellen Religion zu fassen, die für einen bestimmten kulturellen Raum, in dem er lebte, gerade von Relevanz war.

Er hätte weiter im Meer der Erkenntnis baden können, aber er stand auf und ging weit zurück an den Strand, um die Menschen dort abzuholen, wo sie standen. Ist ihm das gelungen oder ist er der Rufer in der Wüste geblieben, dessen Anhänger immer noch im trockenen Sand wühlen, anstatt einfach ins Meer zu gehen? Ich denke, er liebte die Menschen wirklich – sie waren ihm am Ende wichtiger als das Meer.

Seine Barmherzigkeit ging so weit, dass er die Weisheit in die vorherrschende, zeitgenössische Mythologie des Christentums und ihre charakteristischen Wesen hineinopferte.

Die Christologie ist nicht der Höhepunkt seiner Entwicklung, sondern in ihr ist er ganz auf der Erde, im Herzraum seiner Zeitgenossen, in ihrer real-existierenden Mythologie angekommen. Seine Hoffnung war es wohl, dass nur dort die transformatorische Energie steckt, die eine kosmische Wahrheit zu einem irdischen Menschheitsereignis machen kann. Darum tat er, was er für richtig hielt – zumindest die überaus erfolgreiche soziale Ausrichtung der Anthroposophie gibt ihm Recht in seinem Vorgehen. Andere Folgen seiner Didaktik sind weniger großartig. Ja, sie sind sogar kontraproduktiv. Ich erlebe in meiner Arbeit als Berufsanthroposoph jeden Tag, dass Menschen wie das Kaninchen gegenüber der Schlange vor diesen großen, magischen Worten hocken – das größte Kaninchen ist ... Na, Sie wissen schon. Sie starren darauf, und mittlerweile sind sie nicht mehr ihr ans Firmament gesetzter Leitstern, sondern die Bretter, die den Kopf vernageln.

Andererseits: Vielleicht ist es ja genauso richtig, wie es ist. Denn in der Anthroposophie und ihrer Gesellschaft lebt tatsächlich etwas wirklich Christliches. Gerade ihr etwas verkrampftes Streben nach Vollkommenheit kommt aus dem Erleben der zwiespältigen Unvollkommenheit, und diese hat mit dem zu tun, was Christus verkörpert: «Die Zwiespältigkeit des menschlichen Daseins, die erst das Leben so wunderbar und den Menschen so liebenswert macht. Sein Tod am Kreuz ist das Bild für die Verbindung mit der menschlichsten aller Lebensformen: der Vorläufigkeit»,[101] so Christian Grauer.

Dieser Christus ist «Ecce Homo», dieser Christus hört auf, Christus zu sein, und sein Name kann zu Grabe getragen werden, damit auferstehen kann, was er verkörperte:

«Seht, da ist der Mensch!»

Es wäre ein Missverständnis, wenn man dem Menschen Hochmut vorwürfe, weil er sich an die Stelle Gottes stellt. Es ist kein Hochmut, sondern er steht einfach da. Es ist eine Tatsache.

«Gott ist tot – und er kann nur je und je und nur soweit wieder auferstehen, als konkrete Menschen konkrete Realisationen des Göttlichen in sich erzeugen können. Jedes bloße *Wissen* um das Göttliche, und wäre es noch so hoch autorisiert, ist heute bedeutungslos. Erst vor diesem Hintergrund wäre es möglich, das neue Entstehen des Göttlichen als spirituelle Realität des Menschen, wie es z.B. Schelling schon angedeutet hat, mit den alten Mysterien und auch mit dem Mysterium des Christentums in Beziehung zu bringen: der *Christus-Impuls* wäre dann nichts anderes als genau dieses Sich-Realisieren von evolutionärer Spiritualität als selbstlose spirituelle Aktivität des Menschen.»[102]

Steiner schrieb: «Anstelle Gottes den freien Menschen!!!»[103] Anschließend packte er den Hammer aus und hämmerte *keine* Christusstatue aus dem Holz, sondern den *Menschheits*repräsentanten, und auf die Bitte der Pfarrer und Priester entwarf er *nicht* einen neuen *Gottes*dienst, sondern eine *Menschen*weihehandlung, und schließlich schrieb er *Das Fünfte Evangelium.*[104]

Ein Mensch schreibt ein Evangelium? Der Inhalt ist die eine Sache, die Tat eine vielleicht viel bedeutsamere. Sein Handeln war auch Gleichnis. Nicht *was* er alles Neues macht, war das Gleichnis, sondern *dass* er alles, was er machte, neu, anders und auf seine Art machte. Wer die Vielzahl der geschaffenen Produkte (Landwirtschaft, Kunst, Eurythmie, Kirche usw.) für das Werk hält, hat das Wesentliche verpasst, das Werk ist der *Mensch im Prozess,* der tut, was er liebt, der *Jeder-ist-ein-Künstler-Mensch.* Wer Anthroposophie als Quelle nutzt, schöpft fraglos aus einem unfassbar tiefen und reichhaltigen Brunnen, der wie eine unversiegbare Quelle *wirkt.* Aber Anthroposophie ist von ihrem Wesen her gar keine Quelle, sondern nur eine von vielen Möglichkeiten, um selbst zur einen Quelle vorzustoßen, um selbst zur Quelle zu werden, aus der alles Leben strömt.

Steiner stellte sich selbst in das Zentrum, nahm alles selbst in die Hand und gab auf alles, aber auch auf wirklich alles, eine Antwort. (Heute muss man sagen: Ob er Ahnungen hatte oder nicht – von einigem hatte er wenig Ahnung und es wäre besser, er hätte dazu geschwiegen.)

Es war nicht Größenwahn, was ihn trieb, sondern die konsequente Vernichtung der wirklichen Hybris: der Hybris des Egos.

Das größenwahnsinnige Ego erhebt sich über das wahre Selbst des Menschen und versucht es mit allen Mitteln klein zu halten. Dieses fette Ego sagt: «Ich bin so fett, so fett, so fääättt, du kannst mich nicht umgehen, niemand kann aus seiner Haut, es dreht sich doch alles nur um das eine, wir sind alle kleine Sünder, der Geist ist willig, aber das Fleisch ist schwach, wir müssen alle mal sterben» usw. Das Ego setzt sich als ABSOLUT und sagt dem Menschen, der sich zum SELBST erheben will: «He, gib nicht so an mit deinen Erleuchtungserfahrungen.» Und als größte Unverfrorenheit, als Meisterwerk des Lügengebäudes sagt dieses feiste Ego dann: «Sei mal ein bisschen selbstlos und stelle dich nicht immer so in den Mittelpunkt, das gehört sich nicht. Du willst Gott sein? Hahaha! Du bist doch nur ein größenwahnsinniger Mensch.» Größenwahnsinnig ist nicht der Mensch, der sich für Gott hält, größenwahnsinnig ist das Ego, welches behauptet, göttliche Größe sei unerreichbar.

Immer wenn im Menschen der evolutionäre Keim aufgehen will, kommt das Ego und setzt sich mit seinem fetten Hintern auf den Sprössling. Das Ego hat immer nur ein Ziel: Es will wachsen. Und es erreicht dieses Ziel durch SELBSTverleugnung und EGOzentrik.

Und wir? Jedes Mal, wenn wir diesen Ego-Lügen resignierend zustimmen und unsere um das SELBST multiplizierte Individualität zugunsten unseres personalen Egos zurückstellen, wenn wir unserem eigenen evolutionären Rufen nicht folgen, weil wir uns davor fürchten, wirklich groß und strahlend zu werden und für alles verantwortlich zu sein, weil wir eine riesige Angst davor haben, all das aufzugeben, mit dem wir uns identifizieren und was wir alles nicht sind, dann schieben wir dem Ego noch ein dickes Stück Sahnetorte ins Maul. Und wieder ist es fetter geworden, rülpst und schmatzt zufrieden: «Schiehchste, wuschte isch doch!»

All das beginnt sich zu ändern, wenn wir den Unterschied zwischen Ego und Selbst echt erkannt und erfahren haben. Selbsterkenntnis ist der erste Weg zur Besserung. Diese Selbsterkenntnis besteht sowohl aus Momenten als auch aus Prozessen. «Die Selbsterkenntnis», so Ewertowski, «unterscheidet sich von allen anderen Erkenntnissen dadurch, dass sie niemals bloß theoretische Kenntnis sein kann, sondern immer mit einer Wandlung verbunden ist. Sie wirkt unmittelbar auf ihren Gegenstand zurück. Nachdem ich mich erkannt habe, bin ich in gesteigertem Maße mit mir selbst identisch – und doch auch ein anderer, da mich diese Erkenntnis verändert hat. Wahre und tiefe Selbsterkenntnis ist Selbsterneuerung im Sinn der Wiedergeburt.»[105]

Ewertowski interpretiert hier («endlich, endlich», möchte ich rufen) «Wiedergeburt» nicht im traditionellen Sinne von Horst-Dieter-inkarniert-sich-in-Lotti-Maria-Reinkarnation, sondern als «jene Selbsterneuerung, jene zweite Geburt, in der sich die menschliche Seele mit dem Geist vereinigt».[106]

Um das zu erreichen, muss das Ego sterben. Das bedeutet, dass ich alles, was ich bin, als das erkenne, was es ist: das Ergebnis meiner Taten, Entscheidungen und Gedanken. Die Struktur, die ich bin, habe ich erschaffen. Das ist der Moment, wo alle Ausreden restlos aufhören zu quatschen und etwas nie Dagewesenes als erschütternde Erkenntnis vor mir steht, was Steiner wie folgt formuliert:

«Man fühlt sich mit seinem vollen Leben in einem Irrtum drinnen stehend. Doch unterscheidet sich dieser Irrtum von anderen Irrtümern. Diese werden gedacht, er aber wird erlebt. Ein Irrtum, der gedacht ist, wird weggeschafft, wenn man an die Stelle des unrichtigen Gedankens den richtigen setzt. Der erlebte Irrtum ist ein Teil des Seelenlebens selbst geworden; man ist der Irrtum; man kann ihn nicht einfach verbessern, denn man mag denken, wie man will, er ist da, er ist ein Teil der Wirklichkeit, und zwar der eigenen Wirklichkeit. Ein solches Erlebnis hat etwas Vernichtendes für das eigene Selbst.»[107]

Dieses niedere Selbst, das Ego der Menschen schafft an der schwarzen Sonne, am Mega-EGO der MENSCHHEIT, und je mächtiger dieses Mega-EGO wird, desto größer wird seine negativ-inspirierende Wirkung auf das Einzel-Ego des Menschen. In einem religiösen Mythos würde man sagen: Die vielen Bosheiten der Menschen nähren die eine Bosheit des Teufels. Dieser eine Widersachermächte-Impuls hat nun wiederum Einfluss auf die Vielen.

Das höhere Selbst der Menschen schafft an der goldenen Sonne, am Mega-SELBST der MENSCHHEIT, und je mächtiger dieses Mega-SELBST wird, desto größer wird seine positiv-inspirierende Wirkung auf das Einzel-Selbst des Menschen. In einem religiösen Mythos würde man sagen: Die vielen Gutheiten der Menschen nähren die eine Gutheit Gottes.

Wir erschaffen durch unser Denken, Reden und Handeln Licht oder Finsternis. Wir fördern die Energie, die uns selbst fördert. Negativ oder positiv. Wir dienen Gott oder wir dienen dem Teufel, und wir geben ihnen durch unser Tun und Lassen Macht über uns. – Sehen Sie, jetzt haben wir auch wieder so etwas wie Wesen erschaffen.

Die Raffinesse, mit der unser persönliches Ego uns den Blick aus dieser befreienden Sicht verbauen will, ist nicht zu unterschätzen, und es kleidet sich dabei in die fantastischsten Formen. Sein bösartigster Tricks besteht darin, sich als SELBST zu tarnen. «Ego, dein Name sei Gott», lautet der lügenhafte Taufspruch, den wir schon kennengelernt haben, und gegen alle guten Absichten bläst der falsch verstandene Glauben an Reinkarnation und Karma dieses Ego noch größer auf, als es eh schon ist. Diesen Glauben kann man so zusammenfassen:

Nach dem irdischen Tod eines Menschen wandert die Individualität eines bestimmten Menschen durch die «geistige Welt», um sich am Ende in den neuen Körper eines anderen Menschen erneut zu inkarnieren. Ein neuer Mensch wird geboren, der bereits einmal ein Mensch war, und so geht seine Reise wechselnd zwischen Himmel und Erde hin und her, um immer neue Erfahrungen zu machen und an seiner individuellen Entwicklung zu arbeiten. Alles, was er an guten und schlechten Dingen tut oder erfährt, nimmt er als stille, aber wirksame Erfahrung mit in die nächste Existenz. So baut die eine Inkarnation auf die andere auf und erfährt in der Zeit, in der sie nur Geist und ohne Körper ist, eine besondere Wandlung und Reifung.

Diese Vorstellung ist nicht nur in weiten Teilen der Anthroposophie verankert, sondern entwickelt sich langsam aber stetig zur von der *Bild*-Zeitung legitimierten Mehrheitsmeinung in Deutschland.

Zunächst ist es eine feine Sache, dass sich nicht nur die Anthroposophie, sondern auch die *Bild* Gedanken über Karma und Reinkarnation macht, und es zeigt doch vor allem das Engagement der Letzteren, dass diese Themen *echte* Themen sind, dass Menschen die wirklich großen Fragen nach dem eigenen Ursprung immer heftiger bewegt.

Es ist auch das Verdienst der Anthroposophie, dass wir in Deutschland jetzt so weit sind, uns über die staatskirchliche Deutungshoheit hinaus spirituelle Fragen zu stellen.

Aber gerade wenn die Themen, Inhalte und Formen der Avantgarde in die Masse übergehen, wenn sich die Idee an der Wirklichkeit bricht, dann ist die Avantgarde aufgefordert, die nächst höhere Entwicklungsstufe zu erobern, sich als Motor einer Entwicklung zu betätigen und an der Spitze die Furchen zu ziehen, in denen die Nachfolgenden besser gehen können. (Bitte jetzt kein Jammern über den Gebrauch von Vokabeln wie *Elite* und *Avantgarde*. Wir hatten das doch schon: Das sind Sie!) Weil sich die Ideen von Reinkarnation und Karma auf der horizontal-gesellschaftlichen Ebene etabliert haben und dort auf einer individuellen und sehr persönlichen Ebene das Thema der Selbstverantwortung in die Biografie der einzelnen Menschen brachten, wird es für mich als Anthroposoph Zeit, diese Dimension des Lebens auf der Vertikalen weiterzuentwickeln. Das ist mit Schmerzen verbunden, denn gerade war man endlich so weit, dass die Gesellschaft die eigene Minderheitenposition als Mehrheitsmeinung übernimmt (wenn auch nicht eins zu eins, so doch als Bewusstseinsfrage), und schon muss man wieder aus dieser Masse heraustreten, um auf einer umfassenderen Stufe das Gegebene zu negieren und zu transzendieren. Steiners Ansatz war zu seiner Zeit genau richtig. Selbstverantwortung, Selbstverursachung und die Entwicklungsperspektiven des Menschen und die Evolution der gesamten Menschheit waren damals nur im Kontext des persönlichen Schicksals verstehbar.

Heute geht es um viel mehr: Mit wachsendem weltzentrischen Bewusstsein entwickeln wir uns aus der Erkenntnis der Selbstverantwortung und Selbstverursachung und dem persönlich erfahrbaren und durch die Hirnforschung verstehbar gemachten Evolutionsgedanken in die Erkenntnis der Weltverantwortung, Weltverursachung und Weltevolution hinein. Globalisierungskritik ist (bei aller Einseitigkeit) ein Zeichen dafür, dass immer mehr Menschen verstehen, dass der billige Kaffee bei ALDI etwas mit einem armen Menschen in Kolumbien zu tun hat.

Der Schritt zu einem neuen, transzendierten Welt-Verständnis von Reinkarnation und Karma lässt alles, was vorher war, als eine Kindergarten-Version von Schicksal erscheinen. Kindergarten ist nichts Unwichtiges, im Gegenteil, es ist grundlegend. Aber es ist von geringerer Bedeutung und von kleinerer Wahrheit als die Universitäts-Version. Kiga führt zur Uni.

Diese nächsten Schritte führen dazu, dass man wieder so lange unverstanden und allein ist, bis auch der neue Standort von anderen erreicht wird und die mit wenig Verbündeten erarbeiteten Erkenntnisse als Allgemeinbildung assimiliert werden. Dann wird es wieder Zeit, weiterzuziehen – das ist das Schicksal der Elite. Dazu gehören auch neue Botschaften, die erst einmal keiner hören will.

Die neue Botschaft lautet: Die klassische Interpretation von Reinkarnation und Karma, nach der sich einzelne Individuen immer wieder verkörpern, nützt mittlerweile mehr dem kleinen Ego und schadet dem großen Selbst.

«Wie sich Tante Lieschen die Wiederverkörperung vorstellt ...»,[108] nennt der 1958 verstorbenen Anthroposoph Karl Ballmer ahnungsvoll diese *Bild*-Vorstellungen, und ich teile seinen Spott – nicht ohne zu erwähnen, dass ich jahrelang selbst ein Anhänger der «Meier-Müller-Huber-Schiller»-Inkarnationsvorstellung gewesen bin, um noch ein weiteres Wort Ballmers zu zitieren. Im Zusammenhang lautet der Satz Ballmers wie folgt und beschreibt somit die Sicht eines Menschen, der über die spirituellen Klischees hinaus auf die nächste Ebenen blickt:

«Man kann nicht sagen, dass die Menschen (die Meier, Müller, Huber, Schiller) sich wiederverkörpern; sondern man muss sagen: In wiederholten Erdenleben sind die Menschen (Meier, Müller, Huber, Schiller) Teilnehmer an den Wiederverkörperungen des (großgeschriebenen) MENSCHEN.»[109]

Dieser Wiederverkörperungsgedanke ist der einzige, der mit Steiners Monismus tatsächlich kompatibel ist.

In Seminaren, Kursen und Vorträgen, die ich zuerst hörte und dann selbst hielt, erfuhr ich die suggestive Wirkung des herkömmlichen Karma-Gedankens auf spirituelle Sinnsucher. Plötzlich gab es eine spirituelle Luftpumpe, die alles Grundlegende, alles Triebhafte, jede charakterliche Unreife und emotionale oder soziale Verstrickung zur «karmischen Frage» aufpumpte. Endlich war man da, wo man immer sein wollte: in der totalen ahrimanischen Egozentrik und gleichzeitig im luziferischen Jenseits. Man war da, wo die Postmoderne ihre dunkelste Stelle hat: in dem mit Narzissmus infizierten Pluralismus.

Alles dreht sich nur um das eigene Ego, die eigene Persönlichkeit, welche nun auf wundersame Weise die höchste Weihe empfängt, und der kleine Mensch erhält universale und epochenüberschreitenden Charakter. Jede noch so irrelevante, alberne, schlicht typologische oder grobe Eigenart des Egos wird nun sakrosankt und bedeutsam.

Die Biografie des Egos wird zum Evangelium.

Aber was ich übersah und wozu ich andere verführte, es zu übersehen, war, dass sich das kleine Ego als großes Selbst verleidet hatte, dass es mal wieder um die Eitelkeit ging. «Eitelkeit – mit Abstand meine Lieblingssünde», so Al Pacino als Satan im Film *Im Auftrag des Teufels*.

Wir stellten uns wieder Rosenfragen: «Bin ich schön? Schadet mir der Wind? Schau mal, wie traurig ich bin! Schau mal, wie schön ich bin! Ich hab Angst zu verblühen! Ich will bewundert werden! Mir ist langweilig. Ich brauche Zärtlichkeit. Ich habe Sehnsucht nach Anerkennung, was ist meine Rolle hier? Ich hab das Gefühl, dass ich übergangen werde, ich will auch meine Meinung sagen, ich denke, wir sollten das gemeinsam besprechen. Alle sind gleich wichtig, niemand steht über mir, kann mich niemand verstehen? Sieht niemand, wie bescheiden ich bin? ... Ich, ich, ich ... und so weiter und so weiter.»

Aber dieses Mal, der Horror war perfekt, waren all diese Dinge *karrrmisch beeeedeeeutsam*. Tatsächlich sind sie aber allgemeine Grundlage der menschlichen Gattung und in diesem

Sinne als elementar aufzufassen. Sie müssen im Bewusstsein aufgearbeitet werden, dann erst kommt man zu dem Bereich, der tatsächlich etwas mit Reinkarnation und Karma zu tun hat. Erst dann verlassen wird den Menschenpark, in dem die allgemeine Gattung Mensch zu Hause ist.

Erst jetzt geht es um das, was bei Steiner «Wiederverkörperung des Geistes»[110] heißt.

Jetzt inkarniert sich in der «eigenen Gattung»[111] des menschlichen Individuums nicht eine andere vorherige Gattung, jetzt leben nicht Meier, Müller und Huber weiter, sondern «vielmehr verwirkliche sich in jedem Einzelmenschen *seine* Gattung, also die Gattung des einen SELBST, der großgeschriebene MENSCH oder eben in diesem Sinne der Christus».[112]

Das SELBST verkörpert sich in einem Individuum. Wenn das Individuum stirbt, ist das Individuum ausgelöscht. Was überlebt, ist die positive Quintessenz dieses Lebens, aber sie wird nicht als solche in eine neue Inkarnation hineingetragen, sondern in das SELBST, welches nun diese Quintessenz bereichert wird, und aus diesem kosmischen SELBST heraus bildet sich ein neues Inkarnat.

Es ist die Geschichte mit der Sonne. Wenn Sebastian stirbt, dann geht seine geschaffene Sonnenenergie in die eine SONNE über und verglüht zu einer noch heißeren Sonne.

Das große ICH verkörpert sich in verschiedenen Formen, in verschiedenen Menschen, in verschiedenen Biografien als «Ich bin».

«Nicht weil man ein so wertvolles und hochgeschätztes Ich ist, sondern einfach sofern man ‹Mensch› und als ‹Mensch› ein Geschöpf der ‹menschlichen Gattungswesenheit› ist, untersteht man als Geist dem Gesetz der Wiederholung und Wiederverkörperung.»[113]

«Es gibt keine treuliberale unsterbliche Seele, sondern sie

stirbt»[114] und geht sterbend, mit allen Erfahrung, Errungenschaften und Erkenntnissen, in das eine SELBST über.

Es ist der eine GEIST, der sich im Menschen in milliardenfacher Form individuell inkarniert, und dieser GEIST hat die Erfahrungen, Errungenschaften und Erkenntnissen aller vorherigen inkarnierten Individuen in sein Bewusstsein integriert. Es ist darum keinesfalls seltsam, wenn sich Menschen an andere und an viele andere Leben erinnern, denn sie alle sind Ausstülpungen des einen integralen Bewusstsein und haben so als Teilsystem den Zugriff auf den Hauptrechner.

Darum ist Ihr Schmerz tatsächlich und ganz real auch mein Schmerz, Ihre Freude meine Freude und unsere Erfahrung wird Teil unseres gemeinsamen GEISTES. Das ist der Ort, an dem wir uns in Wirklichkeit treffen, und das ist der Ort, an dem die bedeutsamen Dinge mehr zählen als die grundlegenden. Es ist der Ort, an dem alle Ungeborenen und alle Gestorbenen ihr Dasein habe. Das ist das Super-Mega-Bewusstsein, wo alle sind, die sind, waren und sein werden.

Wir können uns an andere Leben erinnern, aber nicht, weil wir als individuelles Ich-Wesen von Leben zu Leben wandern, sondern weil wir Teilhaber des SELBST sind, dessen Bewusstsein in alle Leben hineinreicht, wenn wir uns dafür öffnen und frei machen. Auf einer kommenden Stufe wird es uns möglich sein, uns in alle Menschenseelen hineinzuversetzen. Dieses Weltbewusstsein entsteht gerade. Es begann als Gefühlsbedürfnis mit den Achtundsechzigern und setzt sich heute auf einer höheren Ebene fort.

Immer klarer wird das Bewusstsein, dass unsere großen und kleinen Taten tatsächlich unser Karma sind. Weil unsere Taten als Folgen in der Welt bleiben. Diese Welt kommt uns, wenn wir aus dem SELBST als Mensch geboren werden, als selbstgeschaffenes Schicksal entgegen.

Alle karmischen Gesetze bleiben auch in dieser Sicht (und Sprachweise) erhalten, werden aber auf eine universellere Ebene transformiert (und dank der trans-christlichen Sprache können nun wirklich *alle* an diesem Dialog teilhaben). Was ich an anderen Menschen und an der Welt tue, das tue ich so wirklich und tatsächlich, aber vor allem auch in diesem Moment an mir – an meinem großen SELBST und somit an Ihnen. Das Jenseits ist im Diesseits und Karma ist auch immer jetzt. «Reinkarnation ist Weltschöpfung. Welt ist ein Selbst-Verhältnis.»[115]

In diesem Selbstverhältnis spürt Gott, langsam erwachend, dass er Gott ist. Sein Bewusstsein ist durch das erwachte Bewusstsein der Menschen gewachsen. Damit Gott nicht stirbt, muss der Mensch ihm neuen Atem einhauchen. Es ist der gleiche Atem, der damals den Menschen lebendig gemacht hat – es ist das zweite große Ausatmen. Ein Atem, der um alle Menschheitserfahrungen kräftiger geworden ist. Viele Menschen kokettieren mit Gott. Wer mit Gott kokettiert, der hat sich noch nicht entschlossen, die Verantwortung anzunehmen, Gott wieder zu beleben. Gott wird wieder belebt, wenn wir erkennen, dass es keinen göttlichen Willen gibt, den wir zu erfüllen haben. Außer diesem: Gottes Wille zu *sein*. Gott hat den Drang, sich in uns zu einer Erfahrung zu verwandeln. Gott kann sich nur durch uns selbst erfahren. Das ist die wirkliche Selbst-Erfahrung.

Gott ist alles und in allem – will er ein Selbstverhältnis, will er sich erkennen, will er sich aufrichten, dann braucht er einen Sohn, der eine Verbindung zu ihm hat und doch so frei und stark ist, dass er dem Vater ins Gesicht blicken kann. Gott braucht diesen Sohn für seine eigene Selbsterkenntnis. Gott ist jedes Buch – und er braucht unser Lesen, Denken und unsere Gespräche, um erfahrungsmäßig zu erleben, zu fühlen und zu verstehen, was in ihm selbst geschrieben steht. Gott braucht unser Gebet, um sich selbst zu hören.

Gott braucht unsere unendliche Demut, um seine unendliche Dimension zu erfahren.

Gott versteht so viel von sich, von seinem eigenen So-Sein, wie wir bewusst erleben. Gott erlebt sich durch unser bewusstes Denken, Sprechen und Tun. Rudolf Steiner formuliert diese alte Erkenntnis sehr einfach:

«Der Weltengrund hat sich in die Welt vollständig ausgegossen; er hat sich nicht von der Welt zurückgezogen, um sie von außen zu lenken; er hat sich ihr nicht vorenthalten. Die höchste Form, in der er innerhalb der Wirklichkeit des gewöhnlichen Lebens auftritt, ist das Denken und mit demselben auch die menschliche Persönlichkeit. Hat somit der Weltengrund Ziele, so sind sie identisch mit den Zielen, die sich der Mensch setzt, indem er sich darlebt. Nicht indem der Mensch irgendwelchen Geboten des Weltenlenkers nachforscht, handelt er nach dessen Absichten, sondern indem er nach seinen eigenen Einsichten handelt. Denn in ihnen lebt sich jener Weltenlenker dar.»[116]

Wenn wir Weltenlenker sein wollen – und ich will –, dann können wir uns keine Ausreden, keine Angst mehr leisten.

Alles Egoistische besteht aus Angst. Es hat Angst, dass wir es erkennen als das, was es ist: eine ausgewachsene, von uns erschaffene, hässliche und teuflische Ausrede, die uns daran hindert, unsere selbstgeschaffene Mission zu erfüllen: Gott die Hand zu reichen und die Erde zu einem Stern zu machen. Unser eigenes Prinzip, Hoffnung zu erfüllen, denn im blochschen Sinne ist die wirkliche Genesis nicht am Anfang der Schöpfung, sondern an ihrem Ende, also JETZT.

In uns pocht ein ewiger Puls. ES pocht in uns. Mit diesem pochenden «kreativen Impuls, der den Entwicklungsprozess in Gang gesetzt hat und auch jetzt noch vorantreibt» (Andrew Cohen), können wir uns als Gemeinschaft verbinden. Wenn sich zwei oder drei oder viele auf diesen Impuls ausrichten, dann ist dieser Impuls mitten unter uns. Wir sind dann dieser Puls-Träger und verantwortlich dafür, dass alles um uns herum anfängt zu pulsieren. Der ursprüngliche Impuls ist noch immer mächtig, aber wir erleben, wie er sich überall zurückzuziehen droht. Das Schicksal der Welt wird langsam in unsere Hände gelegt. Tag für Tag ein Gramm mehr. In diesem Moment stellt sich Ihnen und mir die Frage: Nehmen wir das Gewicht an? Wir müssen nicht. Aber wir können, wenn wir wollen.

Das nämlich ist die Antwort auf die größte Frage. Die Frage nach dem Warum, nach dem Ziel, nach dem, worauf wir hinwirken. Das große Wieso? Weshalb? Warum? Die Frage nach dem Sinn des Lebens. Und die Antwort ist das schönste, wertvollste und größte geschenkte Abenteuer, welches uns gegeben ist. Die Antwort ist: Es gibt keine Antwort.

*No Faith* ritzt Sarah Connor ins Holz und macht sich auf den Weg, das unabwendbare Schicksal zu wenden. So wie sie es will und mithilfe des *Terminators*. Der Maschine, die Mensch wird. Das starre System, welches sich selbst überwindet.

*No Faith*, aber eine *Philosophie der Freiheit*, als «ein radikales Bekenntnis zum Monismus, als ein Plädoyer für die Individualität, einen Wegweiser zum Gottsein des Menschen; und als die Aufzeichnung der Selbsterkenntnis Gottes».[117]

Die Mensch-Maschine hört auf, nach Gesetzen und Normen zu funktionieren, sie hört auf, einem externen Programmierer zu gehorchen, die Mensch-Maschine will nun selbst sein – der Terminator wird Anthroposoph: «Der Mensch hat nicht den Willen eines außer ihm liegenden Wesens in der Welt, sondern seinen eigenen durchzusetzen; er verwirklicht nicht die Ratschlüsse und Intentionen eines andern Wesens, sondern seine eigenen.»[118]

Das Menschenleben «hat nur den Zweck und die Bestimmung, die der Mensch ihm gibt. Auf die Frage: Was hat der

Mensch für eine Aufgabe im Leben?, kann der Monismus nur antworten: Die, die er sich selbst setzt. Meine Sendung in der Welt ist keine vorherbestimmte, sondern sie ist jeweilig die, die ich mir erwähle. Ich trete nicht mit gebundener Marschroute meinen Lebensweg an.»[119]

Der Lebensweg ist auch keine Entdeckungsreise, auf der ich mal schaue, was der Tag so bringt, sondern ein Schöpfungsakt.

Wir stehen morgens auf, um den Tag zu erschaffen. Wir erschaffen unsere Realität. «Nicht das Schicksal handelt, sondern wir handeln»,[120] so Steiner, und er erforscht im Folgenden die Gesetzmäßigkeiten dieses Schicksals, dessen Kernsatz lautet: «Was du auch tust, tust du an dir – was du auch an dir tust, tust du an der Welt». Wenn uns nicht gefällt, was wir bisher erschaffen haben, dann können wir etwas ganz Einfaches tun: Wir können es umschaffen, anders machen, neu machen und uns nehmen, was uns gegeben ist: die Freiheit.

Wenn wir in das Sein aufgestiegen sind, wenn wir im Prozess der Erleuchtung mit dem Urgrund allen Seins verschmelzen, dann werden wir die Substanz des Seins. Das Sein besteht aus reiner Liebe – sie umfasst selbst die Weisheit und ist höher als alle Vernunft. Sein ist Liebe.

Handeln und das Schicksal in die Hand nehmen ist jetzt, jenseits aller Kompliziertheit und allen Schmerzes, ganz einfach. Es ist die Liebe zur Tat. Es ist die überschwängliche Freude daran, die Liebe und das Seins in das Leben und das Werden zu bringen. Das Werden ist das, was wir daraus machen. Das Urprinzip des Werdens ist die Freiheit. Indem sich Sein und Werden durchdringen, übersteigern sich Liebe und Freiheit zu einer neuen Hierarchie. Der Mensch und Gott sind dann nichts Getrenntes mehr, sondern Eins und Alles.

Wir erschaffen unseren Tag, unser Schicksal auf verschiedenen Ebenen. Durch das, was wir denken, sagen und tun. Nicht nur wir sind in der Welt, die Welt ist in uns. Wir haben ES im Kopf, ES im Wort und ES in der Hand.

In diesem Sinne gibt es kein Schicksal der Menschheit. Unser Schicksal ist, kein Schicksal zu haben. Unsere Bestimmung ist bestimmungslos. Unser Schicksal ist, dass wir entscheiden können, was unser Schicksal sein wird.

Steiner sagt es so: «Die ganze Welt, außer dem Menschen, ist ein Rätsel, das eigentliche Welträtsel, und *der Mensch ist selbst die Lösung.*»[121] Und wie soll ich diese komplizierte Welt verstehen und erkennen? Für Steiner ist die Sache klar: Der Mensch versteht und erkennt so viel von ihr, «als er selbst als Mensch von sich erkannt hat».[122] Da ist er wieder: der Welten-Gott, der sich selbst erkennt, weil der Mensch sich erkennt. Atheismus ist so ein Mangel an Selbst-Erkenntnis (Christian Grauer).

Dann reicht es uns nicht mehr, nur grün zu sein, dann wollen wir nicht nur unsere Lebensgrundlagen sichern und die Erde immer grüner, gesünder und natürlicher machen. Anthroposophen sind nicht nur angetreten, um die Welt immer grüner zu machen und sich ihre Lebensgrundlagen auf hohem Niveau zu sichern.

Mir geht mir nicht darum, dass ich Gesundes esse, ich will lichtes Denken. Herbert Hahn:

Erst wenn ich Lichtes denke,
leuchtet meine Seele;
erst wenn meine Seele leuchtet,
ist die Erde ein Stern;
erst wenn die Erde ein Stern ist,
bin ich wahrhaft Mensch.

Wir können jetzt, was wir so noch nie konnten: Wir können nämlich gemeinsam mit der Menschheit herausfinden, was wir vorhaben, experimentieren, was alles möglich ist, und endlich das erschaffen, was wir für schön, wahr, edel und gut befunden haben.

Wie das geht? Eigentlich ganz einfach. Ich hab's in der Waldorfschule gelernt:[123]

Das Schöne bewundern,
Das Wahre behüten,
Das Edle verehren,
Das Gute beschließen.
Es führet den Menschen
Im Leben zu Zielen,
Im Handeln zum Rechten,
Im Fühlen zum Frieden,
Im Denken zum Lichte;
Und lehrt ihn vertrauen
Auf göttliches Walten
In allem was ist:
Im Weltenall,
Im Seelengrund.

Wenn das in mir bis in die kleinste Pore zur Wirklichkeit geworden ist, dann ist es Zeit, aufzustehen. Dann treten wir aus Platons Höhle ins Licht und verleihen als erwachte Geister der Sonne neuen Glanz.

Das ist der Moment, wo alle rohe Persönlichkeit zur edlen Individualität wird, wo das Leben im wahrsten Sinne zum Evangelium wird, wo sich grundlegende Fähigkeiten in Werkzeuge des Bedeutsamen verwandeln. Jetzt handelt der einzelne Mensch aus dem einen Bewusstsein heraus – als geschöpfter Schöpfer.

Diesen Schöpfer will Anthroposophie erschaffen. Darum ist sie auch keine Lehre mit einem Lerninhalt, den man mehr oder wenig vollständig ausschöpfen kann, sondern ein «Erkenntnis-weg, der das Geistige im Menschen zum Geistigen im Weltenall führen will».[124]

Dieses Zitat Steiners wird in schöner Regelmäßigkeit ange-führt, um Anthroposophie zu definieren, und es klingt ja auch schön. Was mir aber dabei fehlt, ist das einfachste und größte Fragewort aller Zeiten: «Warum?» Warum sollte man das wol-len? Warum will Anthroposophie diese Zusammenführung der zwei geistigen Pole? Was ist der tiefste Grund dafür, dass der Menschengeist sich mit dem Geist im Kosmos vereinen soll? Wozu ist Anthroposophie jenseits dieser Definition da?

In der von Steiner postulierten Zusammenführung erwacht die göttliche Natur des Menschen, und gleichzeitig wird sich Gott seiner selbst bewusst. Das ist der Moment, in dem die zwei-te Schöpfung beginnt – der Teil der Menschheitsgeschichte, auf den Steiner hingearbeitet hat, die Stufe der Entwicklung, in der sich das *Geistselbst* oder (mit dem indischen Ausdruck) *Manas* zu entfalten beginnt, und es ist die Phase, die weiter zum Aufstieg des *Lebensgeistes (Buddhi)* drängt.

An der Stelle, an der Steiners viel zitierte Definition der An-throposophie endet, geht es erst richtig los. Denn dort will das kosmisch Geistige, dort will das Göttliche in uns Menschen zur Erfahrung und zur Tat werden. Die Geschichte der Anthroposo-phie ist die Geschichte einer spirituellen Bewegung, die das ru-hende Göttliche in den Schwung des Lebens bringt. In Schulen, in Banken, in der Landwirtschaft, in der Kirche und in der Kunst erfährt Gott die Vielfalt seines Daseins – er nimmt in diesen be-sonderen Einrichtungen die Perspektive eines Bankiers, Lehrers oder Bauern ein.

Das ist der Moment, der kommen kann und heute kommt, der aber auch wieder verschwinden könnte. Der Mensch schaut auf

den Regenbogen und sieht, wie die Farben aus sich selbst heraus-
quellen, er blickt dem Schmetterling hinterher und sein Blick er-
höht die Schlagfrequenz der zarten Flügel. Er schaut einem Kind
in die Augen und da, wo sich ihre Blicke berühren, schaut das Kind
das Kind an und erkennt sich als den einen Gott im Frieden.

Aber dieser Gott und der Frieden und das Super-Maximal-
Bewusstsein, in dem wir alle jetzt erscheinen – und das ist eine
schockierend freudvolle Erkenntnis: dieses alles haltende, alles
liebende Bewusstsein ist vollkommen an die Entwicklung des
individuellen Bewusstseins der Menschen gebunden.

Ob ich mich stelle oder ob ich es leugne, die Sache, die
ich erfahren habe und die in Zukunft etwas mit meiner Mission zu tun hat, ist diese, die Andrew Cohen in seiner E-Mail
schrieb: «In dem Maße, wie ein Mensch bereit ist zu akzeptieren, dass die Erschaffung der Zukunft buchstäblich von ihm
abhängt, erwacht er zu dem, was ich als Authentisches Selbst
bezeichne. Das Authentische Selbst ist der evolutionäre Impuls,
dieselbe Energie und Intelligenz, die die ganze Schöpfung her-
vorbrachte.»

Es scheint verrückt, aber der göttliche Seinsgrund, aus dem
Rudolf Steiner seine Gedanken und Taten schöpfte, ist kleiner als
der göttliche Seinsgrund, aus dem Sie und ich unsere Inspirati-
onen ableiten könnten. Denn jedes erwachte Bewusstsein, jedes
erleuchtete Denken, Reden und Tun maximiert das große, universale Maximal-Bewusstsein. Der Gott, vor dem wir uns heute
neigen, ist größer als der Gott, vor dem sich Steiner beugte – er
ist größer, weil Steiner – und alle anderen guten und erwachten
Menschen mit und nach ihm – an diesem Gott gebaut, ihn ge-
nährt und geweckt hatte.

Die Vorstellung, dass der ewige Gott immer göttlicher wird,
sprengt unser Vorstellungsvermögen. Aber genauso ist es. Die
schönste Schönheit wächst, wenn wir wachsen.

Dann stehen wir, wie die kleine Momo von Michael Ende,[125] vor der Blüte der Stundenblume: «Es war eine Blüte von solcher Herrlichkeit, wie Momo sie noch nie zuvor gesehen hatte. Sie schien aus nichts als leuchtenden Farben zu bestehen. Momo hatte nie geahnt, dass es solche Farben überhaupt gab. Der Duft allein schien ihr wie etwas, wonach sie sich immer gesehnt hatte, ohne zu wissen, was es war.»

Dann muss Momo mit schmerzlichem Schreck feststellen, dass diese Blüte am Höhepunkt ihrer Schönheit verwelkt und stirbt. Da geschieht das nicht für möglich Gehaltene: Eine noch viel herrlichere Blüte begann aufzubrechen. «Sie war ganz und gar anders als die vorhergehende Blüte. Auch ihre Farben hatte Momo noch nie zuvor gesehen, aber es schien ihr, als sei diese noch viel reicher und kostbarer. Sie duftete ganz anders, viel herrlicher, und je länger Momo sie betrachtete, umso mehr wundervolle Einzelheiten entdeckte sie.» Aber wieder löste sich die Blüte auf und versank. Und wieder ging eine Blüte auf. «Diese Blüte war nun die allerschönste, wie es Momo schien. Dies war die Blüte aller Blüten, ein einziges Wunder!»

Auch diese vergeht, und auch sie wird durch eine nächste gesteigert. Am Ende hört sie analog dazu die herrlichste Musik und die heiligsten Worte in unbekannter Sprache. Worte der Planeten und Sterne, die ihren eigentlichen, ihren wirklichen Namen offenbaren.

«Und auf einmal begriff Momo, dass alle diese Worte an *sie* gerichtet waren! Die ganze Welt bis hinaus zu den fernsten Sternen war ihr zugewandt, wie ein einziges, unausdenkbar großes Gesicht, das sie anblickte und zu ihr redete.»

Am Ende erfährt sie, an welchem geheimnisvollen Ort sie gerade war: in ihrem eigenen Herzen.

Dieses Buch rührte damals und rührt bis heute Millionen Menschen. Es ist eines der erfolgreichsten Bücher, die je in

Deutschland verkauft wurden. Ende war von Steiner inspiriert, und damals spürten Kinder und Erwachsene dieses untrügliche Gefühl, dass sie alle, jeder für sich, diesen Stundenblumen-Kosmos in sich trugen. Jeder fühlte sich in seiner Mitte angesprochen. Viele änderten daraufhin ihr Leben. Manches geriet in Bewegung.

Das ewige Sein gerät immer mehr in Bewegung und entwickelt sich zu einem Werden. Und das Werden? Es übernimmt gleichzeitig die Qualitäten des Seins.

Das Sein besteht aus reiner Liebe. Das Urprinzip des Werdens aber ist die Freiheit. Indem sich Sein und Werden durchdringen, verschmelzen Liebe und Freiheit zu einer neuen Hierarchie. Unsere Entscheidung, das Vollkommene, das Absolute hier und jetzt zu leben und zu realisieren, das ist der Weckruf an Gott. Gott erwacht, wenn der Mensch aufsteht.

So weit sind wir gekommen.

Sie mit dem Buch in der Hand und ich mit dem Laptop, der seit einiger Zeit nicht mehr auf meinem Knie, sondern auf meinem neuen Schreibtisch steht. Ich sitze jetzt aufrechter und Sofas und deren Flecken verblassen. Was nicht verblasst, ist die unbändige Freude und die Lust, bei Ihnen zu sein.

Ihre linke Hand umfasst mittlerweile sehr viel mehr Papier als Ihre Rechte und eine Verbindung zwischen Sebastian Gronbach und ................................................. ist einfach nicht mehr zu übersehen. Im Sein waren wir immer schon das Eine. Dieses Buch schrieb ich – und Sie lasen es. Meine Hände schrieben, Ihre Hände hielten. Ihre Augen lasen Papier, meine Augen lasen PC. Aber durch unsere beiden Hände floss dieselbe Kraft. Aus unseren Augen strahlte dieselbe Sonne.

So ist dieses Buch nicht nur meines oder Ihres. Sie schrieben daran – und ich habe es gelesen. Wir sind verschiedene

Strahlen der einen Sonne. Wenn wir uns unserer individuellen Strahlen bewusst werden, dann sind wir im Sonnenbewusstsein. Dann sind *wir* die Sonne.

Wir sind gemeinsam gewachsen und gemeinsam größer geworden.

Es liegt an uns, es zu vergessen, es dabei zu belassen oder etwas daraus zu machen. Wir könnten unsere Strahlen bündeln – und wir brauchen keine Angst zu haben, denn unsere wahre Natur ist die furchtlose Sonne. Wenn wir uns unserer unsterblichen Sonnennatur bewusst sind, dann streben wir nicht mehr, dann hören wir auf, sehnsüchtig nach einem Ziel zu suchen. Wenn wir die Sonne sind, dann strömen wir über. Dann kommt unser Engagement nicht aus der Angst und der Armut, sondern aus der Überfülle und dem Reichtum. Wir handeln dann aus Liebe. Ich kenne kein schöneres Gefühl.

Wir können uns natürlich auch für ein kleines Licht halten. Dann sind wir eben ein kleines Licht. In jedem Fall müssen wir eine Entscheidung treffen, die mal wieder alles entscheidet. So oder so.

Die vergangenen Zeilen haben Ihr Leben verändert. Wie sehr?

Die Zeilen haben nach und nach mein Leben verändert. So sehr, wie bisher nichts anderes – ich habe es verändert, aber nur weil Sie da waren. Für mich hätte ich keine Zeile geschrieben. Sie waren mein DU. Ohne Sie kein Buch. Ich habe mit Gott gesprochen. Gott führte in diesem Buch ein Selbstgespräch.

Ich wollte Ihnen mit diesem Buch mein Bestes geben. Ich fühle mich verantwortlich dafür, dass ich Ihnen mein Bestes gebe – mal ist es mir gelungen und mal nicht, und hoffentlich wird es in Zukunft immer besser werden, und manche werden sagen, dass ist eh alles Bullshit.

Aber wie Sie auf dieses Beste, auf mich (und somit auf sich) reagieren, das ist nicht meine Angelegenheit. Oder in den Worten von Terry Cole Whitaker: «Was Sie über mich denken, geht mich nichts an.» [126]

Ich musste mich im Laufe des Buches von Ihnen lösen – ein Sohn werden.

«Loslösung bedeutet nicht, dass man sich um etwas nicht mehr kümmert; es bedeutet, dass man das Bedürfnis aufgibt, die Ergebnisse zu kontrollieren: Mein Publikum ist mir sehr wohl wichtig. Es ist mir so wichtig, dass ich ihm das Allerbeste gebe, was ich anzubieten habe: mich selbst. Mein echtes Ich.» [127]

Ich, Sebastian, brauche Ihre Aufmerksamkeit – mein Leben baut darauf auf, dass wir diese seltsame Beziehung haben, aber mein Leben baut nicht darauf auf, dass Sie mich toll oder ätzend finden. Das überlasse ich Ihnen – jetzt sind Sie dran.

Für Ihre Aufmerksamkeit bedanke ich mich, und wenn Sie jetzt wissen, dass mein geschaffenes Leben darauf aufbaut, dann wissen Sie, dass dies ungefähr das Größte ist, für das ich danken kann.

Aber noch größer – und dafür kann ich weder danken noch mich entschuldigen – ist meine Freude daran, genau das zu denken, zu schreiben und zu tun, was ich will, was ich liebe, was ich für wahr halte und für was ich stehe. Jens Bjørneboe sagt es in seinen unverwüstlichen Worten, und ich setze meinen Namen darunter: «Schreibe so, dass jedes Wort gegen dich verwendet werden kann.» [128]

Haben sich Ihre Mission und meine Mission berührt?

Da Ihre linke Hand jetzt alles und Ihre rechte Hand fast nichts mehr umfasst, können Sie das Buch schließen. So einfach ist das. Das Buch ist am Ende angekommen.

Ist es auch ein Anfang? Ein Anfang vielleicht, der etwas mit der dritten Freiheit zu tun hat? Der Freiheit, die sich nicht nur zwischen links oder rechts entscheiden kann, sondern die sich aus dem Gewordenen heraus entscheidet, eine völlig neue Geschichte zu schreiben. Diese Geschichte wird auch ein Kampf sein. Und ein Lieben.

Ist hier das Ende oder wieder einmal ein Anfang?

Das entscheiden Sie.

Und ich.

Wir.

# Die Stimme von Gronbach

## Nachwort von Jelle van der Meulen

Stimmen erklingen niemals überall und ständig, sondern stets irgendwo und für eine bestimmte Zeit. Sie sind nicht austauschbar. Die Stimme des amerikanischen Bluessängers aus den Dreißigerjahren des vorigen Jahrhunderts (nehmen wir beispielsweise Blind Willie McTell) klingt anders als die eines Liedermachers aus dem heutigen Ruhrgebiet (sagen wir einmal: Herbert Grönemeyer). Beide Sänger bedienen sich der Musik, beide zelebrieren Timbre, Rhythmus und Melodie. Beide Sänger singen über die Liebe, soziale Not und alltägliche Schicksale – aber die Stimme des Ersten kann nicht mit der des Zweiten verwechselt werden.

Stimmen, die sich über Raum und Zeit zu erheben versuchen und somit austauschbar sein wollen, klingen nicht. Sie schweigen. Sie sind unhörbar, nicht verständlich, nicht zu begreifen. Von manchen Stimmen wird allerdings gesagt, dass sie sich über Raum und Zeit erheben – wie jene Stimme, die sagt: «Ich bin, der ich bin.» Oder jene Stimme, die sagt: «Ich bin der Weg, die Wahrheit und das Leben.» Oder die Stimme, die sagt: «Im Anfang war das Wort und das Wort war bei Gott und das Wort war Gott.» Aber selbst diese Stimmen, die von einer Wirklichkeit sprechen, die über Raum und Zeit hinausgeht, erklingen im Hier (oder Dort) und Jetzt (oder Damals) von Raum und Zeit, was bedeutet, dass sie historisch sind.

Ich spreche hier von Historizität nicht im Sinne von etwas Überholtem, sondern von einer Aktualität, von der Bedeutung im blühenden Heute der Vergangenheit, Gegenwart und Zukunft. Ich spreche also von einer Gegenwart, die Vergangenheit, Gegenwart und Zukunft umfasst. In dieser blühenden Gegenwart erklingen die Stimmen von damals und jetzt, menschliche Stimmen, die etwas aussprechen, etwas hörbar machen, etwas mitteilen und teilen (im Sinne von gemeinsam haben). Was klingt in der Stimme von Blind Willie McTell mit, das in der Stimme von Herbert Grönemeyer nicht zu hören ist?

Die Stimme von McTell ist gebrochen, begrenzt, blutend, tastend und treffend – gebrochen, weil er schwarz war; begrenzt, weil er es gewohnt war, in Küchen zu singen; blutend, weil die Schwarzen in den Südstaaten der USA geknechtet wurden; tastend, weil er immer aufs Neue gegen das verinnerlichte Gebot «Du sollst schweigen» kämpfen musste; treffend, vielleicht weil er blind war wie Homer? Willie McTell bewegte sich in einer Geschichte, einem Schicksal, einem Diskurs, in einem ganz bestimmten Feld von «Bedeutendem», welches sich in Timbre, Diktion und Rhythmus seiner Stimme aussprach. Bob Dylan sagte über ihn: «Niemand kann so den Blues singen wie Blind Willie McTell.»

Und Herbert Grönemeyer? In meinen Ohren klingt seine Stimme selbstbewusst, warm-verinnerlicht oder hart-äußerlich, zurechtweisend, «architektonisch». Seine Stimme ist die eines «Deutschen», der anhaltend und energisch «niemals wieder Holocaust» sagt und außerdem eine Vorstellung davon hat, was er als Sänger dazu beitragen kann, dass dieses «Niemals wieder» umgesetzt werden kann; nämlich dadurch, dass man deutlich ist, Grenzen setzt, anklagt, wenn es sein muss, in den passenden Momenten innerlich gerührt, ja sogar verwundet ist.

Die Ursache der Tatsache, dass Stimmen unverwechselbar sind, ist alles andere als trivial. Mit unterscheidbaren «Meinungen» hat das beispielsweise sehr wenig zu tun. Es ist Unsinn zu behaupten, dass die unveräußerbare Stimme einer Person von deren Welt- und Lebensanschauungen bestimmt sei. Aber auch mit Psychologie hat sie nur sehr wenig zu tun. Es sind nicht unsere Traumata, Neurosen und andere Seeleneigenschaften, die unsere Stimme prägen. Mit der menschlichen Stimme hat es mehr auf sich. Martin Heidegger würde sagen: «Die unveräußerliche Stimme jeder Person ist ein Ereignis». Oder, wie wir es heute vielleicht lieber ausdrücken, ein «Event».

Ein Ereignis im Sinne Heideggers lässt sich nicht auf bereits Bekanntes zurückführen. Alles, was sich auf das uns bereits Bekannte zurückführen lässt, gehört zu dem, was Heidegger als «das Seiende» bezeichnete. Wenn ich den Espresso, den ich in diesem Augenblick trinke, als eine Wiederholung desjenigen Espressos betrachte, den ich gestern getrunken habe, verweise ich einen – den aktuellen Espresso – zurück in das Reich «des Seienden»; erfahre ich meinen jetzigen Espresso dagegen als ein einmaliges Event, welches die aktuelle Historizität des Jetzt ausmacht, trete ich in das Reich «des Seins» ein. Heidegger bezeichnete es auch als «die Welt der Eigentlichkeit».

Es war vermutlich Immanuel Kant, der als erster Mensch der Neuzeit den Eventcharakter menschlicher Äußerungen (der «Stimmen») durchschaut hat. Es ist jedoch dann der französische Philosoph Michel Foucault gewesen, der mit rückwirkender Kraft in den Achtzigerjahren des vorigen Jahrhunderts dasjenige durchschaute, was Kant bereits zwei Jahrhunderte zuvor durchschaut hatte.

Kurzum, Foucault entdeckte die Entdeckung von Kant. In zwei Artikeln aus dem Jahr 1984, die beide den Titel «Was ist Aufklärung?» tragen, weist Foucault auf einen Text Kants aus dem Jahre 1784 hin, der gleichfalls den Titel «Was ist Aufklärung?» trägt. In diesem Text, so Foucault, stellt Kant als Erster in der Geschichte der Menschheit eine Frage, die uns bis zum heutigen Tag beschäftigt, nämlich die nach der Herkunft von Inhalt und Bedeutung menschlicher «Stimmen» in diesem oder jenem Moment, hier oder dort.

Ich zitiere Foucault: «Wenn man wirklich bereit ist, die Philosophie als eine Form diskursiver Praxis zu betrachten, die ihre eigene Geschichte hat, dann lässt sich, wie mir scheint, mit diesem Text über die Aufklärung erkennen, wie die Philosophie – und ich denke, ich übertreibe nicht zu sehr, wenn ich behaupte, es sei das erste Mal – ihre eigene diskursive Aktualität problematisiert: eine Aktualität, die sie als Ereignis befragt, als ein Ereignis, dessen Sinn, Wert und philosophische Einzigartigkeit sie auszusagen, und worin sie zugleich ihre eigene Daseinsberechtigung und die Grundlage für das, was sie sagt, zu finden hat.»

Nebenbei bemerkt: Dass Kant und Foucault hier von Philosophie sprechen und nicht von Sängern, ist an dieser Stelle belanglos. Der Begriff Foucaults der «diskursiven Praxis» kann über den gesamten Bereich des Kulturlebens erweitert werden: Alle Stimmen fallen darunter, die der Philosophen, Wissenschaftler, Musiker, Künstler, ja sogar die der Journalisten. Und außerdem gilt, dass es nicht nur um das geht, was Menschen sagen, sondern vor allem auch darum, was sie tun. Auch im Handlungsleben drückt sich eine diskursive Praxis aus, sodass außerdem noch aufgeführt werden müssen: Unternehmer, politische Aktivisten, Bauern, Penner (sie haben nämlich beschlossen, nichts zu tun), Flüchtlinge und Astronauten.

Menschliche Äußerungen können nicht nur als das Resultat menschlichen Nachdenkens verstanden werden, d.h. sie lassen sich nicht ausschließlich aus dem uns bereits Bekannten, weil bereits Gedachten, herleiten. In menschlichen Äußerungen ist wirklich, was Foucault im Zusammenhang mit der Betrachtung Kants eine «immanente Teleologie» nennt. In dem, was

Menschen zu sagen oder zu tun versuchen, drücken sich eine Richtung und ein Stil aus, welche jedoch erst wahrgenommen und verstanden werden können, nachdem das letzte Wort gesprochen ist – häufig sogar erst geraume Zeit später. Um es mit den Worten des englischen Anthroposophen Owen Barfield auszudrücken: «Words are not bottles.» Worte lassen sich eher als Flaggen verstehen, die sich anmutig in einer angenehmen Frühlingsbrise hin- und herbewegen oder heftig Flattern, wenn viel Wind herrscht. Flaggen erzählen fast alles über den aktuellen Wind, doch sie machen ihn nicht sichtbar, geschweige denn, dass sie ihn manipulieren könnten.

Was spricht sich in der menschlichen Stimme aus? Foucault würde sagen, dass die menschliche Stimme ein Ausdruck des Diskurses ist, in welchem der Sprecher sich unbewusst befindet. In seiner Sichtweise stellt Sprache einen Versuch dar, eine Aufklärung über die Knotenpunkte zu erhalten, in welche sie offenbar verwickelt sind. Es sind die gefühlten, aber nicht verstandenen Knotenpunkte, die unseren Worten und Taten eine Richtung und ein Ziel geben. In dieser Hinsicht ist die Teleologie Foucault zufolge immanent. Sie ist in und aus den Knotenpunkten wirksam, man braucht also nicht nach einer höheren oder tieferen Ebene der Wirklichkeit zu suchen, um das Ziel unseres Handelns zu finden.

Aber Foucault schafft es nicht, dennoch in subtiler Weise von «Tiefe» zu sprechen, was sich u.a. an seiner Verwendung des Wortes «unbewusst» zeigt. In gewissem Sinn lässt sich das gesamte Werk Foucaults als ein Ringen mit dem Begriff des «Transzendierens» verstehen, d. h. den Grund / Boden der spontan erkannten Wirklichkeit in etwas zu suchen, das oberhalb oder hinter dieser Wirklichkeit liegt. Auf der einen Seite war ihm deutlich, dass das menschliche Handeln sich nicht aus dem Bekannten verstehen, geschweige denn erklären lässt; auf der anderen Seite wollte er es um jeden Preis vermeiden, in ein «spirituelles» Fahrwasser zu geraten. So etwas wie ein «höheres» oder «tieferes» Bewusstsein durfte in Foucaults Diskurs nicht existieren. Man kann diese Behauptung jedoch genauso gut auch umdrehen: Foucault sucht so beharrlich und liebevoll nach dem Transzendenten, dass er alle Argumente dagegen streng unter die Lupe nehmen wollte.

Gerade im Kontext des postmodernen Diskurses (Foucault wird als einer der Väter des Postmodernismus betrachtet; er selbst war nicht so glücklich über diese Bezeichnung) wird die Bedeutung des Anthroposophen Rudolf Steiner deutlich. Auch in seiner Sicht sind Inhalt, Bedeutung und Wirkung der menschlichen Stimme bestimmt durch die «Knotenpunkte», in welchen die betreffende Person sich befindet. Die Stimme Steiners nennt dies «Karma». Jedem Lebenslauf liegen, so Steiner, unbewusste Fragestellungen zugrunde, die nicht nur den Inhalt und die Form, sondern auch den Grund und das Ziel dieses Lebenslaufs darstellen, die *causa finalis*. Ein idealer Lebenslauf besteht nach Steiner aus einem Leben, in welchem die Knotenpunkte (besser wäre vielleicht: Knoten) soweit wie möglich entwirrt werden und in welchem aus der Tat des Entwirrens etwas Neues entsteht.

Was Michel Foucault diskursive Praxis nennt, heißt bei Steiner «karmischer Hintergrund». Genau wie bei der diskursiven Praxis Foucaults gibt es bei der Idee des Karmas bei Steiner immer wieder einen Faktor, der besonders schwer zu akzeptieren ist, nämlich die Tatsache, dass es verschiedene Diskurse und karmische Hintergründe gibt. Immer wieder versuchte Steiner deutlich zu machen, dass die karmischen Hintergründe außerordentlich vielfarbig, vielseitig, widersprüchlich, verwirrend, einfach und wechselhaft sind. Jeder Mensch, jedes Zeitalter, jede Kultur, jede Stadt, jeder Fußballverein, jede wissenschaftliche, politische oder religiöse Strömung bringt ihren karmischen Diskurs mit sich.

In dem Buch, das Sie, liebe Leserin, lieber Leser, in diesem Moment in den Händen halten, erklingt die Stimme von Sebastian Gronbach. Er nennt eine Stimme eine «Mission». Ich schreibe dieses Nachwort, weil Sebastian mich darum gebeten hat und weil ich Sie auf seine Stimme aufmerksam machen möchte. Seine Stimme fasziniert mich, sie bringt mich in Bewegung, treibt mich manchmal an den Abgrund, weckt mich mitten in der Nacht (nein, dies ist keineswegs metaphorisch gemeint, sie weckt mich wirklich; nicht von außen – aber von innen), erzeugt in mir eine Leere, wenn sie sich eine Weile lang nicht vernehmen lässt, weckt Hoffnung. Ich wünsche dem Lesenden, dass die Stimme von Gronbach auf dem Weg über dieses Buch für ihn dieselbe Bedeutung erlangt, wie sie sie in meinem Leben bereits hat, schlicht deswegen, weil ich das Glück habe, mit Gronbach zu tun zu haben.

Ich habe mit Sebastian Gronbach zu tun. Ich meine damit: wir arbeiten zusammen. Ich meine auch, dass wir Freunde geworden sind. Ich meine, dass in meiner Innenwelt, auch wenn Gronbach unterwegs ist und sich nicht meldet, ein Gespräch zwischen ihm und mir im Gange ist. Die Stimme von Gronbach gehört zu den Stimmen, die ich in mir verinnerlicht habe. Sie sagt also auch Dinge zu mir, wovon er gar nichts weiß. Ich bin mir sicher, dass der in mir verinnerlichte Gronbach sehr viel mit dem Gronbach zu tun hat, der unterwegs ist, Artikel schreibt, einen Webblog betreut, Vorträge hält und jetzt also ein Buch publiziert. Ich behaupte jedoch, dass ich nicht genau weiß, wie diese beiden Gronbachs – der in mir unsichtbare, jedoch hörbare, und der äußerlich ebenfalls unsichtbare, doch hörbare Gronbach – miteinander zusammenhängen.

Wie klingt in meinen Ohren die Stimme von Gronbach? Ein paar Aspekte fallen mir immer wieder auf:

1. Gronbach vertraut Statements.
2. Gronbach liebt «Ereignisse» (im Sinne Heideggers).
3. Gronbach möchte sich gern von den berühmten Sechziger- und Siebzigerjahren des letzten Jahrhunderts verabschieden.
4. Gronbach will Anthroposoph sein.
5. Gronbach glaubt an das Fassen von Entschlüssen.
6. Gronbach interessiert sich in hohem Maße für die Auswirkungen seines Handelns.

*Statements.* Auch dieses Buch ist voller Statements, will sagen: zitierbare Soundbites, Oneliners ... Sie fassen nicht nur kurz und bündig zusammen, wie das gute Köpfe bei Artikeln zu tun pflegen, sondern sie wirken wie Brecheisen. Sebastian Gronbach ist schließlich ein hervorragender Journalist, was bedeutet, dass er nicht nur von Events spricht, sondern seine Texte selbst zu einem Event machen will. Mit seinen Statements will er die Welt verbessern – natürlich, doch in erster Linie, indem er die Wachheit in sich selbst und den Lesern stärkt. Eine wache Welt ist, nach Gronbach, eine bessere Welt.

*Ereignisse.* An einem Ereignis nehmen wir teil. Ein Ereignis ist ein Rätsel, das befragt werden muss, um als Ereignis eine Bedeutung zu erhalten. Ein Ereignis, das nicht befragt wird, bleibt ein triviales Geschehen. Erst wenn ein Ereignis befragt wird, wird es zu einer Wasserscheide: Es scheidet die Geschichte in zwei Teile, einen Teil vorher und einen Teil danach. In seinen Texten stellt Gronbach die Frage, die Foucault anlässlich des Textes von Kant stellt: «Was geschieht heute? Was geschieht jetzt? Und was ist dieses Jetzt, innerhalb dessen wir die einen und die anderen sind und das den Zeitpunkt bestimmt, an dem ich schreibe?»

*Abschied von den Sechzigerjahren.* Ich nehme an, dass dieser Punkt mir besonders auffällt, weil ich selbst ein «Sechziger» bin, Jahrgang 1950. Politisch und kulturell aufgewacht während der famosen Zickzacksprünge der Jahre 1966, 1967 und 1968. Sebastian Gronbach, Jahrgang 1969, sieht überall um sich herum die Schatten der Sechzigerjahre. Sie nehmen eine breite Palette ein, wie die Rolle des Staates, die Rollenverteilung zwischen Mann und Frau, die politische und soziale «Korrektheit» im Hinblick auf «Andersdenkende» und die bereits von vornherein relativierende Bescheidenheit in Bezug auf den eigenen Standpunkt. In seinen Augen ist die Mission der Sechzigerjahre vorüber.

*Anthroposoph sein wollen.* Sebastian Gronbach ist in einer anthroposophischen Familie aufgewachsen. Er besuchte die Waldorfschule in Köln, studierte Sozialwissenschaften, Geografie und Pädagogik, wurde jedoch unmittelbar nach seinem Studium Redakteur der anthroposophischen Zeitschrift *info3*. Wer seine journalistischen Beiträge kennt, weiß, dass seine Blickrichtung und Haltung auf Kriegsfuß steht mit den Normen und Werten, die in der anthroposophischen Bewegung gelten. So schreibt er liebevoll über Huren, Hamburger von McDonalds oder die *Bild*-Zeitung. Kennzeichnend für seine Blickrichtung und Haltung ist jedoch, dass er ein Verhältnis zur Anthroposophie nachdrücklich nicht zu problematisieren wünscht. Er sagt z.B. niemals, dass er auf dem Wege ist, Anthroposoph zu werden (denn ist das nicht ein hohes Ziel? Und muss man dafür nicht sehr viel meditiert haben?), sondern immer, dass er Anthroposoph ist, ohne Wenn und Aber. Dass Gronbach Anthroposoph ist, beruht auf einem *Entschluss.*

*Auswirkungen seines Handelns.* Seine Leser und Zuhörer sind manchmal über die Tatsache verärgert, dass Gronbach auch über

Gronbach spricht und schreibt. Gronbach ist ein wichtiges The-ma für Gronbach. In meinen Augen spielt an dieser Stelle auch ein Anflug von Narzissmus herein, aber warum auch nicht? Viel wichtiger scheint mir zu sein, dass er seine Person nicht nur von innen nach außen versteht (eine typische Einseitigkeit der Sech-zigerjahre), sondern vor allem auch in der Gegenrichtung, von außen nach innen. Sebastian Gronbach stilisiert seine Person, sein Äußerliches, sein Auftreten und blickt dabei ständig in den Spiegel seiner Umgebung. Er versteht dabei die Kunst, frei und offen über die Schattenseiten seiner Werke zu sprechen, doch er bringt dabei auch seine Leser und Zuhörer in Verlegenheit – denn haben wir nicht gelernt, über Schatten zu schweigen?

Dieses Buch ist «Stand-up-Anthroposophie». Die Stimme, die hier erklingt, ist die des Anthroposophen, der im Hier und Jetzt etwas bewirken will. Die Rechtfertigung dieses Buches liegt nicht nur in ideologischen oder weltanschaulichen Überlegungen, sondern im Aufstehen im Jetzt und im Bestimmen, was dieses Jetzt ausmacht.

Jelle van der Meulen, Köln im Sommer 2007

# Anmerkungen und Hinweise

1    Jelle van der Meulen, *Herzwerk*, Verlag Urachhaus, Stuttgart 2006.

2    Ken Wilber, *Eros Kosmos, Logos – Eine Jahrtausend-Vision*, Fischer Verlag, Frankfurt a. M. 2006.

3    Harry G. Frankfurt, *Bullshit*, Suhrkamp Verlag, Frankfurt a. M. 2006.

4    Heiner Barz, Dirk Randoll (Hrsg.), *Absolventen von Waldorfschulen. Eine empirische Studie zu Bildung und Lebensgestaltung ehemaliger Waldorfschüler*, VS-Verlag, Wiesbaden 2007.

5    Rudolf Steiner, *Wie erlangt man Erkenntnisse der höheren Welten?*, Rudolf Steiner Verlag, Gesamtausgabe, Bd. 10 (künftig GA), Dornach.

6    Andreas Laudert, *In diesem Leben – Episoden*, Pforte Verlag, Dornach 2007.

7    Walter Kugler, *Feindbild Steiner*, Verlag Freies Geistesleben, Stuttgart 2001. Im Frühjahr 2008 erscheint dieses Buch in erweiterter Form unter dem Titel: *Rudolf Steiner. Wie manche ihn sehen und andere wahrnehmen*, im selben Verlag.

8    Rudolf Steiner, *Erziehungs- und Unterrichtsmethoden auf anthroposophischer Grundlage*, GA 304.

9    Richard Rohr, Andreas Ebert, *Das Enneagramm. Die neun Gesichter der Seele*, Claudius Verlag, München 1999.

10   Thorwald Dethlefsen, Ruediger Dahlke, *Krankheit als Weg. Deutung und Be-Deutung der Krankheitsbilder*, Goldmann Verlag, München 2000.

11   Ruediger Dahlke, *Krankheit als Symbol. Ein Handbuch der Psychosomatik, Symptome, Be-Deutung, Einlösung*, Bertelsmann Verlag, München 2000.

12   Steve Biddulph, *Das Geheimnis glücklicher Kinder*, Beust Verlag, München 2000.

13   Michael Habecker, *Ken Wilber – die integrale (R)EVOLUTION*, info3 Verlag, Frankfurt a. M. 2007.

14   *Spiegel Online* vom 3.11.2006.

15   Joachim Schüring, «Gifte und Insekten: Die Massenvernichtungswaffen der Antike», in: *Spiegel Online* vom 25.1.2007.

16   Felix Hau, «Karikaturen versus Randale – Ein Plädoyer für die Freiheit und gegen falsche Rücksichtnahme», in: *info3*, 3/2006.

17   Studie von Prof. Dr. Christian Pfeiffer vom Kriminologischen Forschungsinstitut Niedersachsen 2005.

18   Bernard C. J. Lievegoed, *Über die Rettung der Seele. Das Zusammenwirken dreier großer Menschheitsführer,* Verlag Freies Geistesleben, Stuttgart 1995.

19   Michael Brater, Christiane Hemmer-Schanze, Albert Schmelzer, *Schule ist bunt. Eine interkulturelle Waldorfschule im sozialen Brennpunkt,* Verlag Freies Geistesleben, Stuttgart 2007.

20   Mathias Wais, *Der Mythos der heilen Kindheit,* Mayer Verlag, Stuttgart 2000.

21   Rudolf Steiner, *Aus der Akasha-Forschung – Das Fünfte Evangelium,* GA 148.

22   Rudolf Steiner, *Philosophie der Freiheit,* GA 4.

23   Dieter Nuhr, *Gibt es intelligentes Leben?,* Rowohlt Verlag, Reinbek 2006.

24   Michael Habecker, *Ken Wilber – die integrale (R)EVOLUTION,* info3 Verlag, Frankfurt a. M. 2007.

25   Rudolf Steiner, *Wahrheit und Wissenschaft,* GA 3.

26   Rudolf Steiner, *Philosophie der Freiheit,* GA 4.

27   Jens Heisterkamp, «Triumph über die totale Manipulation», in: *info3,* 10/2006.

28   Johannes Goebel, Christoph Clermont, *Die Tugend der Orientierungslosigkeit,* Volk und Welt Verlag, Berlin 1997.

29   Frank Schüre, «Generation @: Die 18- bis 35-Jährigen und die Tugend der Orientierungslosigkeit», in: *Die ZEIT,* 37/1997.

30   Rudolf Steiner, *Philosophie der Freiheit;* GA 4.

31   Ebd.

32   David Kudler, Joseph Campbell, *Pathways to Bliss: Mythology and Personal Transformation,* New World Library, Novato / CA 2004.

33   Michael Ende, *Die unendliche Geschichte,* Thienemann Verlag, Stuttgart 1979.

34   Martin Weyers, Buchbesprechung *Pathways of Bliss,* unter: www.martinweyers.com

35   Rudolf Steiner, *Philosophie der Freiheit,* GA 4.

36   Ebd.

37   Rudolf Steiner, *Anthroposophische Leitsätze,* GA 26.

38   Jelle van der Meulen, *Herzwerk,* Verlag Urachhaus, Stuttgart 2006.

39   Rudolf Steiner, zitiert nach Felix Hau, «Für eine Wiederentdeckung des frühen Rudolf Steiner», in: *info3,* 09/1998.

40   Rudolf Steiner, *Philosophie der Freiheit,* GA 4.

41   Rudolf Steiner, *Mein Lebensgang,* GA 28.

42   Neale Donald Walsch, *Gespräche mit Gott,* Goldmann Verlag, München 2006.

43   Rudolf Steiner, *Philosophie der Freiheit,* GA 4.

44   Hermann Hesse, *Demian. Die Geschichte von Emil Sinclairs Jugend,* Suhrkamp Verlag, Frankfurt a. M. 1977.

45   Don E. Beck, Christopher C. Cowan, *Spiral Dynamics Leadership, Werte und Wandel,* Kamphausen Verlag, Bielefeld 2007.

46  Dr. Don E. Beck im Interview mit Jessica Roemischer, «Die endlos aufwärts führende Suche – Die praktische und spirituelle Weisheit der Spiral Dynamics», in: *What is Enlightement?*, Ausgabe Nr. 8.

47  Rudolf Steiner, *Wie erlangt man Erkenntnisse der höheren Welten?*, GA 10.

48  Peter Sloterdijk, *Zorn und Zeit*, Suhrkamp Verlag, Frankfurt a. M. 2006.

49  Rudolf Steiner, *Makrokosmos und Mikrokosmos*, GA 119.

50  Rudolf Steiner, *Philosophie der Freiheit*, GA 4.

51  Rudolf Steiner, *Wie erlangt man Erkenntnisse der höheren Welten?*, GA 10.

52  Ken Wilber, *Einfach «Das»*, Fischer Verlag, Frankfurt a. M. 2001.

53  Ken Wilber, *Eros, Logos, Kosmos*, Fischer Verlag, Frankfurt a. M. 2001.

54  Ebd.

55  Zitiert nach Ken Wilber, ebd.

56  Rudolf Steiner, *Das Christentum als mystische Tatsache und die Mysterien des Altertums*, GA 8.

57  Ken Wilber, *Eros, Logos, Kosmos*, Fischer Verlag, Frankfurt a. M. 2001.

58  Don E. Beck, Christopher C. Cowan, *Spiral Dynamics Leadership, Werte und Wandel*, Kamphausen Verlag, Bielefeld 2007.

59  Ernst Bloch, *Das Prinzip Hoffnung*, Suhrkamp Verlag, Frankfurt a. M. 1959.

60  Rudolf Steiner, *Konferenzen mit den Lehrern der Freien Waldorfschule in Stuttgart*, 3. Band, GA 300 c.

61  Ebd.

62  Mathias Wais, *Ich bin, was ich werden könnte. Entwicklungschancen des Lebenslaufs. Aus der Biografiearbeit*, Mayer Verlag, Stuttgart 2001.

63  *Kultur SPIEGEL* (2/2007) vom 29.1.2007.

64  Rudolf Steiner, *Die soziale Grundforderung unserer Zeit – in geänderter Zeitlage*, GA 186.

65  Ebd.

66  Elizabeth Debold, «Die Boomeritis & Ich – Nicht nur eine Buchbesprechung», in: *What is Enlightement*, Ausgabe 8.

67  Ebd.

68  Ken Wilber, *Boomeritis*, Shambhala Publications, Boston 2002.

69  Larry Winget, *Halt den Mund, hör auf zu heulen und lebe endlich*, Börsen Medien Verlag, Essen 2007.

70  Rudolf Steiner, *Das Ereignis der Christuserscheinung in der ätherischen Welt*, GA 118.

71  Ken Wilber, *Eros, Logos, Kosmos*, Fischer Verlag, Frankfurt a. M. 2001.

72  Ebd.

73  Walter Kugler, *Feindbild Steiner*, Verlag Freies Geistesleben, Stuttgart 2001. (Siehe Anmerkung 7)

74  Rudolf Steiner, «Credo. Der Einzelne und das All», in: *Wahrspruchworte*, GA 40.

75  Ebd.

76  Ebd.

77  Zitiert nach Jürgen Neffe, *Einstein. Eine Biografie*, Rowohlt Verlag, Reinbek 2005.

78  Rudolf Steiner, *Wie erlangt man Erkenntnisse der höheren Welten?*, GA 10.

79  http://if.integralesforum.org/Meditation.71.0.html.

80  Walter Kugler (Hrsg.), *Rudolf Steiner – Wandtafelzeichnungen*, Rudolf Steiner Verlag, Dornach 1999.

81  Rudolf Steiner, *Aus den Inhalten der esoterischen Stunden*, GA 257.

82  Rudolf Steiner, *Anthroposophische Leitsätze*, GA 26.

83  Rudolf Steiner, *Anthroposophische Gemeinschaftsbildung*, GA 257.

84  Rudolf Steiner, *Anthroposophische Leitsätze*, GA 26.

85  Ken Wilber in: *What is Enlightement*, Sommer 2007.

86  Jens Heisterkamp, *Was ist Anthroposophie? Einladung zur Entdeckung des Menschen*, Verlag am Goetheanum, Dornach 2000.

87  Rudolf Steiner, *Briefe, Band II, 1890–1925*, GA 39.

88  Rudolf Steiner, *Das Christentum als mystische Tatsache*, GA 8.

89  Ken Wilber, *Eros, Logos, Kosmos*, Fischer Verlag, Frankfurt a. M. 2001.

90  Rudolf Steiner, *Das Christentum als mystische Tatsache*, GA 8.

91  Ken Wilber, *Eros, Logos, Kosmos*, Fischer Verlag, Frankfurt a. M. 2001.

92  Rudolf Steiner, *Das Christentum als mystische Tatsache*, GA 8.

93  Ebd.

94  Ebd.

95  Ebd.

96  Ebd.

97  Rudolf, Steiner, *Die Geheimwissenschaft im Umriss*, GA 13.

98  Hans-Werner Schroeder, *Das christliche Bekenntnis*, Verlag Urachhaus, Stuttgart 1982.

99  Christian Grauer in: *info3*, 12/2006.

100 Rudolf Steiner, *Das Christentum als mystische Tatsache*, GA 8.

101 Christian Grauer in: *info3*, 12/2006.

102 Jens Heisterkamp, «Durch mich wird Gott», in: *info3*, 6/2006.

103 Antwort Steiners auf die Frage nach seinem Motto auf einem Fragebogen. Dokumentiert in: Walter Kugler, *Feindbild Steiner* (siehe Anmerkung 7).

104 Rudolf Steiner, *Aus der Akasha-Forschung – Das Fünfte Evangelium*, GA 148.

105 Jörg Ewertowski, *Die Entdeckung der Bewusstseinsseele. Wegmarken des Geistes*, Verlag Freies Geistesleben, Stuttgart 2007.

106 Ebd.

107 Rudolf Steiner, *Ein Weg zur Selbsterkenntnis des Menschen*, GA 16.

108 Zitiert nach Manfred Kannenberg-Rentschler, Henning Köhler, «Bemerkungen zu Karl Ballmer», in: *info3-Extra*, Heft 3, Herbst 1987.

109  Ebd.

110  Rudolf Steiner, *Theosophie*, GA 9.

111  Rudolf Steiner, *Ursprung und Ziel des Menschen*, GA 74.

112  Zitiert nach Manfred Kannenberg-Rentschler, Henning Köhler, «Bemerkungen zu Karl Ballmer», in: *info3-Extra*, Heft 3, Herbst 1987.

113  Ebd.

114  Ebd.

115  Christian Grauer, Felix Hau, «Was reinkarniert sich eigentlich?», in: *info3*, 07/2000.

116  Rudolf Steiner, *Grundlinien einer Erkenntnistheorie der goetheschen Weltanschauung*, GA 2.

117  Felix Hau, «Für eine Wiederentdeckung des frühen Rudolf Steiner», in: *info3*, 09/1998.

118  Rudolf Steiner, *Philosophie der Freiheit*, GA 4.

119  Ebd.

120  Rudolf Steiner, *Lucifer-Gnosis. Grundlegende Aufsätze zur Anthroposophie und Berichte aus «Luzifer» und «Lucifer-Gnosis», 1903–1908*, GA 34.

121  Rudolf Steiner, *Mein Lebensgang*, GA 28.

122  Ebd.

123  Rudolf Steiner, *Wahrspruchworte*, GA 40.

124  Rudolf Steiner, *Anthroposophische Leitsätze*, GA 26.

125  Michael Ende, *Momo*, Thienemann Verlag, Stuttgart 1973.

126  Zitiert nach Larry Winget, *Halt den Mund, hör auf zu heulen und lebe endlich*, Börsen Medien Verlag, Essen 2007.

127  Ebd.

128  Taja Gut (Hrsg.), Jens Bjørneboe, *Der Mensch ist unsichtbar. Anstiftung zu Verrat und Freiheit*, Pforte Verlag, Dornach 2007.

Das Zitat auf der Titelseite stammt von Paulo Coelho, *Handbuch des Kriegers des Lichts*, Diogenes Verlag, Zürich 2001.

208 Seiten, mit zahlreichen Schwarz-Weiß-
Fotos, Klappenbroschur
ISBN 978-3-8251-7525-2

In diesem Buch fügt Jelle van der Meulen mehrere sehr persönliche Reportagen zum Moaik einer «Kultur des Herzens» zusammen, die überwinden kann, was die Menschen voneinander
trennt.

«Wie begegnet man einer Situation, die aus verschiedenen
Gründen nicht so ist, wie sie sein sollte? Vermeidet man sie,
oder ist man bereit, sie als etwas Wesentliches aufzufassen? Was
passiert, wenn wir aus dem Rahmen fallen? Was ist der Rahmen
und wohin fallen wir? Geht man auf den Abgrund zu oder lieber
auf Nummer Sicher? ... Der Abgrund, die Krise, das Scheitern
und die Wunde. Das sind die Lebensthemen des Niederländers,
der in diesem Buch zu einem Finale führt. Nicht, dass man nach
diesem Buch nichts mehr zu diesem Thema sagen könnte, aber
ohne dieses Buch wird in Zukunft als inkompetent dastehen,
wer etwas darüber aussagen will.» *info3*

Verlag Urachhaus

walter kugler

rudolf steiner

wie manche ihn sehen
und andere wahrnehmen

verlag freies geistesleben

96 Seiten, mit zahlreichen Fotos und
Zeugnissen, kartoniert
ISBN 978-3-7725-2080-8

Immer wieder wird Rudolf Steiner, Autor der *Philosophie der Freiheit* und Begründer der Anthroposophie und der Waldorfpädagogik, kritisiert und verurteilt. Als bodenloser Idealist, Anarchist, Nietzscheaner, Haeckelianer, Darwinist, Antichrist, Sozialist, Phantast, Ignorant, Freimaurer, Jesuit, Verräter am Deutschtum, Jude, Okkultist, Schwarzmagier, Rassist, Faschist, Antisemit ist er verschrien worden. Fast jede Zeit bringt ihre Etikette und Hetzschriften hervor.

«Ich habe Spinoza, Kant, Hegel usw. gelesen, Philosophen, von denen man sich an einem Vormittag einen Begriff bilden kann, aber was hat man später davon? Nur Ansichten, nur Gedanken. Steiner jedoch ist etwas anderes. Er fordert, dass man nicht nur denken, sondern erleben und handeln soll. Er gibt exakte Übungen und Methoden an, damit man kontrollieren kann, ob das, was er sagt, wahr sei. Es ist ein Pragmatismus, dem ich nicht widerstehen kann.»

*Saul Bellow*

**Verlag Freies Geistesleben**